ライブラリ 心理学を学ぶ＝3

認知と思考の心理学

松尾太加志　編

サイエンス社

監修のことば

　心理学はたくさんの人が関心をもって下さる学問領域の一つといってよいと思います。「試験勉強しなきゃいけないのに，ついついマンガに手が伸びちゃって……」といったように，自分自身の心でありながら，それを上手にコントロールすることは難しいものです。また，「あの人の気持ちを手に取るように正しくわかることができたらいいだろうな」と願うこともあったりします。そんな日々の経験が，心理学を身近な学問に感じさせるのかもしれません。

　心理学への関心の高まりは，医学や脳科学，生命科学，進化論や生態学，教育学や社会学，経営学など，多様な学術領域と連携した研究を活発にしました。そして，人間の心と行動について驚くほどたくさんのバラエティに富んだ研究成果を生み出してきています。また，適正な教育や司法の実践，充実した医療や福祉の構築，健全な組織経営や産業現場の安全管理など，さまざまな社会問題の解決を図るときに鍵を握る知識や見識を示す領域として，心理学はその存在感を高めています。国家資格「公認心理師」の創設は，心理学の社会への浸透を反映しています。

　本ライブラリは，幅広い心理学の領域をカバーしながら，基本となる専門性は堅持しつつ，最近の研究で明らかにされてきていることも取り入れてフレッシュな内容で構成することを目指しました。そして，初めて心理学を学ぶ人にも理解していただきやすいテキストとなるように，また，資格試験の勉強にも役立つことも考慮して，平易でわかりやすい記述や図解を心がけました。心理学を体系的に学ぼうとする皆さんのお役に立てることを願っています。

監修者　山口裕幸
中村奈良江

まえがき

　本書は，「ライブラリ 心理学を学ぶ」の一巻として編さんされたもので，認知心理学を学ぶ方のための教科書です。

　人間の営みの基本プロセスを簡潔に整理すると，外から入ってくる情報を頭の中に取り入れ，何らかの判断をして行動を起こすということになります。心理学では，このような一連のプロセスのうち，頭の中で営まれているものを「認知（cognition）」といいます。認知心理学は，この認知プロセスを扱う分野です。認知プロセスは，人間の基本的な営みですから，本書は心理学の基礎的な内容を学ぶものだと考えてください。

　このプロセスをもう少し詳細にみてみましょう。外からの情報を取り入れるのは知覚の問題です（知覚については，本ライブラリでは第2巻で扱われることになります）。知覚されたものは，何らかの形で「記憶」されます。そして，記憶されたものを使って，私たちは「思考」し，「意思決定」をし，行動を起こします。記憶されたものは「知識」として蓄えられ，その知識は，将来において，また思考し意思決定を行うための資源となります。本書ではこのようなプロセスについて，順を追って各章で紹介していきます。

　大きな流れとして，まず「記憶」についての説明を行い，次に「知識」，そして「思考」の話をします。記憶は，いろいろな視点からとらえられますので，まず，それらを整理するために，最初に「記憶のとらえ方」について第1章で説明します。また，本書では記憶を，大きく2つに分けて考えます。主として記憶を使って作業をする役割と保存をする役割です。前者に相当する話として第2章で「ワーキングメモリ」について説明します。後者に相当する内容は，第3章の「長期記憶と忘却」となります。記憶については，さらにもう1章設けました。記憶の古典的な研究は実験室内で行われる実験が多く，日常私たちが使っている記憶とはかけ離れた部分もありました。そこで，日常的な記憶を扱う研究が行われるようになりました。それらの研究について第4章で「日常記憶」として紹介します。

第5章は知識です。主として知識がどのような形で蓄えられているのかという話，つまり「知識の表象」について話をします。そして第6章，第7章は思考について扱います。思考というのは，ある与えられた課題をどのように解決するのかということでもあります。とくに実験などでは，ある問題を与えそれらを人がどう解決するのかをみることによって人間の思考を探っていきます。そこで，第6章は「問題解決」について述べます。問題解決は答えを導くということがゴールになりますが，私たちが行動を行うには意思決定が必要となります。意思決定は問題解決のように答えがあるわけではなく，推論を行っていくプロセスも重要となります。そこで第7章は「推論と意思決定」についての話をします。

以上の内容でいわゆる「認知と思考」の話の流れを網羅したことになりますが，実は，記憶や思考をするのに重要な役割を果たしているものがあります。それは言語です。そこで，第8章で「言語」について述べていきます。さらに，もう一つ重要なものが脳です。ここまで述べてきた認知プロセスは脳の中で営まれていると考えられています。そこで，最後に第9章で「認知と脳」について話をします。

本書の編さんにあたっては，それぞれの分野において実際に研究に携わっておられる研究者の方々に執筆をお願いしました。そのため，基礎的な内容についてしっかりと記述いただいているだけでなく，最新の内容も盛り込まれています。基礎的な学習に役立つだけでなく，どの章をとっても読み応えのある内容になっており，認知心理学という学問の魅力を感じていただけるのではないかと思います。さらに，章末のコラムには，心理学者以外の方にも執筆をお願いしたところもあります。本文では書けなかったような実践的な内容を紹介しているため，近接の学問との関わりも含め，認知心理学により興味を持っていただけるのではないかと思っています。

本書は初学者の方を主な読者対象としたものですので，編さんにあたってはわかりやすさを重視しました。そのため，執筆者の方々に書いていただいた原稿には，編者である私からかなりの注文をいたしました。大幅な修正をお願いしたところもあります。認知心理学の研究アプローチは実験が中心となるため，

どのような実験がなされそれがどのような結果になったのかを理解することが，認知心理学の学習にとって非常に重要になります。そのため，本書では実験の内容をわかりやすく理解できるように心がけました。執筆者の方々には苦労をおかけしたと思いますが，最終的には非常にわかりやすく読みやすい本になったと思っています。執筆者の方々には記して感謝申し上げます。

　最後に，本書のライブラリ監修の労をとっていただいた山口裕幸先生，中村奈良江先生，編集を担当していただいたサイエンス社の清水匡太氏には，この場を借りて厚く御礼申し上げます。

　2018 年 4 月

松尾太加志

目　次

まえがき …………………………………………………………………… i

第1章　記憶のとらえ方　1

1.1　記憶のプロセス …………………………………………………… 1

1.2　記憶の実験法 ………………………………………………………… 2

1.3　二重貯蔵モデル …………………………………………………… 8

1.4　リハーサルの種類 ………………………………………………… 16

復習問題 …………………………………………………………………… 20

参考図書 …………………………………………………………………… 20

コラム 1.1　日常場面の記憶　21

第2章　ワーキングメモリ　25

2.1　短期記憶からワーキングメモリへ ……………………………… 25

2.2　ワーキングメモリの複数成分モデル …………………………… 28

2.3　ワーキングメモリの注意制御モデル …………………………… 34

2.4　ワーキングメモリの実行機能 …………………………………… 42

復習問題 …………………………………………………………………… 47

参考図書 …………………………………………………………………… 47

コラム 2.1　リーディングスパンと読解力　45

第3章　長期記憶と忘却　49

3.1　2種類の長期記憶 …………………………………………………… 49

3.2　宣言的記憶 ………………………………………………………… 50

3.3　非宣言的記憶 ……………………………………………………… 58

3.4　忘　　却 …………………………………………………………… 65

3.5 ま と め ……………………………………………………… 70

復 習 問 題 ……………………………………………………… 75

参 考 図 書 ……………………………………………………… 75

コラム 3.1 "記憶" をいかに研究するか──分子から行動まで　71

第4章　日常記憶　77

4.1 日常記憶研究とは ……………………………………………… 77

4.2 日頃見慣れた対象の日常記憶 ………………………………… 78

4.3 スキーマとの整合性が重要になる日常記憶 ……………… 82

4.4 興味・関心が高い対象の日常記憶 ………………………… 84

4.5 感情や情動が関わる日常記憶 ……………………………… 92

4.6 個人の記銘方略により違いが生じる記憶 ………………… 95

4.7 熟練者の卓越した日常記憶 ………………………………… 98

4.8 日常記憶に関するまとめ ……………………………………… 101

復 習 問 題 ……………………………………………………… 108

参 考 図 書 ……………………………………………………… 108

コラム 4.1 「記憶」で犯人を追いつめるポリグラフ検査　106

第5章　知識の表象　109

5.1 知識と表象 ……………………………………………………… 109

5.2 命 題 表 象 ……………………………………………………… 110

5.3 アナログ表象 ………………………………………………… 116

5.4 概念の表象 ……………………………………………………… 120

5.5 スキーマとスクリプト ……………………………………… 124

5.6 行動や意思決定に関する知識 ……………………………… 127

復 習 問 題 ……………………………………………………… 131

参 考 図 書 ……………………………………………………… 131

コラム 5.1 不気味の谷　132

目　次　　　vii

第6章　問題解決　137

6.1 問題解決の定義 …………………………………………… 137

6.2 問題解決の過程 …………………………………………… 139

6.3 問題解決研究の活用と今後の課題 …………………… 153

復習問題 …………………………………………………………… 157

参考図書 …………………………………………………………… 157

コラム6.1　企業現場における問題解決　158

第7章　推論と意思決定　161

7.1 人間の推論と意思決定 ………………………………… 161

7.2 推　論 …………………………………………………… 162

7.3 意思決定 ………………………………………………… 175

7.4 結びにかえて …………………………………………… 184

復習問題 …………………………………………………………… 188

参考図書 …………………………………………………………… 188

コラム7.1　モンティ・ホール問題　186

コラム7.2　プロスペクト理論　187

第8章　言　語　189

8.1 言語学における言語のとらえ方 ……………………… 189

8.2 言語の獲得 ……………………………………………… 193

8.3 言語の理解 ……………………………………………… 198

復習問題 …………………………………………………………… 212

参考図書 …………………………………………………………… 212

コラム8.1　物語と認知　213

第9章 認知と脳　217

9.1 脳研究と認知心理学 ……………………………………… 217

9.2 脳 の 構 造 ……………………………………………… 218

9.3 ニューロンの構造と機能 …………………………… 222

9.4 脳機能計測法 ………………………………………… 226

9.5 認 知 と 脳 …………………………………………… 231

復習問題 ……………………………………………………… 241

参考図書 ……………………………………………………… 241

コラム 9.1　脳機能イメージングのデータ解析——"「どこ」が活動する？"
　　　　　から"「どのように」活動する"へ　239

引 用 文 献 ……………………………………………………… 243

人 名 索 引 ……………………………………………………… 261

事 項 索 引 ……………………………………………………… 263

執 筆 者 紹 介 …………………………………………………… 268

第1章
記憶のとらえ方

　「記憶」は私たちの日常生活に密着した，とても身近なものです。みなさんは，こ
れまでの人生で起こった出来事やそのときの気持ちなど，たくさんの思い出を記憶し
ていることでしょう。そういった思い出は，とくに「覚えよう」と努力しなくても自
然と記憶に残っています。一方で，難しい専門用語や数式など，一生懸命覚えようと
努力してもなかなか覚えられないものもあります。記憶は不思議です。この記憶の不
思議を解き明かそうと，これまでに多くの心理学者たちが記憶の仕組みを研究してき
ました。この章では，そういったこれまでの研究を紹介しながら，記憶の研究のしか
たや，そこからわかる記憶の基本的な仕組みについて説明していきます。

1.1　記憶のプロセス

　テスト前夜，たくさんの英単語や数式，歴史の年号などを覚えようと格闘し
たことのある人もいるかもしれません。「覚えることがいっぱいある」「覚えら
れない……」「なんとか覚えた！」など，私たちは記憶することを「覚える」と
いうたった一言で言い表します。ですが，実は記憶することは複数のプロセス
に分けられます（図 1.1）。

　翌日に英語のテストを控えているとしましょう。テスト範囲の英単語を見た
り口に出して読んだりして，頭に叩き込もうとする段階のことを，記銘
（memorization）や符号化（encoding）とよびます。「記銘」は，覚えたい情報
をそのままの形で記銘するのではなく，覚えやすい形に変換するため，「符号
化」という言い方もします。これが記憶の第 1 段階目です。日常生活の中では，
この段階だけを指して「覚える」とよんでいるかもしれません。ですが，記憶
するという作業はここで終わりではありません。翌日のテストのとき，「あ，
この単語を昨日勉強した覚えはあるけれど，何だったかすっかり忘れてしまっ

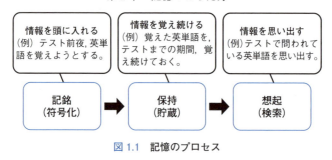

図 1.1 記憶のプロセス

た……」という経験をしたことのある人もいるのではないでしょうか。一度頭に入れても，テストのときまで覚え続けておかなければ意味がありません。このように，記銘（符号化）した後，ずっと覚え続けておくことを**保持**（retention）もしくは**貯蔵**（storage）とよびます。また，「この日本語を英語で何というか，絶対に覚えているはずなのに，今なぜか思い浮かばない！」というとてももどかしい状況に陥った経験のある人もいるかもしれません。頭の中に入っていても，思い出すべきときに思い出すことができなければ，テストで点数を取ることはできません。このように，頭の中に保持されているものを思い出すことを，**想起**（recollection）または**検索**（retrieval）とよびます。思い出すという作業は貯蔵されたものの中から探し出す必要がありますので，ただ「想起」ではなく「検索」という言い方をします。

　テストで正解するためには，覚えるべきことを頭に入れ（記銘・符号化），それを覚え続けておき（保持・貯蔵），きちんと思い出す（想起・検索）必要があるのです。このように，記憶は「記銘（符号化）」→「保持（貯蔵）」→「想起（検索）」という3段階のプロセスから成っていると考えられています。

1.2　記憶の実験法

　「記銘（符号化）」・「保持（貯蔵）」・「想起（検索）」の3段階から成る記憶を心理学実験によって研究する場合，やはり実験の中でも，実験参加者に「記銘（符号化）」・「保持（貯蔵）」・「想起（検索）」の3段階を体験してもらう必要が

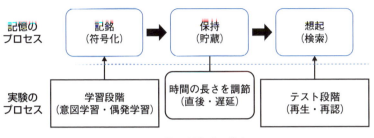

図 1.2　記憶の実験パラダイム

あります。一般に，実験の中で参加者に「記銘（符号化）」してもらう段階のことを「学習段階」，「想起（検索）」してもらう段階のことを「テスト段階」とよびます。そして学習段階とテスト段階の間の時間の長さを調節することで，「保持」の時間を操作します（図 1.2）。

1.2.1　学 習 段 階

　学習段階で，実験参加者に何かを記銘してもらう方法は，大きく分けて2つあります。**意図学習**（intentional learning）と**偶発学習**（incidental learning）です。

　意図学習とは，実験参加者に"覚えよう"と努力しながら記銘してもらう方法です。覚えてもらうもの（心理学実験においては「（記憶）材料」とよびます）を実験参加者に見せたり聞かせたりする前に，「今から出てくるものを覚えてください」と前もってお願いします。私たちがテスト前に一生懸命，英単語や数式や年号などを覚えようと努力するのと同じ状況を作り出すわけです。

　一方，偶発学習では，実験参加者が"覚えよう"と意識していない状態で，記憶材料を見たり聞いたりしてもらいます。たとえば私たちがテレビドラマを見ているとき，登場人物の顔と名前や，出てきた場所，ストーリーなどを一生懸命"覚えよう"と努力しながら見ているわけではありません。それでもドラマを見終わったときには，いろいろな情報が記憶に残っています（もちろん，見たけれど忘れてしまう情報もあります）。このように人間は，覚えようと努力しなくても見聞きした情報を記銘することがあります。そのような状況を作

り出そうとしているのが偶発学習です。記憶材料を提示する前に「覚えてください」とは決して言わず，ただ「見てください（聞いてください）」と言ったり，時には記憶材料を見たり聞いたりしながら，たとえばその言葉が好きか嫌いかを判断してもらうなど，別の作業を行ってもらったりもします。

実験をする際，意図学習と偶発学習のどちらを選ぶかは，その実験のねらいによって決まります。覚えようと努力しているときの記憶の仕組みについて調べたいのであれば意図学習，覚えようとせずにものを見たり聞いたりしているときの記憶の働き方について調べたいのであれば，偶発学習を用います。

1.2.2 テスト段階

テスト段階で，実験参加者に検索してもらう方法も，大きく分けて2つあります。再生（recall）と再認（recognition）とよばれる方法です。

試験前になるとよく学生が来て，「先生，今度のテストは記述式ですか？選択式ですか？」と聞きます。どちらのテスト形式なのかは，学生にとって重大な問題のようです。一から自分の力で思い出して答えを書く記述式と，選択肢の中から正解を選ぶ選択式とでは，思い出すときの難しさが違うのはみなさんもよくわかるのではないでしょうか。いわゆる記述式の思い出し方が「再生」，選択式の思い出し方が「再認」です。

選択肢が用意されておらず，一から自分で思い出す想起方法が「再生」です。再生の中にも「自由再生」「系列再生」「手がかり再生」などの種類があります。歴史のテストで，歴代徳川将軍の名前を答えなければならないとしましょう。15人の将軍の名前を，順不同で書き出すスタイルが「自由再生」です。つまり，いくつか検索するものがあるときに，順序は自由に，思い出せる順で想起する方法です。一方，初代将軍から第2代・第3代……と順序通りに書かなければならない場合，それは「系列再生」とよばれます。想起するものに順序が決められており，順序通りに報告しなければならないという方法です。「手がかり再生」は，想起すべきものの最初の1文字が提示されるなど，手がかりが与えられて，それをもとに想起する方法です。たとえば，「徳川初代将軍の名前は，徳川家__である」と書かれていて，「__」に当てはまる言葉を想起する

1.2 記憶の実験法

自由再生の例

> 問題：15名の歴代徳川将軍の名前をすべて答えなさい（順番は問いません）。

系列再生の例

> 問題：15名の歴代徳川将軍の名前を，初代将軍から順番通りにすべて答えなさい。
>
> | 初代 | →第2代 | →第3代 |
> |---|---|---|
> | →第4代 | →第5代 | →第6代 |
> | →第7代 | →第8代 | →第9代 |
> | →第10代 | →第11代 | →第12代 |
> | →第13代 | →第14代 | →第15代 |

手がかり再生の例

> 問題：下の＿＿に当てはまる語を書きなさい。
>
> 初代徳川将軍の名前は，徳川家＿＿である。

図 1.3　再生の種類

といった場合のことです（図 1.3）。

　一から自分で思い出すのではなく，選択肢を選ぶ方法である「再認」にも種類があります。項目が1つ提示されて，それが学習段階で記銘したものかどうかを判断する再認方法は，「単一項目提示型」「諾否型」「yes/no 型」などとよばれます。「初代徳川将軍の名前は，徳川家光である」という命題に対して，○か×かを答える問題と同じ形式です（ちなみにこの問題の答えは×です）。また，選択肢がいくつか用意されている中から，学習段階で記銘した材料を選ぶ方法は，「多肢選択型」とよばれています。「次の中から初代徳川将軍の名前を選べ」という問いに対して4つくらいの選択肢が用意されていて，正解を1つ選ぶという，よくあるタイプの選択問題形式です。「諾否型」（○×問題）や「多肢選択型」（選択問題）は，これまでに学校の試験などで何度も出会ったことがあると思いますが，記憶実験で使われる「バッチ型」は，試験などではあまり使われない形式かもしれません。これは，学習段階で記銘する材料が複数

単一項目提示型・諾否型・yes/no型の例

問題：以下の文章が正しい場合には1，間違っている場合には2と解答しなさい。

初代徳川将軍の名前は，徳川家光である。

多肢選択型の例

問題：初代徳川将軍の名前を，以下の1〜4の中から選びなさい。

1. 徳川　綱吉
2. 徳川　家康
3. 徳川　家正
4. 徳川　慶喜

バッチ型の例

問題：以下の中から，歴代徳川将軍の名前をすべて選びなさい。

吉宗	家斉	家定	綱吉	家喜	家正	家光
秀忠	家忠	正茂	家吉	家慶	家義	家邦
家政	正家	家治	家継	慶喜	家茂	慶家
家重	家綱	秀家	宗家	忠家	家宣	家元
家康	吉成					

図 1.4　再認の種類

ある場合に，テスト段階で，すでに学習段階で記銘した材料（旧項目や学習項目などとよびます）と，学習しなかった材料（新項目やディストラクタ項目などとよびます）を混ぜてたくさん提示し，その中から覚えたものを選ばせる方法です。たとえていうなら，歴代徳川将軍の名前と，そうでない名前をまぜこぜにして列挙し，「この中から歴代徳川将軍の名前をすべて選びなさい」というような問題といえます（図 1.4）。

このように，テスト段階の実験方法にはさまざまなものがあるのです。

1.2.3　保持期間

これまで，学習段階とテスト段階の実験方法，つまり，記憶について実験をして研究する際の，記銘と想起の方法を説明してきました。この学習段階とテ

1.2 記憶の実験法

スト段階の間にどれくらいの時間を空けるかによって，保持の期間を実験的に操作することができます。

学習段階が終わったらすぐにテスト段階に移る場合，そのテストの方法によって，「直後再生」または「直後再認」などといいます。逆に，学習段階とテスト段階の間に時間を空ける場合は「遅延再生」または「遅延再認」とよびます。遅延時間の長さは，短いものなら数十秒や数分という実験もありますし，長いものだと数週間や数カ月，場合によっては1年以上というものもあります（そのような実験は多くはありませんが）。

遅延時間が数分〜数十分程度の場合，記銘したもののことをずっと頭の中で考え続けておくことができないように，遅延時間中の実験参加者に，たとえば計算問題を解かせるなど，何か別の作業をしてもらうこともよくあります。このような別の作業は，「妨害課題」あるいは「フィラー課題」とよばれています。通常，私たちが家で試験勉強中に徳川将軍の名前を覚えてから試験本番までの間，頭の中でずっと徳川将軍のことを考え続けていて，他のことは何も考えないということはありえません。「今日の洋服は何を着ようかな」「寝癖がついているなぁ，直さなきゃ」「朝ごはんのトースト，おいしいなぁ」「あ，信号が点滅してる，走ろう！」などなど，いろいろな情報が頭の中に入ってきて，いろいろなことを考えます。ですが，実験室で実験をする場合，ただ遅延時間を空けただけでは，実験参加者が覚えたことを忘れないように，頭の中でずっと考え続けてしまう可能性が高いでしょう。ですから，できるだけ日常的な状況に近づけるため，妨害課題を入れるのです。課題としては，4桁の数字を提示し，3ずつ引き算を繰返し続けさせるといった暗算課題などが使われます。

これまで説明してきた通り，記憶の実験方法には，学習段階・テスト段階・遅延時間の長さなどさまざまな種類があります。研究者たちは，"どんな状況での記憶の仕組みについて調べたいのか"という実験の目的に合わせて，これらの方法を組み合わせて使っているのです。

1.3 二重貯蔵モデル

1.2 で説明してきたような実験手法を用いることで，これまでにどのような研究が行われ，その結果どのようなことが明らかになってきたのでしょうか。この節では，二重貯蔵モデルという記憶の基本的な仕組みについて，それを明らかにする実験とともに紹介していきます。

1.3.1 系列位置効果

初対面の人とたくさん会う場面を想像してください。全員が順に自己紹介をしていきます。すべての人が自己紹介を終えたとき，最初のほうで自己紹介をした人，最後のほうで自己紹介をした人，中間で自己紹介をした人，どのあたりで自己紹介をした人の名前をよく覚えていると思いますか？　逆に，どのあたりで自己紹介をした人の名前を忘れていると思いますか？

おそらく，最初と最後のほうで自己紹介した人の名前を覚えている確率が高く，中間で自己紹介した人の名前を思い出せない確率が高いでしょう。単語のリストを順に覚え，覚えたものをすぐに自由再生してもらった場合，リストの最初のほうに出てきた語と最後のほうに出てきた語の記憶成績が良いことが知られています（この実験の場合，実験参加者に単語を覚えようとして覚えてもらうので学習方法は意図学習になります。また，遅延時間をとらないので，テスト方法は直後再生の自由再生になります）。このような結果になることは多くの研究で確かめられていますが，ここではグランザーとカニッツ（Glanzer, M., & Cunitz, A. R., 1966）の結果を例として載せます（図 1.5）。グランザーとカニッツは，20 語の単語リストを 3 秒に 1 語のペースで読み上げ，実験参加者に覚えてもらいました。そして，リストの単語をすべて読み上げ終わったら，すぐに思い出せる語をすべて書き出してもらいました。この図を見てもわかるように，記憶成績は最初と最後が良く，中間で悪くなるのです。このことは系列位置効果（serial position effect）とよばれています（この U 字型の結果グラフのことは系列位置曲線とよびます）。リストの最初のほうの語の記憶成績が良いことを初頭効果（primacy effect），リストの最後のほうの語の記憶

1.3 二重貯蔵モデル

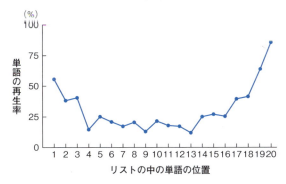

図 1.5　系列位置曲線（Glanzer & Cunitz, 1966 を改変）

成績が良いことを**新近性効果**（recency effect）といいます。

1.3.2　短期記憶と長期記憶

　それでは，なぜリストの最初と最後，2 カ所で成績が良いのでしょうか。これは，頭の中に短期貯蔵庫と長期貯蔵庫という 2 つの入れ物があるからだと考えられます。見たり聞いたりした情報は，まず短期貯蔵庫に入ります。短期貯蔵庫で保持されている情報のことを**短期記憶**（short-term memory）とよびますが，短期記憶はその名の通り，短時間しか保持されません。その保持時間は数十秒です。見たり聞いたりしたものも，数十秒間何もしなければ忘れてしまうということです。リストの最後の語は，見聞きしてすぐにテスト段階に入るので，テストの時点でまだ短期貯蔵庫の中に残っています。新近性効果は，短期記憶として頭の中に残っている語を思い出したために生じるのです。

　短期記憶の保持時間は数十秒と説明しましたが，その記憶を頭の中で繰返し唱えている間は，忘れられることはありません。「にんじんとマヨネーズとハムとヨーグルトとごみ袋を買ってきて」とお遣いを頼まれた場合，買いに行く道すがら，頭の中で「にんじん，マヨネーズ，ハム，ヨーグルト，ごみ袋」と繰り返していれば，スーパーまで 10 分かかったとしても，忘れることはないでしょう（でも，途中で友達に会ってしばらく立ち話をしてしまい，頭の中で唱えることをやめてしまったら，何を買うのか忘れてしまうかもしれません）。

このように頭の中で繰り返すことを**リハーサル**（rehearsal）とよびます。リハーサルをしている期間は短期記憶が忘れ去られないというだけでなく，リハーサルを何度も繰り返すと，その情報は短期貯蔵庫から長期貯蔵庫へと送られやすくなります。

　長期貯蔵庫で保持されている情報のことを**長期記憶**（long-term memory）といいます。長期記憶の保持時間には限度がありません。リストの最初の単語を提示されたとき，その語を覚えようとして頭の中で繰返し唱える人も多いでしょう。2つ目の語が提示されたら，1つ目の語も忘れないようにリハーサルしながら，2つ目の語もリハーサルし，3つ目の語が提示されたら，1つ目・2つ目の語と合わせて3つ目の語もリハーサルし……というように，リストの最初のほうの語は何度も繰返しリハーサルされる傾向にあります。よってリストの最初のほうの語は保持時間の長い長期記憶になりやすいのです。長期記憶は，単語が提示された時点から時間がたったテストのときでもまだ貯蔵庫の中に残っているので，思い出すことができます。初頭効果は，長期記憶として頭の中に残っている語を思い出したために生じるのです。

　リストの中間あたりで提示された語は，すでにいくつもの語が提示され，また，その後にも次々に語が提示されるので，数回リハーサルされるのみで終わってしまい，なかなか長期記憶にはなりません。しかも，語が提示されてからテストが始まるまでにもしばらく時間がありますので，それまでに短期記憶の保持期限がきてしまい，忘れ去られてしまうのです（図 1.6(a)）。

　短期記憶と長期記憶の存在を示唆する研究結果は他にもあります。単語1語あたりの提示時間を短くすると，初頭効果がなくなることが知られています（図 1.6(b)）。提示時間が短いと，リストの最初のほうの語であっても，十分にリハーサルする時間がとれないまま，次々と新しい単語が提示されてしまいます。リハーサルの回数が少ないので，長期貯蔵庫に送られないまま，すべての語が短期記憶の段階で忘れ去られてしまうわけです。結果，テスト直前に提示されて，まだ短期記憶として残っている単語だけしか再生することができず，新近性効果のみが見られるということになります。また，リストをすべて提示した後，すぐにテストをするのではなく，数十秒から数分時間をおいて（その

1.3 二重貯蔵モデル

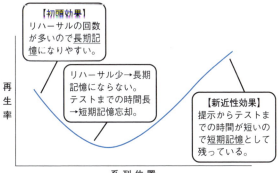

(a) なぜ系列位置効果が生じるのか

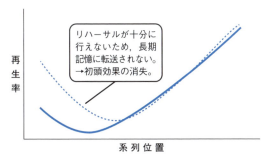

(b) 提示時間を短くすると……

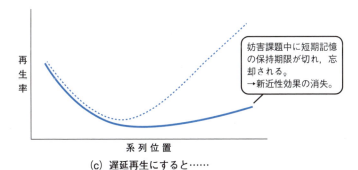

(c) 遅延再生にすると……

図 1.6 系列位置曲線と短期記憶・長期記憶

間には計算問題などの妨害課題を与えます）遅延再生をさせた場合，新近性効果がなくなることも知られています（図 1.6(c)）。リストの最後の語は，リストがすべて提示し終わった時点ではちゃんと短期記憶として頭に残っています。

12 第1章 記憶のとらえ方

ですが，その後計算問題などを行っている間にはリハーサルを行うことができ
ず，その間に短期記憶の保持期限の数十秒がきてしまい，忘れ去られてしまう
のです。

このように，提示時間を変えたり，直後再生を遅延再生にしたりなど，実験
の方法を工夫することで結果が変わり，その結果をもとに人の記憶の仕組みが
どのようになっているのかを推測するところに，記憶研究の，ひいては心理学
の面白さがあります。記憶の実験法に，1.2 で説明したようなさまざまな方法
があるのは，これまでの心理学者たちが，目には見えない頭の中の記憶の仕組
みについて，実験を通して明らかにしようと工夫を行ってきた証なのです。

1.3.3 感覚記憶

スパーリング（Sperling, G., 1960）は，ほんの一瞬提示されたものを，ど
の程度覚えていられるのかを実験で確かめました。50ミリ秒（20分の1秒）
という非常に短い時間，3文字から12文字のアルファベットを見せ，直後に，
何のアルファベットがどの位置にあったかを報告させました。実験で使った文
字列の例を，図 1.7 に示します。見せる文字数がどれだけ増えても，報告でき
たのは 4.5 文字程度という結果でした。

この結果から，人が一瞬で覚えられる量は，4.5 文字程度といえそうです。
ですが，実験に参加した人たちは，「本当はもっとたくさんのアルファベット
が見えていたのに，報告をしているうちに忘れてしまい，見えたアルファベッ
トをすべて報告することができなかった」と訴えました。本当にそんな一瞬の
間にたくさんの情報を認識することができるものでしょうか？　この問題を解
決するために，スパーリングはとても巧妙な工夫を行いました。

図 1.7 のような，3文字×3列のアルファベットを提示する際，アルファベ
ットが消えると同時に音を鳴らします。音は，高い音・中程度の音・低い音の
3種類で，高い音が聴こえれば一番上の列の3文字を，中程度の音が聴こえれ
ば真ん中の列の3文字を，低い音が聴こえれば一番下の列の3文字だけを報告
してもらいます。この方法は部分報告法といわれます。提示された文字を全部
報告する（全体報告法）のではなく，一部分だけを報告すればよいからです。

1.3 二重貯蔵モデル

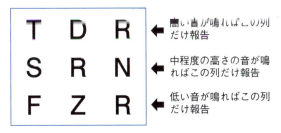

図1.7 スパーリングの実験で用いられた刺激と実験の説明
（Sperling, 1960 を改変）

部分報告法では，アルファベットが消えてから音が鳴るので，参加者たちは，アルファベットを見ているときには，どの列を報告しなければいけないかわかりません。報告しなければならない列を偶然よく覚えていれば答えられるでしょうが，毎回うまくいくわけではないでしょう。何回も実験を繰り返せば，答えられるときとそうでないときがあるはずです。9文字のアルファベットを見たときに答えられる文字数が4.5文字程度でしたから，9文字のアルファベットを見て3文字報告する場合，平均1.5文字の報告に落ち着くと考えられます。

ところが結果は，9文字見て3文字報告する場合，正答率はほぼ100%でした。つまり，50ミリ秒の間に9文字のアルファベットがすべて覚えていたことになります。すべてのアルファベットを報告しなければならないときは，9文字のアルファベットすべてを覚えていたのに，4～5文字程度報告している間に，残りのアルファベットを忘れてしまったものと考えられます。

このスパーリングの部分報告法の実験により，**感覚記憶**（sensory memory）の存在が明らかになりました。つまり，見たり聞いたりしたものを一瞬で大量に覚えて，でも非常に短い時間で忘れてしまうという記憶です。スパーリングの実験により，見たものについての感覚記憶の保持時間は1秒以内ということも明らかになりました。見たり聞いたりした情報は，感覚登録器という場所で非常に短い間保持されます。この情報が感覚記憶です。ですが，見たり聞いたりした情報をすべて長く記憶しておく必要はないでしょう。その中から意識を向けた情報だけが短期貯蔵庫へと移されて短期記憶になり，それ以外の情報は即座に忘れ去られます。休日の繁華街を歩いていると，多くの人とすれ違いま

す。すれ違う人たちに意識を向けてはいませんが，視界の端には見えていると思います。ですから，人とすれ違った瞬間に，「今すれ違った人の服の色は？」と問われれば，「黒っぽいワンピースを着ていたよ」などと答えられるでしょう。これは，視界に入った情報が，たとえ注意を向けていなくても，一瞬であれば記憶に残っているからなのです。ですが，すれ違って10秒たってから，「10秒前にすれ違った人の服の色は？」と問われても覚えていないでしょう。感覚記憶の保持時間は非常に短いのです。

1.3.4 二重貯蔵モデル

アトキンソンとシフリン（Atkinson, R. C., & Shiffrin, R. M., 1968）は，外の世界の情報を人が記憶するときのプロセスをまとめました。感覚記憶，短期記憶を経て，長期記憶として定着するというこのモデルは，**二重貯蔵モデル**（multi-store model）とよばれています（図1.8）。

まず，目や耳から入ってきた情報は，感覚登録器で保持され，感覚記憶となります。道を歩いているとき，私たちの目や耳には，莫大な量の情報が常に流れ込んできています。道を行きかう人，自転車，車，立ち並ぶ家や店，そこに並べられた商品，看板や電信柱……。たくさんの色や形が同時に目に飛び込んできます。音に関しても，車のエンジン音やクラクションの音，人の話し声，自転車がキーっとブレーキをかける音に鳥の鳴き声……。これらの情報が脳に

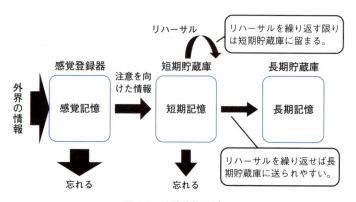

図1.8　二重貯蔵モデル

1.3 二重貯蔵モデル   15

届き，感覚登録器で感覚記憶となります。ですが，これらの情報をすべて長い間覚えておく必要はありません。注意を向けた情報以外は，すべて非常に短い時間で忘れ去られます。たとえば新しい飲食店を見つけ，「あ，こんなところに新しくおしゃれなカフェができてる。今度行ってみよう」と，店内の様子や看板などに注意を向ければ，そのカフェの情報だけが短期貯蔵庫へと送られ，そのときにすれ違った人の様子などは一瞬にして忘れ去られるでしょう。

　注意を向けられた情報は短期貯蔵庫へと送られ，短期記憶になります。ですが，まだ記憶が定着したわけではありません。短期記憶の保持時間は数十秒程度です。頭の中で繰返し唱えてリハーサルを続けている限りは，短期記憶として頭の中に残ってくれていますが，リハーサルをやめれば，数十秒で忘れてしまう可能性があるのです。カフェの名前も，ちらっと一度看板を読んだ程度では，短期記憶にはなりますが長期記憶として定着はせず，後からカフェの営業時間が知りたくてインターネットで検索しようにも，名前が思い出せないということになるかもしれません。また，短期記憶は容量にも限度があることが知られています。その限度は7±2チャンクといわれています。**チャンク**（chunk）とは「まとまり」という意味です。たとえば1192という4桁の数字は，「1」「1」「9」「2」という数字だととらえれば4チャンクですが，「いい国（1192）」と語呂合わせをすれば1チャンクになります。

　短期記憶も，何度も繰返しリハーサルを行えば，長期記憶として定着する可能性が高まります。カフェの名前も，もう覚えたと感じられるまで何度も頭の中で繰り返せば，後から思い出すこともできるでしょう。こう考えると，記憶が定着するまでにはたくさんのプロセスがあり，私たちは見聞きした情報の大半を忘れているということがわかります。試験前などは，「一度見ただけで覚えられればいいのに」と思う人もいるかもしれませんが，私たちの脳には，常に膨大な量の情報が送りこまれ続けていますから，それらをすべて記憶しているとなると大変です。注意すら向けなかった情報は必要ない，一度注意を向けたきり，とくに繰返し出会うことも繰返し考えることもなかった情報は必要ない，と切り捨てて，生きていく上で本当に必要な情報だけを記憶に留める，実に合理的なシステムといえます。

1.3.5　ワーキングメモリ

　心理学は学問として成り立ってから日が浅い，まだまだ若い学問で，日々新しい知見が発見されてきています。「短期記憶」という考え方は，今ではワーキングメモリ（もしくは作業記憶）（working memory）という考え方に変わってきています。

　たとえば友人の悩み相談にのっていると考えてみてください。あなたはきっと，友人の話を聞き，その内容を頭の片隅で記憶しておきながら，その悩みを解決するにはどうすればいいかを考えたり，どんな言い方をすれば友人の気持ちを和らげることができるかを考えたりするでしょう。友人の話はどんどん続きます。頭の中の思考にばかり気をとられてしまっていては，話の内容を追うことができなくなり，「話聞いてるの!?」と怒られることになってしまいますから，もちろん同時進行で友人の話を聞き，内容を理解し，そしてその内容を記憶します。このように，頭の中の短期貯蔵庫と考えられていた場所は，ただ単に記憶するだけの場所ではなく，情報を記憶しつつも，さらに次々に入ってくる新しい情報を処理したり，思考をしたり，過去の記憶を思い出したり，さまざまな作業を同時に行う場所だということがわかってきたのです。そこで短期記憶ではなく，ワーキングメモリとよばれるようになってきました。

　このワーキングメモリについては，次の章で詳しく述べられますので，ここでは簡単な紹介のみにとどめておきます。

1.4　リハーサルの種類

　目や耳から入った情報が，簡単には長期記憶にならないということがわかりました。情報は，まずは感覚記憶，その後に短期記憶，そして最後に長期記憶というプロセスをたどり，そのプロセスの途中で多くの情報が忘れ去られてしまうのです。とはいえ，試験前などどうしても覚えたいことがあるときもあります。そういうときに，ただ覚えたいことを繰り返すしか方法はないのでしょうか。

1.4.1 処理水準

クレイクとタルヴィング（Craik, F. I. M., & Tulving, E., 1975）は，人が覚えようと努力していないときの記憶の仕組みについて研究を行いました。200ミリ秒（5分の1秒）という短い時間，単語を見せるのですが，そのときにその単語を「覚えてください」とは言いません。その代わりに，別の課題を行ってもらいます（つまり参加者には，意図学習ではなく偶発学習を行ってもらうことになります）。いくつかの単語については，「出てくる単語は大文字で書かれているか？」を判断してもらいます（形態条件）。また，別のいくつかの単語については，「○○という語と韻を踏んでいるか？」を判断してもらいます（音韻条件）。また，別の単語については，「……という文章の空欄に当てはまるか？」を判断してもらいます（意味条件）。どの条件でも，「はい」か「いいえ」で"できるだけ早く"答えるようにとお願いします。条件の例と，実験の結果を表 1.1 にまとめています。

「はい」か「いいえ」と答えるまでの時間は，形態条件で一番短く，意味条件で一番長くなりました。みなさんも，自分がこの実験を受けると想像してみてください。単語を見て「大文字で書かれているか，小文字で書かれている

表 1.1　処理水準の実験における各条件の例と結果
(Craik & Tulving, 1975 を参考に作成)

条件	質問	解答例		反応時間	記憶成績
形態条件	単語は大文字ですか？	TABLE	→はい	短い	悪い
		table	→いいえ		
音韻条件	○○と韻を踏んでいますか？				
	（例）weight	crate	→はい		
		market	→いいえ	中程度	中程度
	train	pain	→はい		
		late	→いいえ		
意味条件	文章に当てはまりますか？				
	（例）He met a ＿＿ in the street.	friend	→はい		
		cloud	→いいえ	長い	良い
	The girl placed the ＿＿＿ on	basket	→はい		
	the table.	dream	→いいえ		

か」を判断する程度であれば、わざわざその単語が何と書いてあるのかを読まなくても、ぱっと見ただけで判断できるでしょう。"できるだけ早く"答えるようにと求められた実験参加者たちは、「大文字で書かれているか？」を判断する際、文字を見ただけで、読むことすらしなかった可能性があります。一方、「韻を踏んでいるか」を判断しなければならない音韻条件の質問に答えるためには、必ず書かれている語を読む必要があります。そして、「文章の空欄に当てはまるか」を判断する意味条件の場合は、必ずその語を読んだ上で、その語の意味まで考えなければなりません。このように、頭の中で行った作業のレベルが違ったために、回答するまでの時間の長さが異なったと考えられます。

　この、頭の中で行う作業のレベルのことを処理水準（level of processing）とよびます。形態条件では、単語を見るだけで読むことすらしないので、処理水準が浅いということができます。一方、音韻条件、意味条件となるにつれ、処理水準は深くなる、つまり、深いレベルまで考えることになります。そして実験の最後に、見た単語を再認してもらいました（参加者たちは、単語を見ながら覚えるようにとは言われていなかったので、抜き打ちテストのような形となります）。その結果、処理水準が深いほど、単語を多く再認できるということが明らかになりました。

1.4.2　維持リハーサルと精緻化リハーサル

　処理水準が深い、つまり、より深いレベルまで考えたほうが、記憶に残りやすいということがわかりました。これはつまり、覚えることに関連する情報を増やしたほうが、記憶に残りやすいということです。形態条件では単語を見るだけでしたが、音韻条件ではその単語を頭の中で読み（ここで音に関する関連情報が増えました）、ターゲットになる語と韻を踏んでいるかどうか、「weight, crate, weight, crate ……うん、韻を踏んでいるな」というように、2つの語を並べて比較したりします（ここで「比較した」という出来事の記憶も加わります）。意味条件では、頭の中で読むだけでなく、「雲（cloud）は人じゃないから、道で会うというのはおかしいな」と、単語の意味まで考えます（意味に関する関連情報が増えます）。人によっては、街を歩いていて人に会う様子を

1.4 リハーサルの種類

思い浮かべたり（イメージ情報が加わります）する場合もあるかもしれません。このように，処理を深くするということは，そのことに関連する情報や記憶が増えるということなのです。

このことを踏まえると，リハーサルは 2 種類にわけることができます。一つは，ただ単純に覚えたいことを繰り返すだけのリハーサルです。これを，**維持リハーサル**（maintenance rehearsal）といいます。維持リハーサルを繰り返している間は，その情報は短期記憶にとどまり続けます。そして，維持リハーサルを何度も何度も繰り返せば，その情報はいつか長期記憶になるかもしれません。小学生の頃，九九を何度も何度も繰返し唱えて暗記したのは，まさに維持リハーサルを繰り返して記憶したといえるでしょう。

もう一種類のリハーサルは，**精緻化リハーサル**（elaborative rehearsal）とよばれます。ただやみくもに繰り返すのではなく，関連情報を増やしながら繰り返す方法です。たとえば平安京遷都が 794 年であるということを記憶したいときに，「平安京 794 年，平安京 794 年……」とただ繰返し唱えたり書いたりして覚える方法が維持リハーサルです。一方，「鳴くよ（794）ウグイス平安京」と語呂合わせをすると，794 という意味をもたないただの数字が，意味を持ち文章になります。ここで意味情報が増えました。また，ウグイスが鳴く雅なイメージを連想する人もいるでしょう（イメージ情報も増えます）。このように，関連する情報を増やし，処理水準を深くするリハーサルの方法が，精緻化リハーサルです。精緻化リハーサルを行えば，維持リハーサルよりもずっと少ない回数の繰返しによって（場合によっては 1 回で）長期記憶として定着するのです。

いくつかの有名な実験を紹介しながら，記憶の仕組みについて説明してきました。毎日毎日目や耳から入ってくる膨大な情報の中から，重要な情報だけを選んで記憶する，非常によくできた人間の記憶の仕組みを理解していただけたでしょうか。また，その記憶の仕組みという目で見えないものを明らかにするために，心理学者たちが工夫してきた実験手法についてもあわせて理解していただければと思います。

私たちは毎日何かを記憶しながら生きています。記憶は私たちの生活に非常に密接に関わる，身近なテーマです。だからこそ，多くの心理学者たちがこのテーマに取り組み続けているのでしょう。また，記憶というと認知心理学のテーマであるととらえられがちですが，学習や教育の分野，認知症や精神疾患などの医療・福祉の分野，司法の分野など，非常に広い分野にもつながっていくテーマでもあるのです。

復習問題

1. さまざまな種類の再生と再認の手法を使って，都道府県名の記憶を問うテスト問題を作ってみてください。

2. 初対面の人に会って自己紹介をされてから，その人の名前を完全に記憶するまでにどのようなプロセスをたどるのか，二重貯蔵モデルを用いて説明してください。

3. 歴史上の人名・事件名・年号などを記憶するのが苦手で苦労している人に，どのようなアドバイスをすればよいでしょうか。維持リハーサル・精緻化リハーサルという言葉を用いながら，具体的なアドバイスを考えてみてください。

参考図書

大山　正（監修）箱田裕司（編著）（2012）．心理学研究法 2　認知　誠信書房

　第 2 章の中で，さまざまな記憶の研究法について詳しく紹介されています。

箱田裕司・都築誉史・川畑秀明・萩原　滋（2010）．認知心理学　有斐閣

　この章で紹介したような基本的な記憶の仕組みは，数多く出版されている心理学の教科書では大体どの本にも載っていますが，この本では多くの実験を紹介しながら詳しく説明されています。

太田信夫（2006）．記憶の心理学と現代社会　有斐閣

　日常生活，産業，福祉，教育，犯罪……といったさまざまな場面で記憶がどのように関わり，研究されているかを紹介している，応用的な位置づけの本です。

コラム 1.1　**日常場面の記憶**　　松尾太加志

　日常場面で記憶や忘却を意識するときはどのような場面でしょうか。「昔，こんなことあったなぁ」「あれ，でもあの頃どうしていたか忘れてしまったなぁ」と昔を回想することがあります。あるいは，「○○を買うためにスーパーに行ったのに買い忘れてしまった」「おっと危ない。ハガキを出すのを忘れるところだった。ポストを見て気づいてよかった」といったこともあるでしょう。前者は自伝的記憶，後者は展望的記憶といわれ，いずれも記憶の研究分野では**日常記憶**（everyday memory）として分類されているものです。日常記憶については，第 4 章で説明していますが，ここでは第 4 章でふれていない自伝的記憶と展望的記憶を紹介します。

　この第 1 章の本文で紹介している記憶の実験方法は，実験室の中で行われるようなものばかりで，主として記憶の仕組みなどを明らかにしようとして行われるものです。単語や文章などを提示し，その後それらを想起させるという形式であるため，現実の日常場面とはかなりかけ離れた状況となってしまっています。日常記憶では，実際の日常場面での記憶を扱いますので，このような実験を行うわけにはいきません。ですので，実験室での実験のような統制された実験を行うことは難しくなります。

　自伝的記憶（autobiographical memory）は，私たちが人生の中で経験してきたさまざまな出来事に関する記憶の総体で，いわゆる「思い出」の記憶といってよいでしょう。過去を回想してエピソードとして語られるものですが，エピソード記憶（第 3 章で説明しています）と区別することがあります。自伝的記憶は，研究の手法としては文字通り回想法というやり方で過去を振り返ってもらいます。研究の目的によって，内容を限定したり，手がかり語による影響などをみたり，年齢の違いを検討したりします（佐藤ら，2008）。自伝的記憶の高齢者を対象にした研究では，想起する対象の時期において 3 つの特徴があるといわれています（図 1.9）。まず，幼い頃の記憶が極端に少ないことです。この時期は，いわゆる物心がつく前の段階で，エピソード記憶が残らない**幼児期健忘**（childhood amnesia）が生じていると考えられ，0 歳から 5 歳までの記憶が極端に少なくっているのです。逆に最近の記憶はよく覚えられています。図 1.9 は，約 70 歳の高齢者を対象としたもので，70 歳付近の想起の割合がもっとも高くなっています。これは，本章の本文でも述べた新近性効果が自伝的記憶にも当てはまるということです。最後の特徴は，バンプ

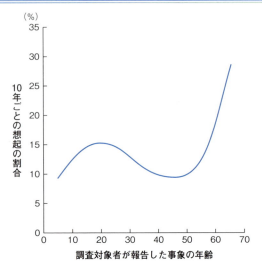

図1.9 高齢者の自伝的記憶の各年代における想起の割合
(Rubin & Schulkind, 1977を一部改変)

(bump) として知られるもので（レミニセンス・バンプということもあります），10代から30代の想起が多いという特徴です。グラフをみるとその年代のところがコブのようになっているため，このようによばれています。この時期は，卒業，就職，結婚，出産など，人生の節目となる出来事が生じる時期であることなどがその要因と考えられています。

展望的記憶（prospective memory）は，自伝的記憶が過去の**回想的記憶**（retrospective memory）であるのに対して，未来の記憶ともいえます（梅田と小谷津，1998）。展望的記憶は，行為を意図した時間と行為を実行する時間に開きがあることが問題で，予定していた行為のトリガーがどのようにすれば生じるのかといったようなことが研究としての検討課題となります。研究は，自伝的記憶が回想という日常場面での行為とほとんど同じようなやり方でアプローチできるのに対し，展望的記憶の場合は研究アプローチに工夫が必要です。

初期の研究では，実際に何か用事を与えてそれが遂行されるかどうかを調べるというやり方でした。たとえば，ハガキを渡しておいて，「○日後に投函してください」といった課題を与えるものです。また，「し忘れ」の事例を集めるという方法もあります。経験した「し忘れ」の事例を自由記述してもらったり，ある期間を決

めて「し忘れ」を経験したら手帳などに書き留めてもらったりするというやり方で，実際の日常場面の展望的記憶に関わる事例を集める手法です。さらに，実験的な手法も工夫されています。レンデルとクレイク（Rendell, P. G., & Craik, F. I. M., 2000）が考案した Virtual Week といわれるボードゲームは，スゴロク様のゲームで，日常生活の出来事をシミュレーションしており，決まったタイミングで食事の準備をしたり電話をかけたりなど，展望的記憶課題が織り込まれているものです。

展望的記憶の失敗は高齢者に多いと一般に考えられがちですが，研究結果からは必ずしもそうではないということがわかっています。実験室の実験では若年者のほうが高齢者よりも成績がよいのですが，自然な日常場面では高齢者のほうが成績がよいということがわかっています。これは，**展望的記憶の年齢パラドックス**（age prospective memory paradox）として知られています（Rendell & Craik, 2000）。シュニッツスパンら（Schnitzspahn, K. M. et al., 2011）は，実験室での課題として，ビデオを見るなど3つの作業を実行しながら，都合6回，ある決められたタイミングで，キーボードからある文字をタイプするという課題を与えました。一方，自然な状況の課題としては，テキストメッセージを3日間の午前と午後の決められた時間に送信する課題を設定し，これも都合6回行うことになります。これらの課題を若年者と高齢者に行ってもらったところ，図 1.10 に示したように，実験室課

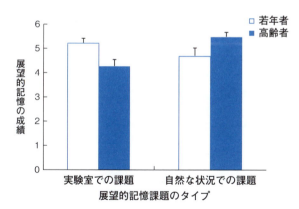

図 1.10　2つの課題における各年齢群の展望的記憶の成績
(Schnitzspahn et al., 2011)

棒グラフは，6つのうちの正反応数の平均を示しており，誤差のバーは標準誤差を表します。

題では若年者の成績のほうがよかったのに対して，自然な状況では高齢者のほうの成績がよくなっています。なぜこのような結果になるのかは，まだ明確にはわかっていません。

　自伝的記憶が覚えていることに焦点があてられるのに対して，展望的記憶は，忘れてしまうことに焦点があてられています。自伝的記憶は，日常場面の「思い出」であるため，想起内容に注目されるのに対し，展望的記憶は，予定していた行為を忘れないという現実的な問題と密接に関わるからでしょう。いずれも私たちの日常生活における記憶に関して，興味深い研究分野だといえるでしょう。

第2章
ワーキングメモリ

第1章では，記憶について記銘，保持，検索，想起といったプロセスや，短期記憶や長期記憶という区分が示されています。また，記憶の認知心理学的な実験手法について解説されています。記憶は，私たちの日常生活のほぼすべてに関わっており，多くの人が記憶に助けられたり，逆に何らかの記憶に関する問題で失敗をした経験があるでしょう。記憶は，日常生活におけるすべての認知的活動や身体的活動と深く結びついており，私たちの認知の基盤をなす機能をもっています。本章では，認知や思考における情報処理に必須の情報の一時的な保持機能を意味するワーキングメモリについて解説します。

2.1 短期記憶からワーキングメモリへ

2.1.1 短期記憶とワーキングメモリの違い

1970年代前半までの短期記憶研究では，記憶の貯蔵的な側面のみに研究の焦点があてられ，情報の処理的側面については十分な検討が行われていませんでした（三宅と齊藤，2001）。一方，記憶は私たちの日々の生活における情報処理と深く結びついています。日常会話においても，相手が「彼は……」といって話す場合，聞き手はその「彼」がいったい誰を指すのかについて理解しその情報を保持しておく必要があります。買い物に行くときには，「買うもの」についての情報を保持していないと，お店では目的のものを買うことができなくなってしまいます。このように，普段私たちの生活では目的を遂行するために，情報を一時的に保持することはもっとも重要な記憶の機能です（Goldman-Rakic, 1992）。

私たちの認知活動における情報の一時的な保持の機能とその情報を利用した同時並行的な処理を示す機能は，近年では短期記憶に代わってワーキングメモ

リ（working memory；作動記憶または作業記憶と表記される場合もあります）とよばれています。ワーキングメモリは，現在では，一時的な情報の保持のみを示す短期記憶の機能を包含するものと考えられています（三宅と齊藤，2001）。

心理学的な文脈で，ワーキングメモリという用語が初めて用いられたのは，ミラーら（Miller, G. A. et al., 1960）の「プランと行動の構造（Plans and the structure of behavior）」においてであり（三宅，2000），現在のワーキングメモリの概念と同様に，多くの認知活動を支えるプランニング（planning）という具体的な認知過程の中で必要となる記憶機能として，情報の一時的な保持機能の重要性を強調しています（齊藤，2001）。また，コンピュータの主記憶装置（main memory）上で一時的な作業に割り当てられる領域を指す用語である作業記憶のメタファとして，人（及び生物）のワーキングメモリという概念が創出されたとも考えられています（苧阪，2002）。

2.1.2　二重貯蔵モデルの問題点

アトキンソンとシフリン（Atkinson, R. C., & Shiffrin, R. M., 1968）による記憶の二重貯蔵モデル（第1章参照）では，感覚登録器の感覚情報のうち選択的に注意が向けられた情報のみが短期貯蔵庫に送られ，その情報はリハーサル（rehearsal；反復）などの処理によって活性化されない限り，15〜30秒程度で消失してしまうと仮定されています。彼らのモデルでは短期記憶から転送される情報の貯蔵庫である長期記憶に容量の限界を想定していませんが，短期記憶には容量の限界が想定されています（Miller, 1956）。

短期記憶と長期記憶という記憶構造の区分については，初頭効果（primacy effect），新近性効果（recency effect）という系列位置効果（serial position effect）が有力な根拠となっていました（第1章参照）。しかし，短期記憶と長期記憶という記憶構造の区分からは説明できない系列位置効果に関しても報告されています。

ワトキンスとペイニルシオル（Watkins, M. J., & Peynrcoğlu, Z. F., 1983）の研究では，1カテゴリが15項目から構成され3つのカテゴリに属する45項

2.1 短期記憶からワーキングメモリへ

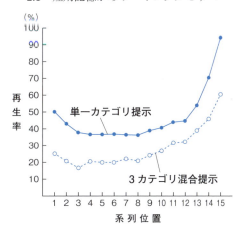

図 2.1 15 記銘項目を単一カテゴリで提示した場合と 3 カテゴリ混合で提示した場合の系列位置ごとの再生率 (Watkins & Peynrcoğlu, 1983 より一部改変)
3 カテゴリ混合提示でも，単一カテゴリ提示と同じような新近性効果がみられており，これは二重貯蔵モデルでは説明できません。

目の記銘リストを用意し，1 記銘項目ずつカテゴリを混合してローテーションしながら提示した後，カテゴリ A →カテゴリ B →カテゴリ C といった順にカテゴリごとに自由再生を求めました。そして，その結果と単一カテゴリ 15 項目の記銘項目のみを提示し自由再生を求めた場合とを比較しました。カテゴリごとの自由再生結果と，単一カテゴリ 15 項目の自由再生結果を示したものが図 2.1 です。1 つのカテゴリに属する 15 項目だけの提示は通常の系列位置実験と同じですので新近性効果がみられるのは当然ですが，3 つのカテゴリを混ぜた記銘リストの自由再生においてもカテゴリごとに新近性効果がみられています。二重貯蔵モデルで考えると，カテゴリごとに自由再生を求めたわけですから，最後に自由再生を求められたカテゴリ C のもっとも後半部分のみに新近性効果がみられるはずです。ところが，カテゴリごとに新近性効果がみられていることから，カテゴリごとに別々に短期記憶が存在することを仮定するという必要があり二重貯蔵モデルでの説明には無理があります。

クラウダー (Crowder, R. G., 1993) の研究では，アメリカの大学生に，過去の大統領の名前をできるだけ多く想起させるという実験を行いました。その

結果，この研究では記銘リストを提示していないにもかかわらず，最近の大統領名の再生率が高いという長期新近性効果（long-term recency effect）とよばれる現象が示されています。

これらの研究結果は，あきらかに新近性効果が短期貯蔵庫に入力された新しい情報によるものという説明と矛盾する結果を示しており，記憶の二重貯蔵モデルで仮定されている記憶構造の区分では説明できない現象です。この他にも短期記憶は，記憶の貯蔵的な側面のみに焦点があてられ処理的観点が欠如している，視覚的な短期記憶を担う短期貯蔵過程が想定されていない，言語理解や推論などの日常的認知活動における役割が不明確といった問題点が指摘されています（三宅，1995）。

アトキンソンとシフリンによる短期記憶のモデルの問題点を解決するためには，2つのアプローチが考えられます。短期記憶のモデルを再構築するアプローチとさまざまな認知課題に必要となる記憶機能の新しい測定方法を開発するアプローチです（齊藤と三宅，2000）。前者がバドリーとヒッチ（Baddeley, A. D., & Hitch, G. J., 1974）によるワーキングメモリの複数成分モデル（multi component model）に関する研究です。後者はデイネマンとカーペンター（Daneman, M., & Carpenter, P. A., 1980）によるリーディングスパン課題（reading span test）を用いたワーキングメモリ容量の個人差に関する研究です。

2.2 ワーキングメモリの複数成分モデル

2.2.1 ワーキングメモリの複数成分

ワーキングメモリの複数成分モデルは，アトキンソンとシフリンによる短期記憶のモデルの問題点を解決し，私たちの認知活動に必須の情報の一時的な保持機能のモデルとしてバドリーとヒッチによって最初にモデル化されました。現在もさまざまな理論的立場からワーキングメモリ研究が行われている中で，ワーキングメモリの複数成分モデルは，ワーキングメモリがどのような構成要素からなり，それらは私たちの認知過程にどのような役割を果たしているのか

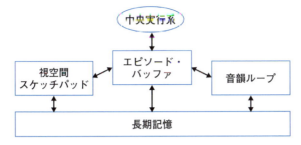

図 2.2 ワーキングメモリの複数成分モデル（Baddeley et al., 2011 より一部改変）
音韻ループ，視空間スケッチパッド，エピソード・バッファという3成分が想定されており，各成分は長期記憶とやりとりを行います。中央実行系はエピソード・バッファを介して，3成分を制御することが想定されています。

といったことを認知心理学的な理論及び手法によって解明を試みている一連の主要な研究の一つとして位置づけられます（大塚，2012）。

バドリーら（Baddeley et al., 2011）は，ワーキングメモリを図 2.2 に示す複数成分からなるシステムであるというモデルを提案しています。音韻的な成分に関する下位システムである**音韻ループ**（phonological loop），視空間的な成分に関する下位システムである**視空間スケッチパッド**（visuospatial sketchpad），これらの下位システムの制御的な役割を担う成分として**中央実行系**（central executive）の3つの成分は初期のモデルより組み込まれていました（Baddeley, 1986；Baddeley & Hitch, 1974）。

325＋418 を暗算で行ってみてください。まず1桁目を足して次の桁の足し算に移ります。この場合 5＋8＝13 なので，1桁目は3となり2桁目を足すときには繰り上がった1を覚えておかなくてはいけません。そして2桁目は 2＋1＋1＝4 となります。このように，課題の目標（3桁の足し算）を遂行するために，注意を方向づけ（1桁目の暗算），繰り上がりの数値を保持し（必要な資源を確保），処理と保持を調整する（最終的に解を導く）といった情報の制御機能をワーキングメモリの実行機能（executive function）といいます。

上記の暗算のときに，計算結果の1桁目の3と2桁目の4を忘れないように何回か "3, 3, 3……"，"4, 4, 4……" と反復した人もいるでしょう。私たちは，一時的に必要な情報を頭の中でリハーサルして保持しようとします。この

ような一時的な情報の保持を担うシステムが音韻ループです。上記の 325 は
"さんびゃくにじゅうご"と音韻的な情報に変換して暗算を行います。視覚的
に提示された情報を音韻的な情報に変換して一時的に保持するためのシステム
として**構音コントロール過程**（articulatory control process），聴覚的な情報に
ついてはそのまま保持する**音韻ストア**（phonological store）という 2 つの下
位システムが音韻ループの下に位置づけられています（Baddeley, 1986）。

　みなさんの自室の机，椅子，クローゼット等の家具の配置を思い浮かべてみ
てください。そして，机の位置を動かして模様替えをすることを想像してみて
ください。頭の中で，家具をあちこちに動かして，頭の中で模様替えをシミュ
レーションできます。今，頭の中で動かした机や椅子といったイメージは，視
空間的な情報とよばれます。視空間スケッチパッドは，視空間的な情報を保持
する成分として位置づけられています。ロジー（Logie, R. H., 1995）は，音
韻ループの下位システムである音韻ストアに相似し視覚的な情報の保持を担う
視覚キャッシュ（visual cache）と同様に構音コントロール過程に相似し視覚
情報の空間的な側面や系列情報の保持を担い空間的なリハーサル過程ともいえ
る**インナースクライブ**（inner scribe）という 2 つの下位システムを提案して
います。

　バドリーによるワーキングメモリの複数成分モデルは，当初領域固有的な音
韻ループと視空間スケッチパッドのみでしたが，これらの領域固有なシステム
の情報や長期記憶の情報を束ねるシステムの必要性から**エピソード・バッファ**
（episodic buffer）が追加されました（Baddeley, 2000）。最近のモデルでは，
図 2.2 に示されるように，情報の制御はエピソード・バッファを通して行われ
ることが想定され，触覚や味覚等も含めた多様な情報の入力をエピソード・バ
ッファが担う仮説的なモデルも提示されています（Baddeley, 2012）。

2.2.2　二重課題法による検討

　バドリーによるワーキングメモリの複数成分モデルでは，**二重課題法**（dual-
task method）を用いてこれらの成分の妥当性を実験的に検討してきました。
二重課題法とは，実験参加者に対して異なった 2 つの課題を同時並行的に実施

させる実験手法のことです。ワーキングメモリを構成する成分においても 情報の処理容量には限界が仮定されています（Baddeley, 1986；Baddeley & Hitch, 1974）。したがって，もし並行的に実施される2つの課題がワーキングメモリの同一の成分を必要とするならば，このような二重課題で実施した場合は，どちらか単独で実施した場合よりも課題の一方もしくは両方の成績が低下すると予想されます。一方，2つの課題がそれぞれ別のワーキングメモリ成分を利用しているのであれば，二重課題で実施しても単独で実施しても成績はほぼ等しくなることが予想されます。すなわち，二重課題法によって，ワーキングメモリの構成成分の一つを選択的に妨害することが可能になることが想定されています。

　二重課題法の一つで，頻繁に利用されている方法が構音抑制（articulatory suppression；Murray, 1967）という方法です。この方法は，ある記憶課題や認知課題の遂行中に"hiya"や"the"といった使い慣れた言葉を声に出して言い，できるだけ速く反復するといったほとんど注意を要しない課題です。この課題を遂行することによって，ワーキングメモリの構成成分の一つである音韻ループの処理資源を消費させ，他の課題に利用できなくするための手法です。構音抑制によって二重課題のもう一つの並行課題の成績が低下するとすれば，その課題も音韻ループの処理資源を必要としたと推測することができます。構音抑制と同時に読みや暗算などさまざまな認知課題を遂行させて，それらの課題の成績低下を検討することで音韻ループの機能について検討されてきました。構音抑制によって，ワーキングメモリの構成成分としての音韻ループの機能的な重要性は，音韻的類似性効果（phonological similarity effect；Peterson & Johnson, 1971；Wilding & Mohindra, 1980；齊藤，1993）や語長効果（word-length effect；Baddeley et al., 1975；湯澤，2000）に関する研究によってあきらかになってきました。

2.2.3　音韻的類似性効果

　系列再生実験において記銘材料が音韻的に類似している文字系列（たとえば，はこ，やど，さお，まど，さと）を用いると，音韻的に類似していない文字系

列（たとえば，そり，かお，てら，いし，ふえ）よりも再生成績が悪くなることが知られています。この現象を音韻的類似性効果といいます。これは，音韻ループにおける内的な構音過程において音韻的に類似した記銘項目は混乱しやすく，類似項目同士の干渉を受けやすいからであると説明されています（Wilding & Mohindra, 1980）。しかし，記銘時に構音抑制を引き起こす二重課題を課した場合，この音韻的類似性効果は消失します。

齊藤（1993）の研究では，音韻的に類似している単語（B，C，D，G，P，T）と音韻的に類似していない単語（J，K，M，Q，R，Y）を記銘材料として構音抑制条件と黙読条件の両条件下で記憶実験を実施しました。記銘材料はディスプレイ上に 0.5 秒に 1 文字ずつ提示されました。構音抑制材料としては"あいうえお"と"あえいおう"が使用され，実験参加者は 1.5 秒に 1 回のペースで繰返しこれらの構音抑制材料を発声しました。各条件下での記銘材料の再生率を示したものが図 2.3 です。黙読条件においては，非音韻的類似性条件が音韻的類似性条件に比べ有意に再生成績が良くなっています。それに対して，構音抑制条件においては，音韻的類似性条件と非音韻的類似性条件間で再生成績に有意差はなくなっており，構音抑制によって音韻的類似性効果が消失しています。この結果は，構音抑制によって内的な構音過程が先取りされ，音韻ル

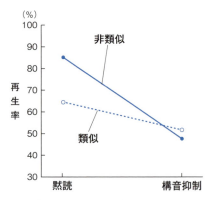

図 2.3　記銘条件と音韻類似性による再生率の違い（齊藤，1993 より一部改変）
黙読条件では，音韻的に類似した記銘項目条件の再生率は低くなっており音韻的類似性効果がみられました。一方，構音抑制条件では構音抑制によってリハーサルが妨害されて記銘項目条件間で再生率に差はなくなりました。

ープの処理資源が消費され余裕がなくなり，記銘項目の音韻的類似性に関係なく再生成績が低下したためであると考えられます。

2.2.4 語 長 効 果

　視覚的に提示する記銘材料に，1音節単語のような短い単語を用いたほうが，多音節単語による長い単語を用いる場合よりも一貫して良い記憶成績を示すことを語長効果（word-length effect）といいます。たとえば，「形」「色」のような短い単語のほうが「美術館」「冷蔵庫」といった長い単語の場合よりも，記憶の成績が良くなります。これは，発音時間の短い単語のほうが長い単語に比べて音韻ループにおいて，それだけ多くリハーサルできるためであると考えられています。このような語長効果は，音韻ループにおける記銘情報のリハーサルや視覚情報の符号化を行う構音コントロール過程の機能を反映していると考えられています（Baddeley et al., 1975）。

　湯澤（2000）は，幼児の語長効果が音韻ループにおけるリハーサル活動を反映したものであることを示しています。この研究では，3，4歳児に対して記銘項目を提示後，記銘項目の名前がヘッドフォンを通じて提示されるといった音声検索手がかりを示し，提示された項目であったかどうかを答えさせる再認課題を実施し，即時再認条件と遅延再認条件で比較しました。遅延再認条件では，記銘項目提示後，画面上の5つのサイコロの目を口頭で読ませる課題（遅延課題）を実施させた後に再認課題をさせました。こうすることで，構音コントロール過程を占有し再認課題のリハーサルを妨害しました。図2.4に示すように直後の即時再認条件においては語長効果が確認されましたが，遅延再認条件では語長効果が消失していました。これは，即時再認条件では構音コントロール過程におけるリハーサルによって語長効果が出現し，遅延再認条件では，遅延課題によって構音コントロール過程におけるリハーサルが妨害されたことで語長効果が消失したことを示す結果です。

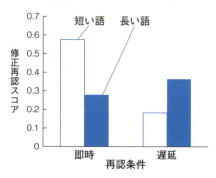

図 2.4 短い語と長い語の音声刺激提示の各再認条件（即時・遅延）における修正再認スコア（湯澤，2000 より一部改変）

即時条件では，記銘項目の文字数が短い語が再認成績は優れており語長効果がみられました。一方，遅延条件では，遅延期間中画面上のサイコロの目を読ませるというリハーサルを妨害する課題を実施したため，語長効果は消失しました。

2.3 ワーキングメモリの注意制御モデル

　バドリーのワーキングメモリの複数成分モデルは，主に言語的な情報を操作する音韻ループ，また視空間的な情報を操作する視空間スケッチパッドといった領域固有的な成分を想定したモデルでした。そこで，情報の一時的貯蔵とその処理について各成分が中央実行系によって制御されるといった構造と各成分の下位システムによる機能を主に二重課題法を用いて実証しモデルの妥当性について検討されています（三宅と齊藤，2001）。一方，ワーキングメモリにおける情報保持と処理能力の個人差に着目し，ワーキングメモリの個人差と他の認知課題との相関を検討することを通してワーキングメモリの機能を解明していくという一連の研究が主に北米を中心に行われてきました（齊藤と三宅，2000）。これらの研究は，バドリーの複数成分モデルにおける情報の一時的貯蔵と処理という 2 つの機能の中でも，情報の処理的側面に焦点をあてた研究といえます（大塚，2012）。

2.3.1 リーディングスパン課題

　私たちが文章を読むときには，"彼"や"彼女"あるいは"それ"といった

2.3 ワーキングメモリの注意制御モデル

指示代名詞は頻繁に出現します。"それ"が指す対象を適切に理解していないと，文章の意味を正しく解釈することができなくなります。時には，"それは，そうです"といった，指示代名詞だけの文章にも出会いますが，前後の文脈から"それ"が示す内容を理解し，"そうです"が示す内容も理解し，その文脈における"それは，そうです"の意味を理解します。つまり，私たちは，文章を読解するときには，前後の文脈情報や指示代名詞が示す内容を読解のために必要な一時的な情報として保持しています。先ほどの暗算における1桁目から繰り上がった1という情報も暗算においては必須の一時的情報です。また，スーパーで必要な食品を購入する際も，購入品のリストを一時的に保持しなければ買い物をすることができません。このような私たちのさまざまな行動におけるワーキングメモリの一時的な情報の保持と処理という機能に焦点をあてた研究が，以下のワーキングメモリ容量の個人差研究です。

ワーキングメモリ容量の個人差と他の認知課題との相関に関する研究は，デイネマンとカーペンター（Daneman & Carpenter, 1980）が言語的能力との関係に関する研究を行って以降，広範に広がっていきました。彼女らは言語的なワーキングメモリの処理資源を想定し，その容量を測定するためにリーディングスパン課題（reading span task）を開発しました。リーディングスパン課題は，提示された文を音読し，各文の最後尾の単語を記銘するという課題です。提示された文を音読後，再生が求められます。表2.1は苧阪と苧阪（1994）によって開発された日本語版リーディングスパン課題を例示したものです。日本

表 2.1 **日本語版リーディングスパン課題の例**
(苧阪と苧阪，1994 より一部改変)

---

4 文条件
ドライアイスは氷菓子を冷やすのにちょうどよい。
弟の健二がまぶしそうに目を動かしながら尋ねました。
老人はわたしを隣に座らせ，風変わりな話を聞かせてくれた。
母親は封筒の名前を初めて見たとき，ひどく驚いた。
ターゲット語：氷菓子　まぶしそうに　風変わりな　驚いた

上は 4 文条件の刺激文であり，1 文ずつ提示されます。実験参加者は，1 つの文が提示されたら声に出して読み下線の単語を記銘しなければいけません。4 文が提示された後，記銘した単語の系列再生が求められます。

語版リーディングスパン課題では刺激文の文末が名詞にならず記銘させる単語としては適切ではないため，文中に下線を引いて記銘すべきターゲット語が別に示されます。

この課題では音読しなければならない文が増えるほど，保持しなければならない単語数も増えていき，ワーキングメモリの記憶負荷は増えていきます。表2.1のように，4つの文の音読が必要な課題の場合，2文目からは前の文のターゲット語（氷菓子）を保持しつつ音読を行うという貯蔵課題と処理課題の二重課題となります。表2.1の場合4つの文の音読後，各文のターゲット語の系列再生が求められます。デイネマンとカーペンターのリーディングスパン課題では，2つの文の音読と2つの文末の単語の再生（2文条件）からはじまり，6つの文の音読と6つの文末の単語の再生（6文条件）まで文条件数が1文ずつ増えて提示されました。各文条件では，3セット行われました。課題終了後，各文条件3セット中2セット以上正答であった最大の文条件がリーディングスパンとして記録されました。たとえば，4文条件で実施する3セットのうち，2セット以上でターゲット語の系列再生に正答した場合，その実験参加者のリーディングスパンは4，1セットのみ正答した場合のリーディングスパンは3.5，4文条件で1セットも正答できなかった場合のリーディングスパンは3と得点化されました。

リーディングスパンとは，文字通り読解という処理を遂行中の一時的な情報の保持能力を示す指標であり，リーディングスパンが大きいほど，読解のための処理資源が豊富であり，読解能力も優れていると考えられます。一方，通常の記憶課題での成績はメモリスパンといわれ，メモリスパンが大きい人の記憶能力は優れているといえます。しかし，読解，計算，問題解決といった記憶課題以外の課題の成績が優れているとはいえないことがわかっています。

デイネマンとカーペンター（Daneman & Carpenter, 1980）の研究では，英語のリーディングスパンと大学進学適性試験の言語分野の得点（Verbal SAT）との間に有意な相関（.59）がありました。一方，メモリスパンとの間には有意な相関はみられませんでした。このように，従来のメモリスパンが他の認知課題（ここでは大学進学適性試験の言語分野）に対して相関がみられないこと

に対して，リーディングスパンでは有意な正の相関がみられる点が大きな特徴です。このような結果は記銘項目を暗記するのみの能力は，入学試験の点数とは関連ないことを示しています。しかし，認知課題（ここでは文を音読する課題）との二重課題状況での記銘項目を暗記する能力は入学試験の点数と関連があることを示しています。すなわち，リーディングスパンは，大学進学適性検査の得点を予測することができる指標と考えることが可能であり，その後の研究にインパクトを与えました（齊藤と三宅，2000；Just & Carpenter, 1992）。日本語版リーディングスパン課題を開発した苧阪と苧阪（1994）の研究では，大学生の標準的な読解力とリーディングスパン及びメモリスパンとの関連を大学入学試験に類似した国語の長文読解の問題を作成し検討しています。その結果，日本語リーディングスパンにおいても読解力との間に有意な正の相関（.62）がありました。一方，メモリスパンと読解力との間に有意な正の相関はありませんでした。このようなリーディングスパン課題の得点と言語性の認知課題の成績の間の有意な相関は他の多くの研究においてもみられています（Daneman & Merikle, 1996；近藤ら，2003；西崎と苧阪，2004）。

2.3.2　ワーキングメモリスパン課題

　デイネマンとカーペンターによるリーディングスパン課題の開発以降，ワーキングメモリスパンすなわちワーキングメモリ容量を査定するために処理課題と保持課題を組み合わせたさまざまな課題が考案されており，一般にワーキングメモリスパン課題（working memory span tasks）とよばれています（Conway et al., 2005）。あるいは，数字系列再生課題といった記銘のみが要求される記憶課題とは異なり，処理様式の異なる複数の処理が要求される課題であることからコンプレックススパン課題（complex span tasks）ともよばれています（Engle et al., 1991；Jarrold & Towse, 2006）。

　ワーキングメモリスパン課題は，記銘課題と同時並行的に処理課題の遂行も実験参加者に対して要求する二重課題といえます。バドリーらの実験で用いられた二重課題は，構音抑制といった手法によりある特定の認知課題遂行中にワーキングメモリの特定の成分（構音抑制の場合は音韻ループ）の関与を検討す

第 2 章　ワーキングメモリ

るために用いられました。これに対しワーキングメモリスパン課題は，同じ二重課題であっても結果によって実験参加者のワーキングメモリの個人差の指標であるワーキングメモリ容量を査定するために用いられるものです。

　ワーキングメモリスパン課題は，記銘課題と処理課題が組み合わさった課題であり，処理課題に応じた命名が行われています。上述のリーディングスパン課題（Daneman & Carpenter, 1980；苧阪と苧阪，1994）も，処理課題として音読，記銘課題として単語が組み合わされているワーキングメモリスパン課題の一つといえます。処理課題として演算，記銘課題として単語が組み合わされている場合はオペレーション（演算）スパン課題（Turner & Engle, 1989；Unsworth et al., 2005；小林と大久保，2014）とよばれます。処理課題として視空間的な判断課題，記銘課題として視覚的記銘課題が組み合わされている場合は，空間（spatial）スパン課題（Shah & Miyake, 1996）とよばれています。この他にも，ワーキングメモリスパン課題における，記銘課題と処理課題の組合せにはさまざまなものが考案されています（Tanabe & Osaka, 2009；Saito et al., 2009）。

　図 2.5 は，コンピュータ上で実施するオペレーションスパン課題（小林と大久保，2014）の画面遷移を例示したものです。実験参加者は計算課題画面に表示される問題の計算を行ったらマウスをクリックし，次の解答画面で提示される解答の正誤を判断しボタンをクリックします。次に，記銘刺激（この場合は「P」）が提示されます。この一連の流れが数回繰り返され，記銘刺激は計算課題の数だけ提示されます。図 2.5 では，計算課題→解答→記銘課題が 4 回連続して提示される 4 計算条件の一部が例示されています。4 題の計算問題が提示された後，記銘刺激の再認が求められる画面となります（図 2.5 の再認画面）。再認画面では，記銘刺激の系列再認が求められます。その後，フィードバック画面では，処理課題（この場合計算課題）の成績と記銘課題の成績が提示されます。実験参加者は，記銘課題も処理課題も両方とも実施することが求められます。そこで，処理課題が疎かにならないように，処理課題に関しては 85% 以上の正解率を維持するように教示されます。処理課題の正解率は，常にフィードバック画面（図 2.5）上に提示されるようになっています。また計算問題

2.3 ワーキングメモリの注意制御モデル

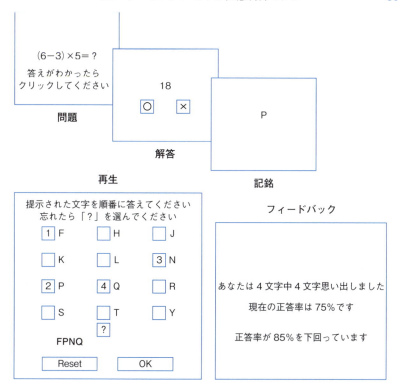

図 2.5 オペレーションスパン課題 4 計算課題条件の例
(小林と大久保, 2014 より一部改変)

計算課題→解答→記銘課題が 4 回連続して提示された後, 再認画面となります。再認画面では, 記銘項目の系列再認が求められます。また, 処理課題は 85% 以上の正答率を維持するように求められます。

の提示時間は, あらかじめ計測された実験参加者ごとの計算時間をもとに制限されています。

このオペレーションスパン課題では, 記銘刺激を 3 個から 8 個すなわち 3 計算問題から 8 計算問題の条件が用意され, 1 つの計算問題条件で 3 試行が行われます。したがって, 3 計算問題条件から 8 計算問題条件まで各計算問題条件で順に, 9, 12, 15, 18, 21, 24 試行で計 99 試行の計算問題と 99 個の記銘刺激が提示されます。現在では, 各処理課題数条件の範囲, 処理課題数を逐次増加させるかランダムに提示するかなどによってさまざまなオペレーションスパ

ン課題が開発され利用されています（Jarrold & Towse, 2006；Alloway et al., 2008）。

リーディングスパン課題ではすべての記銘刺激を再生できた文条件数（たとえば4文条件では記銘課題が4で，これにすべて正答すると4文条件の4がリーディングスパンとなる）を，ワーキングメモリスパンとして用いていました。現在では，記銘刺激課題の正答数の合計をワーキングメモリスパンとして用いることが多くなっています。たとえば，図2.5のオペレーションスパン課題では，提示される99個の記銘刺激の中で，正答できた記銘刺激数をオペレーションスパンとして利用します。もし，99個の記銘刺激中，78個を正答した場合78がワーキングメモリスパンとなります。この他にも，ワーキングメモリスパン課題の得点化にはいくつかの方法が考案されています（Conway et al., 2005）。

2.3.3 ワーキングメモリの注意制御モデル

ワーキングメモリスパン課題では，記銘課題と処理課題が組み合わさった課題であり，記銘刺激の提示系列の間に処理課題が挿入され記銘課題が妨害されます。エングルら（Engle, R. W. et al., 1999）は，ワーキングメモリスパン課題によって査定されるワーキングメモリの個人差は，処理課題からの干渉を受けている中で，記銘刺激を短期貯蔵庫に保持するための注意の制御（controlled attention）能力が個人間でどの程度異なるかを示す指標であると主張しています。彼らは，「ワーキングメモリ容量＝短期記憶容量＋注意制御能力」という仮説のもと，ワーキングメモリスパン課題によって査定されるワーキングメモリ容量とその他の認知課題との相関関係をもとに，ワーキングメモリの注意制御機能について検討を進めています。

エングルらの研究では，実験参加者に複数のワーキングメモリスパン課題と知能検査や推論課題といった複数の認知課題を実施し，ワーキングメモリ因子や課題の領域に依存しない一般的な知能因子である流動性知能因子を抽出し，それらの因子間の相関や因果関係を分析するという共分散構造分析という手法が用いられています。ワーキングメモリの注意制御機能を重視する彼らのモデ

2.3 ワーキングメモリの注意制御モデル

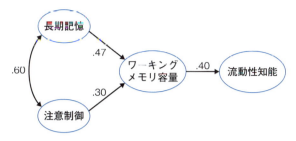

図 2.6 ワーキングメモリ容量，長期記憶，注意制御，流動性知能の関係
(Unsworth & Spillers, 2010 より一部改変)

楕円形とその中の文字は，実験データの分析によって抽出された潜在的な因子を示します。各因子は，矢印が向いている方向の因子に影響があることを示し，両方向の矢印は相関を示します。矢印に付随する数値は影響力の大きさを表し−1〜+1の数値をとり，+1に近いほど促進的な影響力が大きいことを示します。長期記憶因子と注意制御因子はワーキングメモリ容量因子に促進的な影響を及ぼしかつ相互に影響を及ぼす相関関係にあります。また，ワーキングメモリ容量因子は，流動性知能因子に促進的な影響があります。

ルは最近では図 2.6 に示されるように，「ワーキングメモリ容量＝長期記憶からの検索能力＋注意制御能力」とするモデル（Unsworth & Spillers, 2010）に変化しています。

図 2.6 のような共分散構造分析によって抽出された因子と因子間の関係を示す図は，パス図とよばれます。図 2.6 に示されているワーキングメモリ容量因子は，長期記憶因子と注意制御因子からの矢印が向いていることから，これらの2つの因子の影響を受けていることがわかります。矢印に付随する.47，.30，.40という数値は各因子のワーキングメモリ容量因子に及ぼす影響力の大きさを示すもので−1〜+1の数値をとり，+1に近いほど促進的な影響力が大きいことを示します。長期記憶因子と注意制御因子はともにワーキングメモリ容量に促進的な影響を及ぼしていることがわかります。たとえば，文章を読んでいて"ボクサー"という同音異義語がでてきた場合，ボクシングのボクサー，犬種のボクサーという意味を長期記憶から適切にかつ瞬時に検索して一時的にワーキングメモリに保持し，文脈に応じてどちらかの意味に注意を焦点化するといった制御を行いながら読み進んでいきます。"ボクサー"という同音異義語の2つの意味を長期記憶から検索できない場合，文脈によっては読解することができなくなり，再度長期記憶から"ボクサー"の異なる意味を検索すること

になります。このように，長期記憶からの検索能力と注意制御能力は相互に矢印が向いており，相関関係があることが示されています。

　上述の計算においても文章の読解においてもワーキングメモリでの情報の一時的保持と処理は必須でした。これらの課題に限らず，料理や掃除といった日常行為や学校での試験といった課題においてもワーキングメモリが担う情報の一時的な保持と処理という機能は必須です。すなわち，ワーキングメモリは私たちの活動を支える認知的な基盤といえます。これは，ワーキングメモリ容量因子は，流動性知能因子に対して促進的な影響を及ぼしていることからもわかります。このように，複数のワーキングメモリスパン課題によって測定されるワーキングメモリ容量因子が，一般的な流動性知能因子に影響を及ぼすことや相関関係があることは，ワーキングメモリの大きな特徴です（Unsworth et al., 2009）。エングルらのワーキングメモリの注意制御モデルは，実験室的な認知課題との相関だけではなく，日常的な認知課題とワーキングメモリ容量との相関も含む広範なモデルとして進化しています（齊藤と三宅，2014）。

2.4　ワーキングメモリの実行機能

　バドリーとヒッチによってワーキングメモリの複数成分モデルが発表された時点では，中央実行系は，情報の処理，保持及び制御機能を有するというもので，具体的な機能に関しては言及されていませんでした（齊藤，2011）。その後，バドリーは中央実行系を再検討し，中央実行系から保持機能を取り除きました（Baddeley, 1996）。そして，中央実行系の主な役割として，注意の焦点化，注意の切り替え，注意の分割の3つをあげています（Baddeley, 2007）。中央実行系は，ワーキングメモリにおける情報の実行機能（executive function）を担うシステム（三宅と齊藤，2001）と考えられ，現在のワーキングメモリ研究の中でももっとも重要な検討対象となっています（Saito & Towse, 2007）。

　齊藤（2011）は実行機能を「内的な課題目標に適合するように外界の情報を受け取り，認知的な処理を行い，行為を選択生成する，内的駆動型の心の働き

2.4 ワーキングメモリの実行機能

である」としています。暗算，読解，あるいは買い物といった日常行動に至るまで，多くの主体的な（内的駆動型）の行為は実行機能によるものといえるでしょう。中央実行系のこのようなトップダウン型の制御機能によって，私たちは状況に応じて適応的に行動を変化させることができています。たとえば，暗算の桁数が変わったり，文脈の追加や訂正が行われたり，買い物に行って必要なものが購入できなかったりした場合においても，私たちは，その状況で変化した必須の一時的情報（繰り上がった数値，追加された文章，代わりに購入する商品）を活用して状況に応じて解決過程を変容させるといった適応的な行動をとっています。

一方，実行機能をワーキングメモリの中央実行系の機能として位置づけるか否かについては，研究者によってとらえ方が異なっています（齊藤と三宅，2014）。ワーキングメモリの中央実行系の機能は，実行機能としてその具体的な下位機能の同定が行われています（Miyake et al., 2000；Miyake & Friedman, 2012）。実行機能の下位機能の同定には，実行機能を測定する複数の課題を実施し，特定の課題に共通の影響を及ぼす複数の因子を抽出するというワーキングメモリの注意制御モデルにおける研究手法と同様に共分散構造分析が

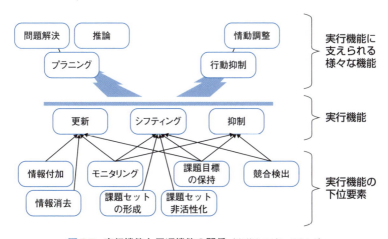

図 2.7 実行機能と周辺機能の関係（齊藤と三宅，2014）
ワーキングメモリの実行機能として，更新，シフティング，抑制の3機能があり，各機能の下位要素と実行機能に支えられる機能が図示されています。

用いられています。

　齊藤と三宅（2014）は，実行機能に関する先行研究をもとに，実行機能の下位機能とそれらの下位の要素を図 2.7 のようにまとめています。実行機能の下位機能としては，ワーキングメモリ内の情報を最新のものに「更新」する機能（"それ"という指示代名詞の内容を文脈にあわせて適切に変化させる），遂行すべき課題を柔軟に切り替える「シフティング」する機能（暗算の 1 桁目の結果と繰り上がり情報によって 2 桁目の暗算へと遂行すべき課題を切り替える），優性的な反応を意図的かつ制御的に「抑制」する機能（"ボクシングのボクサー"という優性的な反応を抑制し"犬種としてのボクサー"という意味を優先する）の 3 つが一般的に想定されています。

コラム 2.1 リーディングスパンと読解力

　ワーキングメモリスパン課題によって査定されるワーキングメモリスパンは，知能検査をはじめ多くの認知課題の成績と相関があることから，ワーキングメモリが認知機構において重要な役割を担っていることが推測されます。ワーキングメモリスパンの中でも，リーディングスパンは言語的な認知能力との関連でもっとも研究が進んでいるワーキングメモリ容量の指標です。

　近藤ら（2003）の研究では，リーディングスパン課題の成績をもとに抽出されたワーキングメモリ因子と読解力について共分散構造分析によって検討しています。この研究では 96 名の大学生に対して，京大 NX 15 知能検査（苧阪と梅本，1984）における“文章完成”と“乱文構成”という 2 つの言語的知能検査項目，“重合板”と“折紙パンチ”という 2 つの空間的知能検査項目，2 種類のリーディングスパン課題，読解力テストを実施し，センター試験の国語の点数についても報告をしてもらいました。

　“文章完成”は，文中の 2 つの空欄に入る適切な単語を選択肢から選ぶという課題，“乱文構成”は順番が入れ替えられた単語を正しい文として並び替えた場合の最後に入る適切な単語を選択肢から選ぶという課題，“重合板”は，3 行 3 列の正方形のマス目に左上から順にひらがな（いろはにほへとちり）が入っている文字板と同様のマス目に数字（123456789）が入っている数字板が示されており，文字板と数字板をさまざまに重ね合わせたときに（たとえば，数字板を 180 度回転して数字の 2 と文字の“ち”が重なるようにする），対応する文字と数字を選択肢から選ぶという課題，“折紙パンチ”は正方形の紙をさまざまな形に折り重ね穴をあけ再度開いて正方形に戻したときの穴の配置を選択肢から選ぶという課題でした。2 種類のリーディングスパン課題のうちの一つは，ターゲット語が刺激文の中核的な単語となっているフォーカス RST，もう一つはターゲット語が刺激文の中核的な単語となっていない非フォーカス RST でした。読解力テストは，問題文章の内容を正確に理解しているか否かを問うものでした。

　この研究では，この 8 課題の実施結果をもとに 4 つの因子が抽出されました（図 2.8）。図の中で楕円形に示されているものが因子で，2 種類の言語能力知能検査結果（文章完成と乱文構成）から抽出された言語的能力の因子，重合板と折紙パンチの 2 つの課題からは空間的能力の因子，2 つの RST の成績から抽出されたワーキングメモリの因子，読解力テストとセンター試験から抽出された読解能力という因子です。これらの 4 つの因子間の関連を分析した結果が図 2.8 のパス図です。楕円

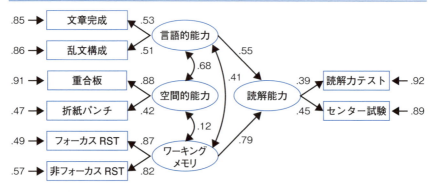

図 2.8 読解能力と言語的能力，空間的能力及びワーキングメモリに関する潜在的な因子間の関係（近藤ら，2003 より一部改変）

形とその中の文字は，実験データの分析によって抽出された潜在的な因子を示します。各因子は，矢印が向いている方向の因子に影響があることを示しており，両方向の矢印は相関を示します。矢印に付随する数値は影響力の大きさを表し−1〜+1 の数値をとり，+1 に近いほど促進的な影響力が大きいことを示します。長方形に囲んだものは実施した課題名を示します。ワーキングメモリは読解能力の因子に対して矢印が向き，言語的能力も読解能力に対して矢印が向いています。読解能力に向かっている2つの矢印の横にある数値（.79, .55）は，ともに正の値を示していることから，ワーキングメモリも言語的能力も読解能力に対してともに何らかの促進的な影響を及ぼすことが示唆されます。

また，言語的能力因子とワーキングメモリの因子の間には双方向の矢印があり，その間の相関係数の値（.41）では中程度の正の相関があることから，この2つの因子が相互に関連があることを示しています。しかし，同時に機能面では分離できるものであることも示しています。つまり，読解能力に対して影響を与えている2つの因子は，ワーキングメモリ因子がリーディングスパン課題によって測定され，言語的能力因子が知能テストによって測定されるものであるため，それぞれ別の働きを含んでいることを示しています。2つの能力がこのように分離されるのは，リーディングスパン課題がよりワーキングメモリの実行系機能に大きく関与しているためであると考えられます。図 2.8 に示されるように，ワーキングメモリはこれまでの知能検査とは異なる認知機能を含み，知能の基盤をなす働きを有すると考えられています。

復 習 問 題

1. 短期記憶とワーキングメモリは，どのように区別されるか説明してください。

2. リーディングスパン課題とオペレーションスパン課題について説明してください。

3. コラム 2.1 の近藤らの研究によるパス図（図 2.8）では，言語的能力とワーキングメモリという 2 つの因子が抽出され，ともに読解能力への影響力があることが示されています。言語的能力とワーキングメモリという 2 つの因子の機能的な違いについて説明してください。

参 考 図 書

苧阪満里子（2014）．もの忘れの脳科学——最新の認知心理学が解き明かす記憶のふしぎ—— 講談社

　記憶についてワーキングメモリを中心に神経科学的な内容も含めてわかりやすくまとめた入門的一冊です。リーディングスパン課題についてはとくに詳しく解説されています。

湯澤正通・湯澤美紀（編著）（2014）．ワーキングメモリと教育　北大路書房

　本書の「第Ⅰ部　理論・アセスメント編」では，ワーキングメモリの理論，実行機能，脳内メカニズム，アセスメントについて解説されており，近年のワーキングメモリの研究動向が概観できます。

アロウェイ，T. P.・アロウェイ，R. G.（編著）湯澤正通・湯澤美紀（監訳）（2015）．ワーキングメモリと日常——人生を切り拓く新しい知性—— 北大路書房

　ワーキングメモリが人の発達や生涯においてどのような役割を担っているのかについて，最新の研究レビューをもとに構成された書籍の日本語訳本です。ワーキングメモリについてさらに深く学びたい学部生や院生が，ワーキングメモリの最新の研究動向を学ぶうえで役に立ちます。

第3章

長期記憶と忘却

　「記憶」と聞くと，どのような働きを想像されるでしょうか。通常は，歴史の年号といった無機質的な情報や，「1カ月前に街で友人を見かけたが，彼はスーツを着ていた」といった些細な出来事を長期間覚えておく働きではないでしょうか。では，次の例はどうでしょう。多くの人は幼い頃に自転車に乗る練習を行い，無事に乗れるようになったことと思います。当初は一切乗れなかったわけですので，この事実は，練習を通じて私たちが自転車の乗り方を学んだことを意味します。そして今も自転車に乗れるということは，そのときに学んだ自転車の乗り方を今も"記憶"しているということになります。

　しかし，些細な出来事にも自転車の乗り方にも同じ"記憶"という言葉が使われると，違和感を覚えるのではないでしょうか。実はその違和感は正しく，両者は心理学的にまったく異なります（Gabrieli, 1998）。では具体的に何がどう異なるのでしょうか。本章では，記憶の対極にある忘却，とくに健忘症（記憶機能のみが低下する症状）と対比させることで，長期記憶の理解を深めます。

3.1　2種類の長期記憶

　すでに述べたように，ヒトの記憶には複数の種類があります。短期記憶はその一つで，記憶を「保持できる時間（と容量）」という基準から分類した結果でした。この短期記憶と対になるものが**長期記憶**（long-term memory）です。

　これまでの研究から，ヒトにはさまざまな種類の長期記憶が備わっていることが分かっています（Squire, 2004；図3.1）。では，そもそも長期記憶はどのように分類できるのでしょうか。また，分類する基準は何でしょうか。意外かもしれませんが，その基準は，記憶している内容を言葉として表現・表出できるか否かです（Squire, 2004）。たとえば「1カ月前に街でスーツ姿の友人を見

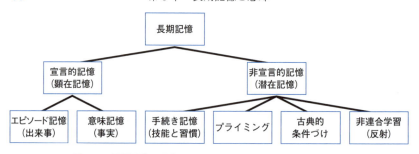

図 3.1　**長期記憶の分類**（Squire, 2004 の Figure 1 を改編）

かけた」などの記憶は，筆者が執筆できている通り，その内容を言語化できるものです。これらは言葉として表現・表出できるものですので，**宣言的記憶**または**陳述記憶**（declarative memory）とよばれます。

　しかし，すべての長期記憶が言語化できるわけではありません。その典型が自転車の乗り方です。自転車の乗り方は「体で覚える」と例えられるように，言葉を介さずに学ぶものです。このため，自転車に乗れる人であってもそれを言葉で表すことは至難です。また，「倒れそうになる直前に反対側に体重を移動させる」などと説明しても，説明された人がそれですぐに自転車に乗れるようになるわけではありません。このように，記憶内容を言語化することが難しい記憶は**非宣言的記憶**または**非陳述記憶**（non-declarative memory）とよばれます。

　以上のように，長期記憶を分類する際のもっとも大きな基準は記憶内容を言語化できるかどうかですが，この単純な基準によって長期記憶の性質は驚くほど異なります。そこで次に，宣言的記憶と非宣言的記憶のそれぞれについて詳しくみていきます。

3.2　宣言的記憶

　本章冒頭で述べたように，「記憶」という言葉から一般に想像される内容は，「1 カ月前にスーツ姿の友人を見かけた」「1603 年徳川家康により江戸幕府が開かれた」といった情報を覚える働きでしょう。これらの内容はいずれも言語化

3.2 宣言的記憶 51

できるものですので，日常用語の「記憶」が指す対象は宣言的記憶といえます。
宣言的記憶はさらに，機能や貯蔵庫の異なる2種類に分類されます。

3.2.1 宣言的記憶——エピソード記憶

　宣言的記憶として最初にあげられる記憶は，エピソード記憶（episodic
memory）です（Tulving, 1972）。これは，「1ヵ月前に街でスーツ姿の友人を
見かけた」など，「自分はいつ・どこで・誰と・何をしたか」という個人が体
験した出来事に関する記憶です。記憶の標準的な実験では，実験参加者に「リ
ンゴ」などの単語を覚えて思い出してもらうことになります（第1章参照）。
その際，出された単語を実験参加者が思い出すためには，「今日の実験で『リ
ンゴ』という単語を見た」という，自分が体験した出来事に関する記憶が必要
です。この記憶がなければどれほどリンゴについて知っていても提示された単
語として「リンゴ」をあげることはできませんし，反対にその記憶があれば意
味を知らなくとも「リンゴ」をあげることができます。したがって，標準的な
記憶実験で測られる対象はエピソード記憶ということになります[1]。

　このように説明しても，エピソード記憶がいかに重要かは分かりにくいと思
います。そこで，健忘症患者のクリーブ・ウェアリング（Clive Wearing）氏
の例を紹介します（Suddendorf et al., 2009）。ウェアリング氏は46歳のとき
に単純ヘルペス脳炎により，側頭葉内側部に位置する海馬（hippocampus；図
3.2）の機能を失いました。海馬はエピソード記憶に深く関与していますので
（Eichenbaum, 2004；コラム3.1参照），ウェアリング氏は脳炎発病後に体験し
た出来事を数分程度しか保持できません。そのため妻と会話をしていても同じ
内容を何度も尋ねたり，妻が少し席を外して戻ってくれば久しぶりに会ったか
のように強い懐旧の念を抱いたりします（詳細は「Clive Wearing」で動画を
検索し，御覧ください）。

---

[1]　エピソード記憶は単に個人的な出来事の記憶ですので，「小学生のときに絵画で金
賞をとった」など，個人にとって重要な出来事の記憶を指すわけではありません。個
人にとって重要な出来事の記憶は自伝的記憶（autobiographical memory）とよばれ，
区別されます（Conway & Pleydell-Pearce, 2000）。

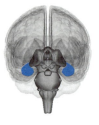

図 3.2 ヒトにおける海馬の位置 (Life Science Databases (LSDB) の AnatomographyCC BY-SA 2.1 File：Hippocampus image.png)

　さらに，ウェアリング氏は自分がまだ体験していない出来事（つまり未来）を想像することも困難です。たとえば南国の砂浜で横になっている自分を思い描くようにいわれても，健忘症患者が行う描写は「空があるだけ……あとは波の音が聞こえる」などの乏しいものになり，「太陽の眩しさ，砂の熱さ，海の青さを感じている自分」は想像されません（Hassabis et al., 2007）。つまり，人はエピソード記憶がなければ社会的な生活ができなくなるだけでなく，過去の自分と現在の自分の連続性を認識したり，過去の経験を活かして未来に備えたりすることまで困難になってしまいます（Tulving, 1983）。

　このように人の意識にも深く関わるエピソード記憶ですが，それは頭の中でどのように形成・保持されているのでしょうか。もし2つの情報が1つのエピソード記憶を構成していれば，両者はつながっていることになるため，片方からもう片方を想起しやすくなるはずです（Tulving & Thomson, 1973）。そのため，「どのような情報が出されたときにお目当ての出来事（ターゲット）が想起されやすくなるのか」を調べれば，エピソード記憶の構造を知ることができます。そこでトムソンとタルヴィング（Thomson & Tulving, 1970）は，次のような手がかり再生の実験を行いました（図 3.3）。まず，実験参加者に「white─BLACK」などの単語のペアを提示し，大文字の単語（この場合は「BLACK」）を覚えるように教示しました。その際，単語のペアが，①「white─BLACK」など，意味的関連性の強いペアであるグループ，②「train─BLACK」など，意味的関連性の弱いペアであるグループに分けました。最後に「BLACK」を想起してもらうわけですが，①と②のそれぞれのグループをさらに，「BLACK」と意味的関連性の強い「white」を手がかりに想起するグ

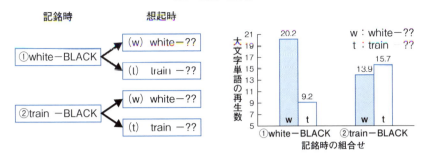

図 3.3　符号化特定性原理を示す実験結果
(Thomson & Tulving, 1970 の結果をもとに作成)
思い出すべき情報と意味的に関連しているものよりも，一緒に符号化した情報のほうが検索手がかりとして有効となります。

ループ (w) と，「BLACK」と意味的関連性の弱い「train」を手がかりに想起するグループ (t) に分けました。

　直感では，意味的関連性の強い「white」のほうが「BLACK」をより想起させやすいように思えますし，現に当時はそのように考えられていました (Bahrick, 1969)。しかし実際は，「BLACK」を「train」とペアに覚えた場合は「train」が，「BLACK」を「white」とペアに覚えた場合は「white」が，それぞれ「BLACK」を想起させやすくなりました (図 3.3)。つまり，ターゲットとともに覚えた情報が検索時にも提示されたときに，ターゲットの検索・想起が促進されたわけです。これは，ある情報がターゲットの検索・想起を促すかどうかは，その情報がターゲットと一緒に符号化されていたかどうかで決まることを意味します。符号化時の状態で決まるため，この性質は**符号化特定性原理** (encoding specificity principle) とよばれます。

　同様の知見としては，海中で覚えた単語は陸上よりも海中で想起されやすくなる現象や (**記憶の文脈依存性**；context-dependent memory)，酩酊時に覚えたことはしらふのときよりも酩酊時のほうがかえって想起されやすい現象 (**記憶の状態依存性**；state-dependent memory) が知られています (順に Godden & Baddeley, 1975；Goodwin et al., 1969)。これらは，符号化時の情報 (自分を取り巻く物理的環境や自分の心理状態) が検索時にも提示されることで，ターゲット (覚えた単語) の想起が促進された例です。

符号化特定性原理がエピソード記憶について意味すること，それは，エピソード記憶では中心となる出来事（「『BLACK』が出た」）だけでなく，それが起きたときの周辺状況（「『train』も出ていた」）まで含めて符号化，貯蔵されているということです。このように周辺状況と中心の出来事がまとめて1つのエピソード記憶を形成しているために，検索時にその周辺状況が出されると，それとつながっている中心の出来事まで想起しやすくなるわけです。つまりエピソード記憶では，出来事が発生したときの状況全体が1つの記憶情報として形成・保持されており，出来事の意味的な近さ（「white—BLACK」；第5章参照）よりも出来事の時間的・空間的な近さ（「train—BLACK」）のほうが重要になります。

3.2.2 宣言的記憶——意味記憶

宣言的記憶のもう一つの例として，意味記憶（semantic memory）があります（Tulving, 1972）。これは，「スーツは公的な場面で着るもの」「サイエンスは科学と訳される」など，事物の意味や概念，一般的な事実に関する記憶，つまり知識です（Collins & Quillian, 1969）。エピソード記憶は，「昨日の商談で彼はスーツを着ていた」など，特定の時間的・空間的情報を含んでいました。これに対して意味記憶は，エピソード記憶から「いつ・どこで・誰が・何をした」などの個別情報が捨象された，抽象性の高い記憶となります（Binder & Desai, 2011；意味記憶の貯蔵形態については第5章参照）。

では，意味記憶の何が重要なのでしょうか。実は意味記憶は，私たちの外界認識に深く関わっています。世の中には「紺のスリーピースのスーツ」「黒のリクルートスーツ」など，さまざまなスーツがあります。しかし私たちは，その一つひとつを別種のものとしてではなく，同じ「スーツ」としてまとめることができます。これは，誰もが頭の中に「スーツとはどのようなものか」という抽象性の高い記憶を持っており，それに合う物体はすべて同じものと判断しているためといえます。つまりスーツの意味記憶があるからこそ，私たちは無限にある事物の中からその一部を「スーツ」としてまとめて認識したり記憶したりすることができ，さらには「スーツ」という言葉で他者にその情報を伝え

見本（クジャク）　　見本を見ながら描いた絵　　見本を隠されて10秒後に描いた絵

図 3.4　意味性認知症患者の描いた絵（Hodges & Patterson, 2007 を改編）
見本を見ながらであれば描写できるため，絵自体は認知できていることがわかります。しかし，10秒後の遅延再生ではクジャクの羽は崩れ，足も4本になるなど，鳥類としての特徴が失われています。

ることもできます（このように，記憶などの認知処理にかかる負担をできるだけ少なくしつつ，できるだけ多くの情報を処理する働きを**認知的経済性**（cognitive economy）といいます）。そのため，意味記憶が働かなくなると，外界認識がうまくできなくなります。

　実際に，**意味性認知症**（semantic dementia）の患者は外界認識に支障を来します。意味性認知症とは，左側頭葉前部を中心に委縮が生じる疾患で（Chan et al., 2001），クジャクの絵を見ても「クジャク」と分からなかったり，そのクジャクの絵を10秒後に遅延再生すると四足動物のような物体を描いたりするなど（図 3.4），意味記憶だけに障害・忘却が生じる疾患です（Hodges & Patterson, 2007）。このような意味性認知症の患者が事物の異同判断を行うと，同じゾウであるにもかかわらず，正面を向いたゾウと横を向いたゾウを別種のものと判断したり，反対に，ウマとシマウマを異なるものと認識できなくなったりします（Ikeda et al., 2006）。これは，意味記憶という抽象度の高い記憶がなければ人は外界をうまく認識できなくなることを意味します。裏を返すと，意味記憶があればこそ，人は外界を適切な水準のカテゴリに区分して認識できるようになり，さらには「以前他の人が食べて命を落としたもの（フグなど）と似た物体について『見た目は少し異なるが同じもの』と認識して避ける」といった適応的な行動も可能になると考えられます。

3.2.3　エピソード記憶と意味記憶の関係性

　以上のように，宣言的記憶には自己や外界の認識を支えるエピソード記憶と

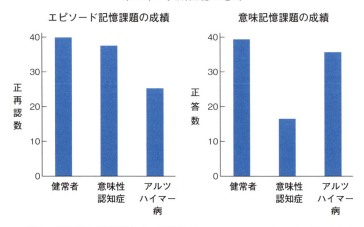

図 3.5　エピソード記憶と意味記憶の二重乖離（Graham et al., 2000 の結果をもとに作成）

意味記憶があり，どちらも側頭葉が深く関わっています。では，両者は同じ場所に貯蔵されているのでしょうか。この問題についてグラハムら（Graham, K. S. et al., 2000）は，アルツハイマー病初期の患者と意味性認知症の患者に，画像の再認課題（エピソード記憶課題）と，画像で示された事物の名称を答える課題（意味記憶課題）を課しました。その結果，エピソード記憶課題では，アルツハイマー病の患者は健常者より大きく成績が低下しましたが，意味性認知症の患者は健常者とあまり差がありませんでした（図 3.5）。反対に意味記憶課題では，アルツハイマー病の患者は健常者とあまり差がありませんでしたが，意味性認知症の患者は健常者より大きく成績が低下しました。アルツハイマー病初期ではエピソード記憶だけが，意味性認知症では意味記憶だけが，それぞれ障害を受けているわけです。このような関係性を二重乖離（double dissociation）といいます。もしエピソード記憶と意味記憶が同じ場所に貯蔵されていれば，アルツハイマー病（または意味性認知症）によって両方が障害を受けるはずです。そのため先の二重乖離は，エピソード記憶と意味記憶が側頭葉の中の異なる場所に貯蔵されていることを示しています。

ただし，意味記憶とエピソード記憶は互いに深く関連してもいます（Greenberg & Verfaellie, 2010）。それを示す一つの知見が，知識の集合体であるスキーマ（schema）とエピソード記憶との関係です。次の文章を覚えてみてく

3.2 宣言的記憶   57

ださい。「手続きは簡単だ。始めにモノをいくつかに分ける。もちろん1つの山でも良いが，量による。一度にやりすぎないことが肝要だ。多すぎるよりも少なすぎるほうがよい」。何も知らされずにこの文章を覚えようとすると骨が折れます。ところが覚える前にこれが洗濯に関する文章であると伝えられると，同じ文章が格段に覚えやすくなります（Bransford & Johnson, 1972）。つまり，「洗濯」という既有知識群（スキーマ）を使えるようにすることで，覚えにくい文章が記憶しやすくなるわけです。これは，意味記憶（ここではスキーマ）がエピソード記憶の符号化や検索を促すことを意味しています。

　意味記憶とエピソード記憶の関わりは，意味記憶の形成にも当てはまります。症例 H.M. として広く知られるヘンリー・モレゾン氏は，1953 年に難治性てんかんの治療として側頭葉内側部を切除しました。それ以降，モレゾン氏は自分が体験した出来事を一切記憶できなくなりました（Scoville & Milner, 1957）。ところが，モレゾン氏に「『ロナルド』から頭に浮かぶ人物は？」と尋ねると「レーガン」と答え，さらにはレーガン氏がアメリカの大統領であったことも知っていました[2]（O'Kane et al., 2004）。レーガン氏の大統領就任は 1981 年で，モレゾン氏がエピソード記憶を形成できなくなった後であるにもかかわらず，です。この結果は，エピソード記憶を介さずに意味記憶（この場合は人物の知識）が形成され得ることを示しています。しかし，意味記憶の形成がエピソード記憶にまったく左右されないというわけではありません。もし意味記憶がエピソード記憶から完全に独立であれば，エピソード記憶があろうがなかろうが，意味記憶は問題なく形成されるはずです。しかしモレゾン氏の知識は，手術を受ける前（つまりエピソード記憶が機能していた時期）に有名であった人物については健常者と同等でしたが，術後の有名人に関しては健常者よりも劣っていました。ここから，エピソード記憶がなくても意味記憶は形成され得るものの，形成のされやすさは低下する，つまりエピソード記憶は意味記憶の形成を支えていることが分かります。

---

[2] ロナルド・レーガン氏は 1930 年代から 1940 年代に俳優として活躍した後，カリフォルニア州知事を経て，1981 年にアメリカ合衆国第 40 代大統領に就任しました。

3.2.4 宣言的記憶と想起意識

エピソード記憶や意味記憶は，記憶内容を言葉で表現・表出できる点にその特徴があります。この特徴と並行して，宣言的記憶にはもう一つ重要な特徴があります。それは想起意識です（Tulving, 2002）。

長期記憶は，リハーサル（頭の中で復唱する行為）なしでも長期間保持できるものですので，基本的にはリハーサルを受けない状態（つまり意識の外）に置かれています（Sakai, 2003）。そのため長期記憶の想起には，意識の外に置かれている情報を取り出すという意味合いが生じます。この取り出しに際して，宣言的記憶では「思い出した」といった想起意識が生まれます（Tulving, 2002）。たとえば「1カ月前に街で友人を見かけた」という出来事であれば，それを思い出せる場合には「覚えている」という感覚が生じます。また，「スーツは公的な場面で着用する」という知識であれば，それを思い出せる場合には「知っている」という感覚になります。さらに，「あの人に最初に出会ったのはどこだったか」といったエピソード記憶の場合も，「あの人の名前は何だったか」といった意味記憶の場合も，度忘れしていた情報を取り出すことができた際には「思い出した！」という意識が生じます。

このように宣言的記憶には，記憶内容を言語化できるという特徴と同時に，意識の外におかれていた情報を取り出した際に「思い出した」などの想起意識が生じるという特徴があります。想起時に意識に上る（顕在化する）記憶であるため，宣言的記憶は顕在記憶（explicit memory）ともよばれます。

3.3 非宣言的記憶

これまで見てきたように，記憶内容を言葉で表出可能な記憶には，自分が体験した出来事の記憶（エピソード記憶）と，事象の意味に関する記憶（意味記憶）がありました。これらの記憶は，ウェアリング氏やモレゾン氏などの健忘症患者が健常者と同水準で獲得することは困難なものでした。ところが記憶の中には，健忘症患者でも健常者とほぼ同等に学習できるものがあります。それが非宣言的記憶です。本章では，非宣言的記憶のうち，手続き記憶とプライミ

3.3 非宣言的記憶 　　59

ングに焦点を当てます。

3.3.1　非宣言的記憶——手続き記憶

　非宣言的記憶の第 1 の例は，自転車の乗り方といった技能や操作に関する記憶で，**手続き記憶**（procedural memory）とよばれるものです。エピソード記憶の場合は，「街で少し見かけただけの友人の姿を覚えている」など，1 回の体験でも記憶に残り得ます（McClelland et al., 1995）。これに対して手続き記憶は，1 回の経験で獲得されるわけではなく，試行錯誤をしながら練習することで徐々に獲得されるものです。自転車であれば，ペダルに両足を乗せた瞬間に転倒していたような人が自転車を乗りこなせるようになるまでには，数日を要するでしょう。これは，自転車の乗り方という手続き記憶をゼロから獲得するためには多数回の訓練が必要になることを意味しています。

　ただしその獲得は，練習に関する宣言的記憶（とくにエピソード記憶）がなくても問題はありません。つまり，「昨日の練習ではここができなかった」といった記憶どころか，自分が練習を行ったという事実さえ忘れていても，問題なく技能や操作を獲得することができます。たとえば，モレゾン（H.M.）氏やアルツハイマー病患者に**鏡映描写**（mirror-tracing）を課した実験があります。鏡映描写とは，用紙に描かれた「☆」などの図形をなぞる課題ですが，手元の用紙は覆いで隠されており，直接見ることができません。代わりに，正面に立てられた鏡に映った像だけを見ながら図形をなぞることが求められます。正面の鏡ですので，手を右に動かせば鏡像でも手は右側に動きます。しかし，手を手前に引くと鏡像では奥に進みます。このため，初めはうまく図形をなぞることができません（試しにペン先が映るように鏡を正面に置き，ペン先を手の甲で隠した状態で，鏡像が『あ』となるようにペンを動かしてみてください）。ところが練習を繰り返すことで，エピソード記憶に障害のある人でも正確に図形をなぞることができるようになります（Gabrieli et al., 1993；図3.6）。しかもその成績は健常者と大差ありません。この結果は，手続き記憶はエピソード記憶とは独立して（つまり脳の違う部位で）獲得され得ること，エピソード記憶に障害があってもある種の情報については新たに記憶できること

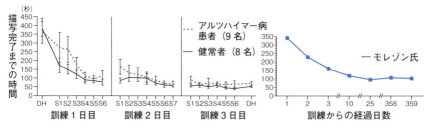

図 3.6 健忘症患者が示す手続き記憶の成績 (Gabrieli et al., 1993 を改編)

を意味しています。

　では，獲得された記憶は訓練翌日にはどうなっているのでしょうか。健忘症患者はエピソード記憶に障害があります。そのため次の日になれば，昨日自分が鏡を見ながら作業を行ったという事実をほぼ忘れています。ところがいざ鏡映描写をやってもらうと，前日に上達した水準で課題をこなすことができます（Gabrieli et al., 1993）。つまり，練習した事実の記憶（エピソード記憶）はすでに思い出せなくなっていても，練習した成果の記憶（手続き記憶）はしっかりと保持されており，思い出せるわけです。しかも，「昔取った杵柄」という言葉の通り，それは非常に長い期間保持されています。モレゾン氏に練習から1年後に再び鏡映描写を行ってもらった実験では，本人は今日初めてその課題を行ったと思っているにもかかわらず，1年前の練習で上達した水準がほぼそのまま保たれていました（Gabrieli et al., 1993；図 3.6）。自転車に久しぶりに乗った場合，前回自転車を使ったときのことは一切覚えていなくとも，難なく乗れる現象と同じです。

　以上のように手続き記憶は，「昨日も同様の作業を行った」といった練習の事実に関する記憶を必要としない点や保持期間が長い点にその特徴があります。

3.3.2　非宣言的記憶——プライミング

　上記の特徴は，非宣言的記憶の2つ目の例であるプライミング（priming）にも当てはまります。プライミングとは，先に行った処理が後に行う処理を促進させる現象です。たとえば「パン」または「寿司」という単語が提示された後に，「バター」という単語が提示されたとします。すると，「バター」を読み

3.3 非宣言的記憶

上げたりそれが食べ物であると認識したりするまでの時間は,「パン」が提示された後のほうが短くなります(Meyer & Schvaneveldt, 1971)。同じ「バター」の処理時間が短くなるわけですので,これは,先行情報「パン」を処理した経験が後続情報「バター」の処理を促進させたことになります。このような促進効果がプライミングです。このためプライミングの研究では,「先行情報(プライム刺激)を処理することで後続情報(ターゲット刺激)の処理はどれほど促進されるか」が検討されることになります。

ただし,「促進」の形態は処理時間の速さだけではありません。より深く理解するために,プライミングを調べるための語幹完成課題(word-stem completion task)を体験してみましょう。これは,単語の最初の数文字が出された状態から残りの部分を穴埋めするという課題です。では,「サイ___」という文字列から頭に浮かぶ単語(「サイ」から始まる5文字の単語)を1つあげてみてください。よろしいでしょうか。

思い浮かんだ単語は,「サイエンス」ではないでしょうか。実は本章の「意味記憶」の項で「サイエンス」という単語が出ていました。このように事前にある情報を処理(たとえば音読)しているとそれが記憶として残るため,処理した情報が思い浮びやすくなります(図 3.7)。「『サイエンス』という単語を読む」という先行処理により,「『サイエンス』が思い浮かぶ」という後続処理が促進されるわけですので,これもプライミングです[3]。

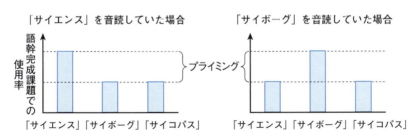

図 3.7 先行経験とプライミング効果

ある単語を音読した後,虫食い単語について,頭に浮かんだ単語で穴埋めするように求めたとします。すると,音読した単語が「サイエンス」であれば「サイエンス」を使用して穴埋めする確率が,「サイボーグ」であれば「サイボーグ」を使用して穴埋めする確率がそれぞれ高くなります。この促進がプライミングとなります。

62　　　　第 3 章　長期記憶と忘却

　とはいえ，回答者にとっては「自分は頭に思い浮かんだ単語を答えただけ」としか思えず，それが何らかの先行経験（場合によっては実験者や他者に仕向けられた経験）に影響されているとは考えにくいものです。ここにプライミングの大きな特徴があります。それを端的に示す例が健忘症患者です。先述したように，健忘症患者はエピソード記憶の機能が低下しているため，自分が音読した単語を覚えたり思い出したりすることが困難です。したがって，「サイ＿＿＿＿」に当てはまる単語を自分が音読した単語から思い出して答えるように求められると，当該の単語で穴埋めすることができません。ところが同じ単語について頭に思い浮かんだ単語で答えるように求められると，健常者と同程度に，音読した単語を使って穴埋めすることができます（Warrington & Weiskrantz, 1970）。つまり音読した経験が残っており，それが穴埋めの際に使用されているわけです。ただし，エピソード記憶に障害をもつ健忘症患者はいうまでもなく，健常者でも「自分は音読した単語を使って完成させた」といった想起意識は伴いません。したがって先の結果は，当人も気づかないうちに先行経験を“思い出した”ということになります。このような想起意識を伴わずに思い出されるという性質は，エピソード記憶にはない特徴です。

　エピソード記憶との明確な違いは，忘却への耐性にも当てはまります。タルヴィングら（Tulving, E. et al., 1982）は，さまざまな単語で構成されたリストを実験参加者（健常者）に提示した後，その 1 時間後と 7 日後に，提示したリストに関する再認課題とプライミング課題を課しました。その結果，再認については 1 時間後から 7 日後にかけて回答率が大幅に低下し，高い忘却率が示されました。ところがプライミングは 7 日後でも回答率が実質的に変化しない

3　この例では，先に読んだ単語と後で思い浮かんだ単語は同じ「サイエンス」です。このように同一刺激内で生じるプライミングは，直接プライミング（direct priming）とよばれます。一方，「パン」という単語の処理により「バター」という単語の処理が速くなる現象は，「パン」「バター」という異なる刺激の間で生じるものです。これは間接プライミング（indirect priming）とよばれ，直接プライミングとは区別されます。間接プライミングは長くとも数分程度しか持続しないとされていますので（Becker et al., 1997），本章ではプライミングとして直接プライミングを扱います。

3.3 非宣言的記憶　　　　　　　　　　　63

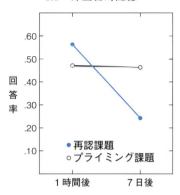

図 3.8　先行経験からの経過時間から見るプライミングの忘却耐性
(Tulving et al., 1982 を改編)
再認課題は 7 日間で成績が大きく低下していますが，プライミング課題では変化がほぼありません。

など，忘却に強い性質が示され，エピソード記憶との質的な違いが明らかになりました（図 3.8）。同様の傾向は，加齢に伴う忘却率の亢進にも当てはまります。一般に，若年者よりも高齢者のほうがエピソード記憶の成績は低く，覚えた情報を忘れやすい傾向にあります。ところがプライミングについては先行処理の記憶が残っており，高齢者でも若年者とほぼ同等のプライミング効果が観察されます（Light & Singh, 1987）。この結果からも，プライミングがいかに忘却に強いかが伺えます。

　ここで注意すべき点が一つあります。それは，回答者に出される教示の内容です。同じ「サイ＿＿＿」などの虫食い単語について，実験参加者に先行経験（たとえば音読した単語）を思い出して答えるように教示すると，エピソード記憶からの想起となります。この結果，想起できた場合は「思い出した」などの想起意識を伴うことになります。しかし忘却に弱いため，健忘症患者は答えられないことが多く，健常者でも比較的早い段階で思い出せなくなります。一方で頭に浮かんだ単語で答えるように教示すると，プライミングの要素が強まります。この結果，健常者であっても「思い出した」などの想起意識は生じなくなります。しかし先行経験から時間が経過していても，そしてエピソード記憶に障害のある人でも，先行経験の記憶を取り出すことができるようになり

ます。つまり「先行経験を思い出そうとするか」という想起意図の有無だけで，検索先となる貯蔵庫（エピソード記憶かプライミングか）や，読み出された記憶の性質（想起意識を伴うか，忘却されにくいかなど）は大きく変化するわけです（Graf et al., 1984）。ただし，「なぜ想起意図の有無だけで検索先が変わり，検索先が変わるとなぜ保持期間や想起意識までが変わるのか」という問いにはまだ答えが出ていません。

3.3.3 非宣言的記憶と想起意識

　エピソード記憶や意味記憶は，記憶情報を取り出す際に「思い出した」などの想起意識を伴うものでした。これに対してプライミングや手続き記憶には，当該情報を符号化した際の出来事（先行経験）を想起できなくても，問題なく取り出せるものでした。同じ特徴は，非宣言的記憶の別例である**古典的条件づけ**（classical conditioning）による学習にも当てはまります。古典的条件づけとは，「緊急地震速報の後で大きな地震が来ることを数回経験した結果，緊急地震速報の音を聞いただけで冷汗が出るようになる」など，刺激と刺激のつながりを学習する現象です。地震の前は速報音を聞いても驚くだけだったわけですので，この冷汗は音と恐怖体験のつながりを学習したことを意味します。海馬に障害がある場合，「緊急地震速報の音の後には地震が来る」といった宣言的記憶を獲得すること，つまり音と恐怖体験とのつながりを意識としてとらえることは困難です。ところが手の発汗量を測ると，恐怖体験の直前に鳴っていた音を聞いただけで冷汗をかくようになったことが分かります（Bechara et al., 1995）。これは，両者のつながりを意識できなくとも，音を聞いただけで後続の恐怖体験を予測できていることを示しています。

　このように非宣言的記憶は，言語化できないという特徴と同時に，「思い出した」という意識を伴わずして"思い出される"という点にも大きな特徴があります。想起されていても意識の下に留まるという意味で，プライミングなどの非宣言的記憶は**潜在記憶**（implicit memory）ともよばれています（Roediger, 1990）。

3.4 忘　却

これまで見てきた長期記憶の区分や各特徴を知る上で，忘却（とくに健忘症）はきわめて大きな役割を果たしました。たとえば側頭葉内側部を切除した患者からの知見により，手続き記憶にはエピソード記憶とは別の脳領域が関与していることなどが明らかになりました。「エピソード記憶」「手続き記憶」といった働きや機能ごとに，異なる脳領域群が関与する性質を機能局在（functional localization）といいますが，記憶における機能局在性は，脳の損傷部位によって記憶の失われ方が異なるという知見から得られたものでした。このように忘却は記憶を理解する上で重要な情報を提供してきましたが，忘却には脳疾患などに起因するものから健常者にも生じるものまで幅広くあります。

3.4.1 健忘症——前向健忘と逆向健忘

モレゾン（H.M.）氏は，てんかんの治療として側頭葉内側部を手術によって切除した結果，言語や知能などは保たれつつもエピソード記憶に重篤な障害が生じました（Scoville & Milner, 1957）。このように，思考や言語などの働きは低下せず，記憶（とくに宣言的記憶）に限って障害がみられる状態を健忘症（amnesia）といいます。

健忘症は記憶障害の時間軸によって，前向健忘（または前行健忘；anterograde amnesia）と逆向健忘（または逆行健忘；retrograde amnesia）に分類されます。前向健忘とは，健忘の原因となった事象の発生を基準としてそれ以後に起きた出来事などにおける記憶障害です（図3.9）。時間の流れと同じ向

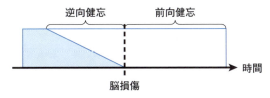

図 3.9　前向健忘と逆向健忘
白い領域は想起できない記憶の期間を表します。

きに，つまり前＝未来に向かって起きるために「前向」となります。「外科手術で脳を切除して以降，医者に提示された単語を覚えられなくなった」などは，切除以後に起きた出来事に関する記憶障害ですので，前向健忘の例です。側頭葉内側部を切除すると再生課題では前向健忘が生じるが，鏡映描写や語幹完成課題では生じないという発見は，長期記憶に複数の種類があることの理解につながりました。

　これに対して逆向健忘とは，健忘の原因となった事象の発生を基準として，それ以前に起きた出来事などにおける記憶障害です。時間軸と逆向きに忘却が生じるため，「逆向」となります。モレゾン氏の場合，側頭葉内側部の切除に伴い前向健忘が生じただけでなく，手術から約3年前[4]の出来事まで忘却されており，逆向健忘が観察されました（Scoville & Milner, 1957）。逆向健忘は側頭葉内側部を損傷した他の患者でも見られますが，いずれの症例でも，「手術の1年前の出来事よりも手術の1カ月前の出来事のほうが強く忘却される」など，事象直前の出来事ほど忘却されやすい傾向にあります（Squire et al., 2001；Winocur & Moscovitch, 2011）。では，同じように出来事の記憶であるにもかかわらず，なぜこのような時間的勾配のある逆向健忘が生じるのでしょうか。なぜ事象以前のすべての出来事が等しく忘却されるわけではないのでしょうか。

　実は，同じように「エピソード記憶」に分類され得る記憶であっても，符号化から時間が経過するにつれて，記憶情報の在り処（貯蔵庫）は徐々に変化すると考えられています（Dudai, 2012）。エピソード記憶の場合，記憶の形成・符号化には海馬が深く関与していますが，符号化から時間が経過した情報や何度も想起された情報は，海馬以外の脳領域に転送されたり複写されたりすると考えられています（Kitamura et al., 2017；McClelland et al., 1995；Moscovitch et al., 2006）。この結果，古い記憶情報はその在り処（貯蔵庫）が海馬から変化していることになるため，海馬が障害を負っても運命を共にしない，

---

[4]　後年の研究では，手術から11年前の出来事まで忘却が生じていたといわれています（Corkin, 1984）。

つまり忘却されにくいことになります。反対に、直近に形成された記憶は海馬への依存度が高いため、海馬が障害を負うとそれとともに障害を受けやすい、つまり忘却されやすいことになります。これらの結果、海馬の機能を失った患者では、「手術直前の出来事ほど忘却されやすい」という時間的勾配のある逆向健忘が生じることになります。

このような特性を踏まえ、臨床場面では保持時間をもとにエピソード記憶をさらに区分する場合があります。具体的には、符号化から数カ月程度しか経過していない記憶は近時記憶（recent memory）、符号化から数年・数十年が経過している記憶は遠隔記憶（remote memory）とよばれます（Frankland & Bontempi, 2005）。この区分により、同じ「自分が体験した出来事の記憶」であっても、昨夜の夕食の記憶と初めて大学の学食でとった10年前の食事の記憶とは区別され得ることになります。

3.4.2　健常者における忘却

これまで見てきた忘却は、脳疾患などに伴うものでした。しかし健常者にも忘却は日々生じています。健常者の忘却について科学的に検証した最初の研究者はエビングハウス（Ebbinghaus, H., 1913）です。エビングハウスは自分自身を実験参加者として、「osz」のような意味をもたない無意味綴り（nonsense syllable）を大量に覚えた後、符号化から想起までの時間を伸ばしつつそれらを再生する実験を行いました。その結果、再生成績は学習直後の数分で急激に低下するものの、その後は次第に緩やかになる、つまり時間経過に対して対数曲線となることを発見しました（図3.10）。再生成績が低下したということは忘却が生じたことを意味しますので、これは、忘却は学習直後に急速に進み、時間が経過するほど緩やかになると言い換えることができます。そのため、この関係性はエビングハウスの忘却曲線（forgetting curve）とよばれています。

では、なぜ覚えた情報を想起できなくなる（忘却が生じる）のでしょうか。まずあげられる考え方は、「記憶情報そのものが消失したために思い出せない」というものです。これを忘却の減衰説といいますが、動物での研究からは否定的な結果が出ています。たとえば、マウスがある場所で電撃を受けたとすると、

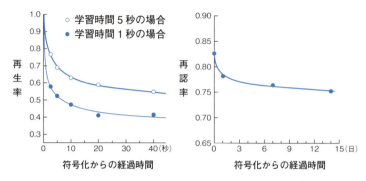

図 3.10　忘却曲線の典型例（Wixted & Ebbesen, 1991 を改編）
横軸は符号化からの経過時間（保持時間）で，縦軸は記憶成績となっています。符号化から短時間の間で多くの刺激が忘却されますが，忘却のペースは徐々に緩やかになります。

その場所に来ただけで恐怖から体が硬直するようになります。しかし電撃を受けた直後にタンパク質合成阻害剤を投与すると，その情報が長期記憶として残らなくなるため，次の日には硬直反応を示しません（つまり電撃を受けたことを忘れています）。この忘却マウスに対して光遺伝学という技術を用いると，電撃の記憶を担っている海馬の細胞だけにラベルを付け，かつ光照射でそれらの細胞のみを強制的に活動させることができます。では，合成阻害剤によって電撃の経験を忘却したマウスで，電撃の記憶を担っていた海馬の細胞だけを活動させるとどうなるのでしょうか。もし忘却が記憶情報自体の消失によって生じているのであれば，忘却マウスではもはや電撃の記憶が残っていないことになり，細胞を活動させても電撃を受けた記憶は蘇らないはずです。しかし実際には，マウスは硬直反応を示しました（Ryan et al., 2015）。これは，思い出せなくなった記憶情報であっても頭の中には残っていること，そしてそれを取り出せないために忘却が生じることを示唆しています。

　この可能性は，「海中で覚えた単語は陸上よりも海中のほうが思い出しやすい」といった文脈依存性とも整合します。いま，海中で覚えた単語を陸上で思い出せないとします。これが記憶情報自体の消失によるものであれば，陸上から海中に移動しても，思い出せない情報は思い出せないままであるはずです。しかし実際には，思い出す場所を海中に変えれば符号化時と同じ文脈が提示さ

れることになるため，想起できなかった情報まで想起できるようになります。これは先の動物研究の結果と同様に，記憶情報そのものは頭のどこかに残っているものの，それを取り出せないために忘却が（少なくとも一部の忘却は）生じることを意味しています。この考えを忘却の検索失敗説といいます。

3.4.3 忘却の機能的意義

　経験を想起できない状態は望ましくないように思えるかもしれませんが，実は忘却は生体にとって不可欠な機能でもあります。自然災害や凶悪事件などに巻き込まれて外傷体験をすると，その体験が突発的に想起されたり不安などから過度の緊張状態が続いたりする場合があります。これを心的外傷後ストレス障害（PTSD；post-traumatic stress disorder）といいます（American Psychiatric Association, 2013）。PTSD は，外傷体験がいつまでも残って消去されないために生じるといわれています（Rothbaum & Davis, 2003）。また，外傷体験がもはや生じないことを学習することで，突発的な想起が生じないようにし，PTSD を治療する曝露療法（exposure）も広く開発されています（Norberg et al., 2008）。これらのことは，必ずしも経験を想起できることが良いというわけでなく，忘れることも時に重要であることを示しています。

　忘却の機能的意義は，健常者の日々の認知活動にも見られます。いま，野菜の白菜，小松菜，飲み物のお茶，牛乳を買うために店に向かっており，その途中で小松菜を買うべきであったことを確認したとします。この場合，買い忘れる可能性がもっとも高いものはどれでしょうか。答えはお茶や牛乳ではなく，白菜です（Anderson et al., 1994）。実は，ある情報（この場合は小松菜）を検索すると，それと似ているもののターゲットでない情報（この場合は白菜）が忘却されやすくなります。この現象を検索誘導性忘却（retrieval-induced forgetting）といいます。

　では，なぜ検索誘導性忘却が生じるのでしょうか。ここに忘却の適応的意義があります。長期記憶には膨大な情報が貯蔵されているため，その中から必要な情報を探して取り出す作業（検索）には相応の労力がかかります。とくに，検索すべき対象と似た情報は，ターゲットを探し出す上で紛らわしく，邪魔に

なりかねません。そこで，紛らわしく邪魔になる情報を一時的に抑制・忘却することで，ターゲットを効率良く検索できるようにしているわけです（Anderson & Spellman, 1995）。先の例でいえば，「小松菜」と「白菜」はともに野菜で，似ています。そのため，「小松菜」を思い出そうとする際には「白菜」が邪魔になります。そこで「白菜」を一時的に抑制・忘却することにより，「小松菜」を想起しやすくするわけです。この結果，「お茶」や「牛乳」に比べて「白菜」は買い忘れやすくなります。検索誘導性忘却もまた，時と場合に応じて忘却することの重要性を示しています。

3.5　ま と め

　これまで見てきたように，記憶内容を言葉で表現できるか否かにより，長期記憶は宣言的記憶と非宣言的記憶に大別することができます。さらに，両者は言語化の可否だけでなく想起意識の有無や保持期間の長さでも性質を異にしており，一言に「長期記憶」といってもその内容は実に多様です。また，このような長期記憶の性質は忘却との対比により明らかになったものですが，忘却はそれ自体にも適応的な意義がありました。

　このように記憶については明らかになったことも多いものの（コラム 3.1 参照），なぜ言語化の可否で想起意識の有無まで変わるのか，なぜ想起意識なるものが生まれるのかなどについては分かっておらず，今後の研究が嘱望されています。

コラム 3.1 "記憶"をいかに研究するか――分子から行動まで

記憶研究の手法は，行動の変化を見る心理学だけでなく，脳や神経細胞の機能や構造を見る生理学や解剖学，遺伝子や分子の働きを調べる遺伝学や生化学など，実に多様であり，そこから得られた知見も多岐に渡っています。本コラムでは，「これまで記憶についてどれほど多彩な研究が行われ，どれほど興味深い知見が得られているのか」を通じて，記憶の奥深さと魅力の一端を紹介します。

アメフラシという海洋生物の水管に水をかけると，反射行動としてエラを引き込めます。しかし何度も水をかけると，水をかけられることに慣れ，エラを引き込めなくなります（**馴化**：habituation）。このような単一の刺激（ここでは水をかけられること）によって起きる学習は**非連合学習**（non-associative learning）と総称されますが，そこで学習された内容も立派な記憶です。では，馴化はどのような仕組みで起きているのでしょうか。カンデルは 1960 年代から，アメフラシの神経系が単純で巨大である（つまり実験が容易である）ことに着目し，先の反射行動を通じて記憶の生理・分子機構を明らかにしました（Kandel, 2001）。

アメフラシの水管を刺激すると，その刺激を感受する細胞（感覚細胞）が興奮します。その興奮が感覚細胞の末端（軸索終末部）にまで伝わると，細胞内にカルシウムイオン（Ca^{2+}）が流入し，次の細胞である運動細胞に向けてグルタミン酸が放出されます。放出されたグルタミン酸は，感覚細胞が興奮したことを伝える信号として，運動細胞の受容体に結合して運動細胞を興奮させます。すると，運動細胞が結合しているエラが収縮します。これが引き込み反射です。ところが，何度も水をかけられて感覚細胞が繰返し興奮すると，感覚細胞の軸索終末部に Ca^{2+} が流入しにくくなります。これにより感覚細胞からグルタミン酸が放出されにくくなるため，感覚細胞が興奮してもその興奮は運動細胞に伝わりにくくなり，エラも収縮しにくくなります。これが馴化を生み出していた仕組みです。つまりアメフラシの馴化は，何度も水管を刺激されるという経験により感覚細胞と運動細胞の間の信号伝達の効率が変化することで，引き起こされていたわけです。

このように記憶の本質は，何かを経験することで細胞どうしの信号伝達の効率が

変化すること（つまり，次の細胞と一緒に興奮しやすく／興奮しにくくなること）にあります。経験に応じて神経ネットワーク内の伝達効率を変化させ，かつその変化を長期間維持できる性質（可塑性；plasticity）があるからこそ，脳は経験した内容を記憶できるわけです。それは，馴化のような単純な記憶からエピソード記憶などの複雑な記憶まで変わりません。

では，伝達効率は何を契機に変化するのでしょうか。その答えの一つがヘッブ則（Hebb's rule）です。これは1940年代にヘッブが提唱したもので，「何かを経験した際に送り手の興奮が受け手の興奮を引き起こすと，送り手，受け手，またはその両方で細胞が変成し，伝達効率が向上し，この結果，経験が記憶として形成・保持される」というものです（Hebb, 1949）。ヘッブの提唱は理論的なものでしたが，1990年代に入り，送り手の細胞が興奮した直後（約0.02秒以内）に受け手の細胞が興奮すると両者の伝達効率が長期に渡って強まる現象（長期増強；Long-Term Potentiation)[5]が海馬で観察されました（Bi & Poo, 1998）。さらに，このような海馬の長期増強を妨げる薬剤を投与されたマウスは経験を記憶できなくなることや（Morris et al., 1986），遺伝子操作により海馬の長期増強が起きやすくされたマウスは経験を素早く記憶できるようになること（Tang et al., 1999）が示されました。つまり記憶の座である海馬では，ヘッブの予言通り，送り手が受け手の興奮を引き起こしたときに細胞どうしの伝達効率が変化する仕組みが備わっており，それが記憶という機能を生み出していたわけです。

このように，今では海馬の可塑性が記憶（とくにエピソード記憶）に不可欠であることは広く知られています。では，具体的に海馬はどのように記憶に関与しているのでしょうか。実は，海馬自体に記憶情報が貯蔵されているわけではなく，海馬は出来事を構成する情報どうしをつなぐ「結節点」を作ることでエピソード記憶に

---

[5] この場合は送り手の後に受け手が興奮するという順序性があるため，厳密にはスパイクタイミング依存型可塑性とよばれます。長期増強自体は細胞間の伝達効率が向上・保持される現象で，1970年代にウサギの海馬で発見されました（Bliss & Lømo, 1973）。

関与しているとされています（O'Reilly & Rudy, 2001）。たとえば「スーツ姿の彼を見た」というエピソード記憶であれば，「彼」「スーツ」などの個々の記憶情報は海馬の外にある大脳皮質に貯蔵されています。海馬でそれらの情報が1つに結びつけられることで，「スーツ姿の彼を見た」という記憶ができるわけです。そして，この結節点作りを支える仕組みこそが長期増強です（Teyler & DiScenna, 1986）。「街でスーツ姿の彼を見かける」という経験をすると，「彼」に関係する海馬の細胞や「スーツ」に関係する細胞などが同時に興奮することになります。その結果，それらの細胞どうしの信号伝達の効率が増すため，情報どうしが結びつく，つまり「スーツ姿の彼を見た」というエピソード記憶が作られると考えられています。実際に動物の研究からは，何かを体験したマウスの海馬では長期増強が生じることが分かっています（Whitlock et al., 2006）。

　海馬の重要性は，符号化だけでなく想起にも及びます（O'Reilly & McClelland, 1994）。海馬のCA3という下位領域には自分自身に興奮性に投射する反回性経路があり，自分の興奮を増幅させています（Neunuebel & Knierim, 2014）。このような CA3 の構造と機能は，「大学で彼を見て，1カ月前に街でスーツ姿の彼を見かけたことを思い出した」などの手がかり再生を可能にするとされています。たとえば大学で彼を見ると海馬内の「彼」に関する細胞が興奮することになりますが，この細胞は，符号化時の長期増強により「スーツ」に関する細胞などともつながっています。そのため，反回性経路で「彼」に関する細胞の興奮が増幅されると，それらの細胞にも興奮が伝わることになります。この結果，「大学で見た彼の姿」という断片的な情報から，それと結合している他の情報が呼び覚まされることになり，最終的には「1カ月前に街でスーツ姿の彼を見かけた」という出来事全体が復元されることになります。実際，遺伝子操作でCA3での長期増強が生じなくなった（つまり他の情報を呼び覚ませなくなった）マウスでは手がかり再生の成績が悪いこと（Nakazawa et al., 2002），CA3 が大きい人ほど想起成績が良いこと（Chadwick et al., 2014）など，CA3 と想起の深い関連性が示されています。

　さらに海馬は，覚醒時だけでなく睡眠時にも記憶処理を行っています。マウスに

迷路を探索させ，エサの場所を覚えさせたとします。するとマウスの海馬では，マウスが特定の場所に来たときにだけ特定の細胞が興奮する現象（場所細胞；place cell）が見られます（O'Keefe, 1976）。迷路内の地点A，B，Cとそれらを表す場所細胞a，b，cがあったとすると，マウスがA→B→Cの順で移動すれば場所細胞もa→b→cの順で興奮し，マウスが逆順で移動すれば場所細胞も逆順で興奮するという具合です。その後，マウスが徐波睡眠（slow-wave sleep）という深い眠りにあるときの海馬を調べると，探索時と同じ場所細胞たちが探索時と同じ順で興奮する現象（記憶再演）が生じます（Lee & Wilson, 2002）。まるで迷路探索の夢を見ているかのように，寝ている最中に経験が勝手に"思い出される"わけです。この再演が起きる瞬間に海馬に電流を流すと，再演が妨げられ，前日に覚えたエサの場所を忘れてしまいます（Girardeau et al., 2009）。反対に学習時に文脈情報として漂わせた香りを徐波睡眠時にも漂わせると再演が増え（Bendor & Wilson, 2012），記憶成績も良くなります（Rasch et al., 2007）。つまり，記憶情報は睡眠時に再演されることで忘れにくくなるわけです。睡眠の効果はこれに留まりません。たとえば，ピアノの演奏のように指を一定の順序で速く正確に動かす技能は，学習直後に睡眠をとることで学習直後よりも上達します（Korman et al., 2007）。また，さまざまな事象に共通する規則性を見つけ出すことは科学の重要な役割ですが，多数の情報にふれた直後に睡眠をとると，それらの情報に共通する隠れた規則性に気づきやすくなります（Wagner et al., 2004）。これらは，私たちが眠っている間も脳は記憶処理を続けており，それが記憶を質的に変化させていることを示しています。「靴屋（私）が寝ている間に小人（脳）が働いてくれており，朝起きると靴が完成していた（記憶の質が高まった）」という童話を彷彿とさせます。

　以上のように記憶については実に多様な観点から研究がされており，近年では，親が受けた恐怖体験はDNA配列を変えないものの，子や孫の世代にまで遺伝し得ることまで分かっています（Dias & Ressler, 2014）。想起意識を通じて意識の問題に迫ることのできる可能性を持ちつつ，心理学，生理学，生化学，遺伝学，解剖学，工学などの多彩な手法をとれる点が，記憶研究の強みと醍醐味です。

復 習 問 題

1. 宣言的記憶と非宣言的記憶は，それぞれどのような特性をもった記憶だったでしょうか？

2. 宣言的記憶と非宣言的記憶には，それぞれどのような種類があったでしょうか？

3. 疾患 A では記憶 X の成績のみが低下し，疾患 B では記憶 Y の成績のみが低下するという関係性を何といったでしょうか？　また，記憶 X と記憶 Y がそれぞれ異なる脳領域に分担して貯蔵されるような特性を何といったでしょうか？

4. 忘れること，思い出せないことには正の側面もありますが，それはどのような現象からいえるでしょうか？

参 考 図 書

高野陽太郎（編）（1995）．認知心理学 2　記憶　東京大学出版会

　初級。記憶の幅広い内容について平易にかつ体系立って解説されています。

太田信夫・多鹿秀継（編著）（2000）．記憶研究の最前線　北大路書房

　やや中級。実際の研究が詳述されるなど，上よりも一歩踏み込んだ内容となっています。

スクワイア，L. R.・カンデル，E. R.　小西史朗・桐野　豊（監修）（2013）．記憶のしくみ——脳の認知と記憶システム——（上・下）　講談社

　中級以上。心理学だけでなく，神経科学，生化学など，記憶を理解・解明する上でのさまざまなアプローチを学ぶことができます。

第4章 日常記憶

　これまでの章で述べてきた記憶に関する研究は実験室の中で行われている実験が中心で，記銘材料も統制されたものが使われており，日常のものとはかけ離れていました。しかし，私たちが知りたいのは，日常生活における自然な記憶の振る舞いです。そこで誕生したのが日常記憶研究です。この章では，私たちの生活に欠かすことができない硬貨・紙幣や自動車，毎日利用する駅のホーム，日常的な生活空間である風呂場や玄関，古代より人間のパートナーとして一緒に暮らしてきたネコ，また私たちの生活や暮らしに安らぎや彩りを添える趣味，たとえば，チェスやミステリー小説などを記銘材料に用いた研究を紹介し，日常記憶の性質を探っていきます。

4.1　日常記憶研究とは

　記憶に関する研究には，大まかに分けると2つの系統があるといわれています。一つはエビングハウス（Ebbinghaus, H.）を祖にする理論的記憶研究と，バートレット（Bartlett, F. C.）を祖にする日常記憶（everyday memory）研究です（Neisser, 1988）。

　理論的記憶研究では，記憶メカニズムを科学的に解明し，また一般的法則を導くために，実験参加者や記銘材料，実験手続きを厳密に統制した実験が行われます。かつてエビングハウスが無意味綴りを用いた理由は，散文や詩などを記銘材料にすると，連想されるものが個人によって相違し，刺激の公平性を確保できないと考えたからでした。しかし，それにより，忘却曲線（forgetting curve）や初頭効果（primacy effect）・新近性効果（recency effect）などが見出され，私たちの記憶の性質を理解する重要な手がかりが得られました。

　もう一方の日常記憶研究が誕生した背景には，理論的研究に対する批判がありました。その批判とは，無意味綴りを用いて実験室で記憶を調べたとしても，

それは人工的で，不自然な状況下における記憶を調べているに過ぎないという
ものです（Bartlett, 1932 宇津木と辻訳 1983）。たしかに私たちが知りたいの
は，日常生活における自然な記憶に関することです。理論的記憶研究は，厳密
な実験統制にこだわりすぎてしまい，日常場面と大きく乖離しているかもしれ
ません。日常記憶研究を行う人々は，いかに日常的場面に近づけることができ
るか，つまり生態学的妥当性（ecological validity）の確保にこだわります。し
たがって，日常記憶研究では，私たちの身の回りにあるものを記銘材料にして
研究を行います。

　なお，日常記憶の範疇には，日常生活において日々経験する大小さまざまな
出来事に関しての記憶である自伝的記憶（autobiographic memory）や毎日の
生活において，この後やるべきこと，また忘れてはならない予定などの記憶で
ある展望的記憶（prospective memory）のように，日常生活そのものに関す
る記憶も含まれることがありますが，この章では取り上げません。自伝的記憶
と展望的記憶の詳細については，第1章コラム 1.1「日常場面の記憶」をご覧
ください。

4.2　日頃見慣れた対象の日常記憶

4.2.1　硬貨・紙幣に関する記憶

　硬貨や紙幣は，日常用いられる代表的な物の一つといってもよいでしょう。
また記憶研究における記銘材料としても，ある程度の複雑さを備えており，か
つ実験的操作や分析がしやすいシンプルさも兼ね備えています（Nickerson &
Adams, 1979）。

　ニッカーソンとアダムス（Nickerson, R. S., & Adams, M. J., 1979）は，
日常的物体がどれほど正確に記憶されるのかを調べるために，1セント硬貨を
用いていくつかの実験を行いました。一つの実験では，アメリカ人20名に2
つの円（サイズは約5cm）を渡し，一方に1セント硬貨の表側を，もう一方
にその裏側を描画再生するよう求めました。表 4.1 に示す1セント硬貨表裏の
8つの特徴を，位置も含め正確に再生されたかどうかが調べられました。図

4.2 日頃見慣れた対象の日常記憶

表 4.1 1セント硬貨の特徴 (Nickerson & Adams, 1979 に基づき作成)

表　側	裏　側
1. リンカーンの顔（右向き）	1. 建物（リンカーン記念館）
2. 刻印文字 "IN GOD WE TRUST"	2. 刻印文字 "UNITED STATES OF AMERICA"
3. 刻印文字 "LIBERTY"	3. 刻印文字 "E PLURIBUS UNUM"
4. 刻印文字（発行年）	4. 刻印文字 "ONE CENT"

図 4.1 **硬貨の再生結果** (Nickerson & Adams, 1979)

4.1 にその再生結果を示します。1セント硬貨の8つの特徴のうち，正確に再生された特徴は，リンカーンの顔やリンカーン記念館など3つしかなく，特徴の多くが省略されたり（省略される確率は33％），再生されたとしても位置に誤りがみられました（再生位置に誤りが生じる確率は42％）。このことは，アメリカ人にとっては，日常的に目にしている1セント硬貨であっても，それを正確に再生するのは難しいことを示しています。とくに位置を正確に再生することは難しいようです。

　このニッカーソンとアダムスの研究は，アメリカ人を対象に1セント硬貨の再生を求めたものですが，日本人の大学生を対象に日本の紙幣を用いた研究もあります。高良と箱田 (2008) は，日本の大学生72名を対象に，千円札（野口英世の肖像画があるもの）の再生を求めました。再生にあたっては，千円札と同じサイズの枠が印刷されたA4判用紙に描画再生させました。再生成績は，あらかじめ基準として定めた10項目の特徴（表4.2）がどのくらい再生できたかで評価されました（この研究では，ニッカーソンとアダムスの研究とは異なり，位置の正確さまでは評価の対象とはしていません）。その結果，「野口英

表 4.2　実験に用いた千円札の特徴と再生率（*N* =72）（高良と箱田，2008 に基づき作成）

特　徴	再生率（%）
1.「千円」字	52.8
2.「野口英世」の肖像画	94.4
3.「富士山」	22.2
4.「1000」字	94.4
5. 記番号	13.9
6. サクラ	13.9
7.「日本銀行券」字	20.8
8.「NIPPON GINKO」	0
9.「日本銀行」字	1.4
10.「日銀総裁」の印	0

世」の肖像画や「1000」字のような，千円札の顕著な特徴である中心的項目は100% 近く再生できているものの，記番号や「NIPPON GINKO」字，「日本銀行」字，「日銀総裁」の印のような，周辺的な特徴は 15% 以下の者しか再生できませんでした。

　この 2 つの研究は，硬貨や紙幣の記憶について，私たちは金種を区別する（たとえば，その紙幣は 1 万円札か 5 千円札か）ために必要となる最低限の特徴のみしか覚えていないことを示唆しています。容量に限りのある**認知資源**（cognitive resource）を無駄にしないための方略であるとも考えられます。

4.2.2　自動車に関する記憶

　1970 年代頃より，心理学者は**目撃証言**（eyewitness testimony）研究に取り組んでいます。その理由は，事件を目撃して警察官に供述するまでの一連の過程が，記憶における 3 つの処理過程，すなわち記銘（目撃時），保持（証言するまでの期間），想起（証言時）にそれぞれ見事に対応しているからです（横田，2004）。したがって，目撃証言に関するさまざまな現象の説明に心理学の知見や理論が援用されています。

　さて，これまでの目撃証言研究では，犯人の人物特徴，とりわけ犯人の顔に関する記憶研究が多く行われてきました。犯人の人相や着衣は，犯人特定に直結する重要な手がかりであるからです。しかしながら，犯行に用いられるさま

4.2 日頃見慣れた対象の日常記憶

ざまなアイテム，とくに犯行車両に関する記憶も，犯人の人相と並び重要な情報であるはずです。たとえば2002年10月にアメリカワシントンDCで発生した連続狙撃事件では，犯行車両に関する誤った目撃証言により犯人検挙が難航し，検挙されるまでの間も犯行が行われてしまい，10名が犠牲となりました。このような問題が生じているにも関わらず，自動車に関する記憶はほとんど研究がなされていません。

　そこで，ビレガスら（Villegas, A. B. et al., 2005）は，自動車に関する目撃証言を評価するための基礎的資料とするために，理想的な目撃条件下における自動車の識別精度について検証しました。自動車を識別する大まかな手がかりとしては，色と車種という2つの要素があります。これらの厳密な統制は，色調の相違やカラー・バリエーションの展開などの問題があり，実車では困難です。そこで，ビレガスらの研究では，ミニカーを用いて，色（青，赤，黄とオリーブ・グリーン）と車種（セダン，SUV，ピックアップトラック）を統制しています。

　実験には69名（女性42名，男性27名）の大学生が参加し，9台のミニカーのスライドが提示されました（1台につき5秒間ずつ）。ターゲットの自動車が提示される直前には「X」字が提示され，次に提示される自動車が記憶すべきターゲットであることが教示されました。その後，リハーサル（rehearsal）を抑制するため10分間の暗算課題が与えられ，10台のミニカーの画像から，学習期に観察したターゲットの再認が求められました（ターゲット以外は，色と車種の組合せが学習期と異なっています）。

　実験の結果，63名の回答が分析対象となり，15名しか再認に成功しませんでした。その割合はわずか23.8％です。しかしながら，この実験では，理想的な条件，すなわち照明も明るく，実験参加者も快適な心理状態で観察しており，しかも観察してわずか10分後に再認課題が実施されています。それにもかかわらず，実験参加者の約4分の1しか再認できませんでした。現実の目撃場面では，目撃時間も短く，また他の自動車や，建物，並木，ガードレールなどの遮蔽物により断片的な観察となることが予想されます。その際の正再認率は4分の1以下かもしれない，とビレガスらは述べています。

また，実際に観察した車とは異なる車を見たと判断したフォールス・アラーム回答について分析したところ，回答者のうち11名が，ターゲットと色は同じであるものの車種が異なる車を見たと判断していました。一方，車種は同じものの，異なる色の車を見たと判断した者は6名だけでした。このことから，ビレガスらは，自動車の記憶においては，車種よりも色が重要な役割を果たしていると結論づけています。車の色が記憶されやすい具体的な事例として，2015年7月に奈良県のリサイクルショップにおいて女子小学生が誘拐された事件があります。この事件では，店員による「青い不審車で連れ去られた」という目撃記憶が犯人特定の重要な手がかりとなり，無事に解決しました（朝日新聞，2015）。

目撃状況や目撃者の車に対する興味・関心などにもよりますが，ビレガスらの研究は，硬貨や紙幣の記憶と同様に，日頃見慣れている自動車であっても，色のような大局的な情報しか記憶として残らないことが示唆されています。

4.3 スキーマとの整合性が重要になる日常記憶

4.3.1 日常的風景に関する記憶

街並みは再開発や区画整理などにより大きく様変わりします。新たな街の風景に慣れた頃，以前そこに何が建っていたかを思い出そうとしてもなかなか思い出せないことがあります。私たちにとって，風景から「削除」された建物を遡って思い出すことは容易ではないようです。

この現象を実証的に明らかにしたのが，内野ら（2005）です。彼女らは，デジタルカメラで撮影した駅のホームやボーリング場，風呂場，玄関などの風景を線画にリライトしました。それぞれの風景において「必要性」の高低を基準に，風景内のアイテムを削除したり，あるいは新たに追加した刺激を作成しました。この刺激操作について，風呂場の風景（図4.2）を用いて説明しましょう。風呂場においてどのようなアイテムの必要性が高いかについて予備調査を行い，削除するアイテムとして必要性が低いものに「ボディソープのボトル」を，必要性が高いものに「シャワーのホース」を，また追加するアイテムとし

4.3 スキーマとの整合性が重要になる日常記憶　　　　83

アイテム削除の操作　　　　　　　　　　　アイテム追加の操作

必要性低いアイテム削除条件
(左上のボディソープ容器削除)

必要性高いアイテム追加条件
(右上のT字カミソリ追加)

オリジナル刺激

必要性高いアイテム削除条件
(右側のシャワーホース削除)

必要性低いアイテム追加条件
(左下のうちわ追加)

図 4.2　内野ら (2005) が用いたシーン刺激の操作例

て必要性が低いものに「うちわ」を，必要性が高いものに「T字カミソリ」を選びました。これらのアイテムを追加・削除することにより風景の典型性を操作し，4つの条件が設けられました。まず必要性が低いボディソープを削除した場合，風景の典型性は変わらないと考えられ，削除による典型性維持条件（ボディソープ削除）となります。必要性が高いシャワーのホースを削除すると典型性は壊れてしまうため，これを削除による典型性破壊条件（シャワーのホース削除），また必要性が高いT字カミソリの追加では風景の典型性は変わらないため，これを追加による典型性維持条件（T字カミソリ追加），逆に必要性が低いうちわを追加した風景は，追加による典型性破壊条件（うちわ追加）としました。各条件に20名の大学生が参加し，20枚の風景線画が5秒間ずつ一度だけ提示されました。その後，再認刺激が提示され，実験参加者は各画像を見て，学習時から「変化したか」「変化してないか」の判断が求められました。再認時に提示された刺激のうち10枚は学習時に提示されたものですが，残り10枚は割り当てられた実験条件の変化が加えられたものでした。

　その結果，アイテムを追加した風景のほうが，削除した風景よりも，変化の

違いに気づかれやすいことが示されました。このように新たに何かが加わるほうがなくなることよりも気づかれやすいことを「非対称的混同効果」といいます。別の言い方をすれば，風景の変化は，アイテムを削除した場合のほうが，アイテムを追加した場合よりも気づかれにくいといえます。

　ただし，このような追加の優位性があらゆる風景で観察されるわけではないようです。なぜならば，上記の結果には，変化の種類（追加 vs 削除）要因と典型性（典型性破壊 vs 典型性維持）要因の交互作用がみられたからです。追加の優位性は，典型性を破壊する条件においてのみ観察されます。つまり，アイテムが追加され，なおかつその追加により，風景の全体的イメージや雰囲気などが破壊される場合においてのみ，私たちは変化に気づきやすいといえます。

　この結果は，建物がなくなっても私たちはそのことに気づきもしないし，そこに以前は何があったのかを思い出すことが難しいことを実証的に物語っています。私たち人間にとっては，なくなってしまったものよりも，新たに加わったもののほうが，重要な事柄であることが多いのかもしれません。

4.4 興味・関心が高い対象の日常記憶

4.4.1 小説に関する記憶

　バートレット（Bartlett, F. C., 1932）は，物語や伝説が伝承される際に，どのような変化が生じるかを調べるために，北米インディアンの民話「幽霊の戦い」を用いた記憶実験を行いました。この民話は実験参加者とは文化や社会が異なった民族に伝わる物語であり，明確なストーリーや教訓もなく，簡単には理解しがたい超自然的要素も含まれていました。イギリスの大学生 20 名（男子学生 13 名，女子学生 7 名）がこの民話を 2 度読み，15 分後に再生が求められました。また記憶の変容傾向を調べるために期間をおいて何度か再生が行われました。

　その結果，再生時には，実験参加者の大学生には馴染みのない固有名詞や事柄は別の言葉へ置き換えられ（合理化），細部や数字などは脱落し（省略），話は全体として短くまとまりのある内容へ変容していました。たとえば，参加者

Hは物語中の「カヌー」を「ボート」に、「アザラシ猟」を「釣り」に書き換えていました。参加者Nは物語に登場する「幽霊」を死者の需などではなく、ある氏族の名前だと解釈しました。またある参加者は物語末尾にある「何か黒いものが、彼の口から出た」という件を「彼は、口から泡をふいた」と再生しました。つまり、実験参加者が理解しやすい、受け入れやすい形に合理化され再生されることが示されました。

バートレットが行ったような物語に関する記憶研究では、実験参加者には、初めて見聞きする物語が提示されます。記憶研究の多くの記銘材料はその実験において初めて提示されるのが一般的です。その一方で、私たちが自分の趣味や仕事のために、時間を費やして読んだ書物に関する記憶については、ほとんど何も知られていません。

そこで、ナイサーとハプセー（Neisser, U., & Hupcey, J. A., 1974）は、コナン・ドイルによるイギリスの探偵小説「シャーロック・ホームズ」シリーズを記銘材料として選び、その読者にこの物語に関する詳細な内容の記憶を調べることにしました。

ご存じの通り、「シャーロック・ホームズ」シリーズは、観察と推理、そして直感力において稀な才能をもつ探偵であるホームズと、彼とルーム・シェアする元軍医であり、また物語の語り手でもあるワトソンによる60編からなる小説であり（廣野，2009）、現在においても、多くの読者を魅了しています（Neisser, 1982；Neisser & Hupcey, 1974）。

実験に参加したのは「シャーロキアン」（Sherlockian）とよばれる、シャーロック・ホームズのファンたちです。世界各地にシャーロキアンのクラブがありますが、この実験ではコーネル大学におけるクラブのメンバー10名が参加しました。クラブの会合においてシャーロキアンたちは、ホームズに関するクイズ（記憶テスト）のような遊び、たとえば、あるフレーズを読み上げ、そのフレーズが収録されている作品名について問う質問、またホームズの兄マイクロフト・ホームズが初登場する作品名を問う質問などを出題し、メンバーがお互いに知識の確認と研鑽を積んでいます。

この研究では、抽象的な事柄より具体的な事柄のほうが、優れた検索手がか

第 4 章　日 常 記 憶

表4.3　シャーロキアン実験に用いられた例文の説明

(Neisser, U. (Ed.), 1982 富田訳 1989 に基づき作成)

文のタイプ	内　　容	例　　文
人名文	登場人物の名前のみ含む文	「今晩は，ジェームス・ウィンディバンクさん」
登場人物の外観描写文	登場人物の外見的人物描写	「彼は突き出た肉薄の鼻と高く禿げ上がった額と巨大な灰色の口髭をもつ年配者だった」
独立抽象文	ストーリーや事件解決とは直接関係のない説明文	「彼の説によると，観察と分析の訓練を積んだ人の場合，騙すことは不可能だった」
独立具体文	ストーリーや事件解決とは直接関係のないアイテムの説明文	「私の見るところでは，光の明かりにちらっと照らされた君の左の靴の内側の革に6本のほとんど平行な切り傷が刻まれている」
関係具体文	ストーリーや事件解決には欠かせない具体的見解を述べた文	「もしそれが普通の皿のなかに混ぜられていたら，食べる人が絶対に気づいたし，たぶん食事を中断しただろう」

りとなり得るのか，物語のテーマに関係するアイテムの関連性は違いを生み出すのか，人物の名前や詳細な記述は手がかりとして効果的なのか，これらのことを明らかにすることが目的でした。

　作品中から，5つのタイプの文が選ばれました（**表4.3**）。①人名文，②登場人物の外観描写文，③独立抽象文（ストーリーや事件解決とは直接関係のない説明），④独立具体文（ストーリーや事件解決とは直接関係のないアイテムの説明），⑤関係具体文（ストーリーや事件解決には欠かせない具体的見解）です。

　実験者がこれらの5タイプの文のうち1つを読み上げた後，参加者にはまず，その作品名の再生が求められました。間違えた場合はもう一度再生のチャンスが与えられました。作品名を解答できない場合であっても，作品のあらすじを再生できれば正答とみなしました。次に，その文について，作品中で誰が述べたものなのか，どのような場所で行った行為なのか，などの文脈の再生が求められました。解答内容は4段階で評定されました。

4.4 興味・関心が高い対象の日常記憶

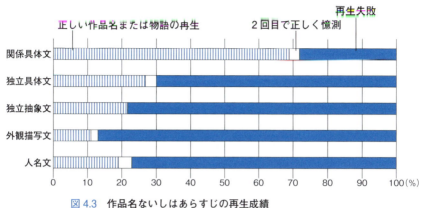

図 4.3 **作品名ないしはあらすじの再生成績**
(Neisser, U. (Ed.), 1982 富田訳 1989 に基づき作成)
人名文や外観描写文よりも関係具体文のほうが正再生率が高くなっています。

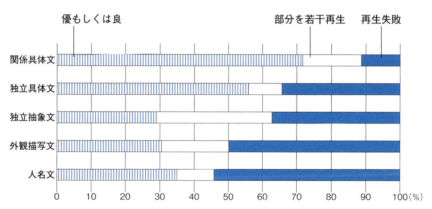

図 4.4 **文脈の再生成績** (Neisser, U. (Ed.), 1982 富田訳 1989 に基づき作成)
関係具体文を与えられたほうが人名文や外観描写文よりも正確に再生されました。

実験の結果を図 4.3 及び図 4.4 に示します。まず，作品名ないしはあらすじの正再生率については，人名文や外観描写文が与えられた場合よりも，関係具体文が与えられた場合のほうが正再生率も高く，失敗率も低いことが示されました（図 4.3）。また文脈の正再生についても，関係具体文が与えられた場合のほうが，人名文や外観描写文を与えられた場合よりも正確に再生されました（図 4.4）。

この結果は，小説の記憶においては，人名や外観描写のような具体的で詳細

な手がかりよりも，詳細でなくてもストーリーと密接に関連している手がかりのほうが，作品名や物語全体の記憶に大きく貢献することを示唆しています。

4.4.2　雑学に関する記憶

すでに述べたように，私たちは硬貨・紙幣，自動車のような日頃見慣れている物であっても，些細なディテールまで明確に記憶しているわけではありません。認知資源に限りがあるため，その同定・識別に必要となる手がかりとして，顕著な特徴をわずかに記憶しているに過ぎません。またバートレットも指摘しているように，些末なディテールや，見慣れないもの，あるいは理解できないものなどについては，省略されたり，理解しやすい特徴に置き換えられたりします。こうした記憶の性質が知られている一方で，たとえ些細なディテールであったとしても，記憶に留まりつづける「ディテールの誘惑（seductive details）効果」（Harp & Mayer, 1998；Sabbagh, 2009 越智ら訳 2011）という現象が生じることも報告されています。

たとえば，教科書や専門書などには，読者の興味をかき立てるために，学習すべき本旨からはやや逸れるものの，関係する雑学的知見やこぼれ話などが紹介されていることがあります。私たちは本当に理解し覚えるべき事柄についてはあまり思い出せないものの，そのような興味深い雑学的知見については，いつまで経っても印象に残って覚えているといったような経験が誰にでもあるはずです。

ハープとメイヤー（Harp, S. F., & Mayer, R. E., 1998）は，雷の発生メカニズムを解説した高校の物理学のテキストなどを記銘材料として用い，ディテールの誘惑効果について検討しました。この研究において，誘惑的ディテールとされたのは，たとえば，「アメリカでは毎年およそ150名もの人が亡くなるが，とくに水泳中に被害にあいやすい」や「地面に落雷した場合，その強い熱により，稲妻の形に砂が溶け，雷の化石ともよばれる閃電岩が形成される」などの雷に関連する興味深いトピックではあるものの，発生メカニズムとは関連性が低い記述でした。

ハープらによると，私たちが教科書などの内容を理解する際，少なくとも3

つのプロセス，すなわち①選択（selecting），②体制化（organizing），③統合（integrating）が関与しているといいます。まず，①の選択は，重要な情報に注意を向けることです。次に，②の体制化は，注意を向けたいくつかの重要な情報に，因果関係のような繋がりを見出すことです。そして③の統合は，テキストから得た新たな知見を，読者の既存の知識と統合することを指しています。ディテールの誘惑効果は，①〜③のプロセスのうち，どこにもっとも関与しているのかを，明らかにすることがハープらの研究目的でした。このために彼らは4つの実験を行っています。

 たとえば，実験1では，興味深い記述が読者の注意をひきつけてしまうため，肝心な本旨（つまり雷発生のメカニズム）に相当する記述を視覚的に強調してもほとんど記憶されないという仮説を立てディテールの誘惑効果を検証しています。そのため，雷発生のメカニズムに関する重要な記述がある箇所は，イタリック体と太字を併用して強調し，視覚的注意を誘導しやすいテキストが作成されました。誘惑的ディテールについては，雷によって多くの人が死亡している事実や，フットボール中に落雷を受けてユニフォームが焼けてしまった様子を見ている人の写真など，雷発生のメカニズムとは関係のないものを準備しました。この実験では，誘惑的ディテールの有無と，視覚的強調の有無を組み合わせて合計4種類のテキストが作成され，テキストの再生成績（図4.5）と理解度（図4.6）の成績が比較されました。その結果，読者の注意を誘導する視覚的強調の有無は，再生成績にも理解度の成績にも影響を及ぼさず，誘惑的デ

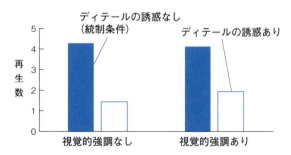

図4.5　**本旨のテキストの再生数**（Harp & Mayer, 1998に基づき作成）
視覚的強調の有無による違いはなく，ディテールの誘惑があるとテキストの再生成績は下がります。

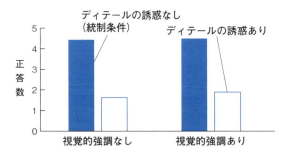

図 4.6　問題の正答数（理解度）（Harp & Mayer, 1998 に基づき作成）
視覚的強調の有無による違いはなく，ディテールの誘惑があると理解度を問う問題の正答数は下がります。

ィテールの有無のみが再生成績及び理解度の成績に影響を及ぼしていました。つまり，重要な箇所が視覚的に強調されていようといまいと，誘惑的ディテールを含むテキスト条件のほうが，含まれていない条件よりも，テキストの再生成績も，メカニズムの理解度も低い結果となりました。このことから，ディテールの誘惑効果は，視覚的注意のプロセス，すなわち①の選択とは関係が薄いことが示唆されました。

　また，実験4では，誘惑的ディテールを読むことで，それに関連する**スキーマ**（schema）が活性化されてしまい，本来学ぶべき雷発生メカニズムの理解を妨げてしまう，つまりディテールの誘惑効果が③の統合化に影響を及ぼす可能性を検証しています。実験では，誘惑的ディテールの提示位置が操作され，テキストの冒頭，末尾，あるいはテキスト全体に分散，のいずれかで提示されました。もし，誘惑的ディテールにより，本旨の理解に不適切なスキーマが活性化されるのであれば，誘惑的ディテールが冒頭にあるほうが，末尾にある場合よりも，雷発生メカニズムに関するテキストの再生や理解度を問うテストの成績を低下させることが予測されます。実験の結果，予測した通り，誘惑的ディテールがテキスト冒頭に提示された実験参加者は，末尾に提示された実験参加者と比べると，本旨のテキスト再生数（図 4.7），また理解度テストの正答数（図 4.8）ともに低いことが示されました。また同じく，誘惑的ディテールが冒頭に提示されたほうが，末尾に提示されるよりも，誘惑的ディテールそのものをよく記憶していました（図 4.9）。

4.4 興味・関心が高い対象の日常記憶　　　　91

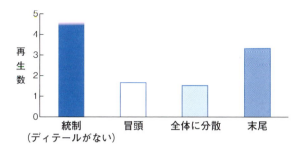

図 4.7 ディテールの位置の違いによる本旨のテキストの再生数
（Harp & Mayer, 1998 に基づき作成）

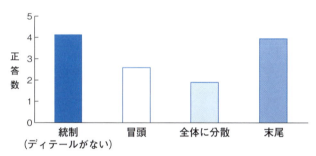

図 4.8 ディテールの位置の違いによる問題の正答数（理解度）
（Harp & Mayer, 1998 に基づき作成）

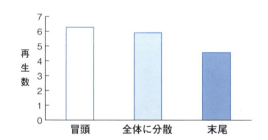

図 4.9 誘惑的ディテールの再生数（Harp & Mayer, 1998 に基づき作成）

　この一連の実験から，ハープらはディテールの誘惑効果のメカニズムは，テキスト理解における統合プロセスに大きく影響していると述べています。つまり，自分にとって関心が高い魅惑的ディテールの存在により，それに関連が深い既存の知識やスキーマが活性化されてしまい，誘惑的ディテールを中心とし

た体制化がなされてしまう。そのため，肝心なテキストの本旨については記憶も理解も十分になされないということです。

　ディテールの誘惑効果は，理解を妨害する負の影響だけでなく，先に述べたような雑学のような知識形成に影響しているとも考えられます。世の中には，さまざまな分野においてマニアとよばれる人々がいます（昆虫や鉄道，航空機，艦船など）。彼らは興味関心を抱く領域に没頭し，興味がない者には，まったくどうでもよい事柄にこだわります。また常にその知見を深め，最新の情報にアップデートすることにも余念がありません。たとえば，航空機では，同じ機種であったとしても，生産ロットの違いにより細部が微妙に異なる場合があります（例，各種アンテナやセンサー類などの有無及び形状の違いなど）。彼らは，その些細な違いを見極めるために，膨大な関連情報を整理・記憶しています。こうしたマニアの知識形成にもディテールの誘惑効果が関与しているかもしれません。

4.5　感情や情動が関わる日常記憶

4.5.1　生物に関する記憶認知

　イヌやネコなどの動物，またチョウやハチなどの昆虫は，日常的に目にふれます。したがって，動物や昆虫などの生物に関する記憶も日常記憶研究のテーマの一つといえるでしょう。

　生物に関する記憶・認知は，少なくとも，4.3 で説明した日常的風景や場面に関する記憶とは異なる性質を示すことが報告されています。日常的風景の線画では，何かが加わった変化のほうが，何かがなくなった変化よりも気づかれやすいことが示されました（非対称的混同効果）。しかしながら，この追加優位の非対称的混同効果は，生物，少なくともネコやトリに関しては当てはまらず，逆に削除変化のほうが気づかれやすいことが指摘されています。この節ではそのメカニズムを探っていきたいと思います。

　生物画像であっても，チョウやハチなどの昆虫の場合は，人工物と同様に追加による変化のほうが，削除による変化よりも気づかれやすいことが示されて

図 4.10 チョウの身体的部位の追加・削除例（安藤と箱田，1998 をもとに作成）
この刺激では「尾部」が操作対象です。左側は「尾部」が削除され，右側は「尾部」がもう 1 つ追加されています。

図 4.11 ネコの身体的部位の追加・削除例（安藤と箱田，1998 をもとに作成）
この刺激では「目」が操作対象です。左側は「目」（右目）が削除され，右側は額部に「目」が追加されています。

います。たとえば，安藤と箱田（1998）は，チョウ画像を提示した後に，チョウの部位（前翅，後翅，頭部，尾部，触角，色）のうち 1 つが追加または削除された画像（図 4.10）について，学習期と異なるかどうかの判断を求めました。正棄却率などの分析から，触角を除くすべての部位において追加刺激のほうが，削除刺激よりも変化に気づかれやすかったことが示されました。

しかし，ネコの画像を刺激として用いた安藤と箱田（1998）では，身体部位が削除されたネコ画像のほうが，追加されたネコ画像よりも変化に気づかれやすいことが報告されています。この研究では，何も変化を加えていないネコ画像と，ネコの身体的部位（目，耳，前脚，後脚，尻尾）のうち，1 つを追加または削除した画像を提示しました（図 4.11）。その後，再認刺激が提示され，学習期に見たか，見ていないかの判断が求められました。正棄却率などの分析の結果，身体的部位が追加されたネコ画像よりも，削除されたネコ画像のほうが，学習期との違いが検出されやすいことが明らかになりました。この結果は，それまでの風景画像やチョウ画像を用いた研究で明らかにされた，アイテムや

部位が追加された画像のほうが，削除された画像よりも検出されやすいという知見とはまったく反対の知見となっています。

この矛盾する知見について，安藤と箱田（2010）は，ネコやトリのような動物は，風景画像あるいはチョウなどの昆虫と比べると，私たちにさまざまな感情を喚起させる点が相違するとしています。とくにネコの身体的部位を削除した画像は，私たちに強い憐みの感情を引き起こすことが調査により明らかになっており，そうした感情が，削除変化優位のメカニズムに寄与しているのではないかと述べています。このことから私たちの記憶・認知プロセスには感情や情動が関わっていることが示唆されます。

4.5.2 血や血痕に関する記憶認知

恐怖や不安などの不快な情動によって，認知機能にどのような変化が生じるのかを調べる研究の多くでは，架空の事故や犯罪場面を描いたスライドや動画が用いられます。これまでの先行研究を概観してみると，それらの刺激にある共通点がみられることに気づきます。それは危機的な状況で出血や流血シーンが使用されていることです。

これらの研究では，実験参加者を不快な情動状態に誘導する必要があるため，刺激の情動性をより高めることが求められます。そのため出血や流血シーンが刺激として使用されています。たとえば，注意集中効果（attentional focus effect）研究の端緒となったクリスチャンソンとロフタス（Christianson, S.-Å., & Loftus, E. F., 1987）の実験では，子どもが目のあたりから大量に出血し，車のボンネットにうつぶせになっている交通事故のシーンが使用されています。他にも手術シーン（Burke et al., 1992）や，ひき逃げ（大上ら，2001），殺傷場面（大上ら，2001；Safer et al., 1998）などで出血や流血を伴うシチュエーションが用いられています。しかしながら，これらの先行研究では，いずれも血は情動を喚起させるために用いられたに過ぎず，血や血痕が私たちの記憶に及ぼす影響を直接検討したものではありませんでした。そのような状況の中で，他の研究に先駆け，越智と相良（2001）は血そのものに高い情動喚起性が備わっていることに着目し，出血の有無を独立変数にした実験を行っています。

越智と相良は，乗用車のフロントグリルに男性がもたれかかって倒れている画像を実験参加者に提示しました。この画像には，情動バージョンと統制バージョンの2種類があり，情動バージョンでは男性の肩から腹部にかけて大量の出血がみられるものの，統制バージョンでは男性に出血はみられませんでした。この出血の有無を除けば，両バージョンとも同一の画像です。

画像提示後，画像の詳細（たとえば，倒れていた人の靴下の色や車のナンバープレート，地面の状態等）について再認テストを行ったところ，再認成績は，情動バージョンの画像を観察したグループのほうが，統制バージョンの画像を観察したグループよりも低いことがわかりました。この実験結果も画像中に血が加わるだけで，周辺情報に記憶抑制が生じることを示しており，実験参加者が血に対して集中的に注意を向けていたことを示唆しています。

この研究では，さらに興味深い事実が報告されています。情動条件の実験参加者のうち7名に対し，1年後に刺激画像について自由再生させたところ，出血部分の位置や流れ出た血の模様，その量などについて正確に再生できる者がいました。このことは，血には視覚的注意が向けられるだけでなく，精緻な符号化処理も行われたことを示唆しています。私たちにとって，誰のものであったとしても，血や血痕は，付近に危険や脅威が潜んでいる可能性が高いことを示すシグナルであるとも考えられます（大上と松本，2012）。そのため，血や血痕の認知的処理は，私たちに多くの認知資源を要求するようです。

個人の記銘方略により違いが生じる記憶

4.6.1 地図に関する記憶

地図を記銘材料としてとらえた場合，2つの異なる性質の情報が含まれています。一つは，地図上の名称や，地形，位置などの地図上に明示された宣言的情報であり，もう一つは，地図上のある対象間の位置関係やその距離などのような注意を向けて読み取る努力が必要な非宣言的情報です。地図は，さまざまな目的，たとえば，ある地点からのルート検索や目的地へのナビゲート，地形の特徴把握，地点間の距離見積もりなどのために利用されます。これらは，各

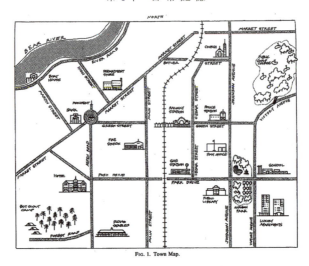

図 4.12 ソーンダイクとスタッツの研究で用いられた架空の都市の地図
(Thorndyke & Stasz, 1980)

々の目的達成に必要となる地図情報を記憶して行われ，そこには多くの認知プロセスが関与します。

　そこで，ソーンダイクとスタッツ（Thorndyke, P. W., & Stasz, C., 1980）は，地図学習と記憶成績の関係を調べました。実験には8名が参加しました。このうち3名は，仕事上，地図を用いる専門家（陸軍で新兵に地図の読み取りなどのトレーニングを行っていたDW氏，元空軍パイロットのFK氏，地図データのグラフィック表示システムを利用している科学者NN氏）であり，残り5名は大学生でした。

　この実験では，架空の国と街の地図が作成され，記銘材料として用いられました。国の地図には，都市や道路，鉄道路線，海や島，河や湖を含む地形的特徴が描かれていました。また街の地図には，通りや河川，ビルや公園などが描かれ，それぞれの名称も記載されていました（図4.12）。参加者は，地図を自分なりの方法で2分間記銘した後，問いに答える形で地図を描画再生する課題を行い，記憶に基づいてルート検索課題や位置関係の判断課題などを行いました。

4.6 個人の記銘方略により違いが生じる記憶　　97

表 4.4　**地図の正再生率（%）**（Thorndyke & Stasz, 1980 に基づき作成）

地図の種類	再生情報の種類	実験参加者名							
		DW	JM	BW	MS	BB	FK	CD	NN
国	要　素	100	95	91	72	53	79	37	19
	言語情報（固有名称）	100	100	100	100	65	77	73	50
	位置情報	100	95	91	72	58	93	46	28
街	要　素	94	94	97	82	79	48	76	39
	言語情報（固有名称）	100	100	100	100	100	81	97	75
	位置情報	94	94	97	82	79	64	79	45

固有名称の正再生率が高い。専門家（DW, FK, NN）の成績が必ずしもよいわけではありません。

　参加者の解答を得点化するにあたっては，再生された地図上に，地域や建物，湖，公園などの要素が含まれているか，またそれらの位置関係に関する情報や固有名称（たとえば，地名や通り，川などの名称）が正確に再生されているかが基準とされました（表 4.4）。

　その結果，参加者は，位置関係に関する情報と比べ，固有名称に関する情報のほうをよく記憶していました。位置に関する再生成績が低いのは，すでに紹介したニッカーソンとアダムスの硬貨に関する研究知見とも一致しています。

　この研究では地図の専門家とそうでない大学生の記憶成績が比較されましたが，仕事で地図を用いる専門家のほうがおしなべて成績が高いというわけではありませんでした。地図に関する専門性よりも，むしろ記銘時に各個人が用いた記憶方略が成績に影響を及ぼしています（表 4.4）。たとえば，成績が高かったある者は，地図を複数のエリアに区分けし，エリアごとに注意を向けて体系的に学習していました。一方，成績が低いある者は，地図全体に注意を向け，一度ですべてを学習しようとしていました。また，成績が高い者の中には，地図上の地形や位置関係について，視覚的イメージを利用し符号化している者もみられました。一方，成績の低い者は，言語的な記憶方略やリハーサルなどを用いて符号化を試みていました。

　このように，地図の学習については，ゲシュタルトのような全体的処理より

も，エリアごとの部分的処理が有効であるとみられます。位置関係や距離，ルート探索などを把握するには各エリアやその空間的関係に注意を向ける必要があるのでしょう。また地図は視覚的要素を多く含むので，言語的な符号化よりも視覚的イメージによる符号化のほうが効率的に記銘できるようです。

4.7 熟練者の卓越した日常記憶

4.7.1 チェスに関する記憶

チェスや将棋などのボードゲームは世界中に広く普及しており，それらを趣味として嗜む方も多いでしょう。実はボードゲームは，名人や専門家の熟達した技能の秘密を解き明かそうとする研究において，記銘材料としても重宝されています。なぜならば，チェスや将棋には，段級位のようにプレイヤーの能力を数値的に示す尺度が存在します。また，ルールが明確であり，統制も行いやすいことなどがその理由のようです（伊藤ら，2002）。

チェイスとサイモン（Chase, W. G., & Simon, H. A., 1973）は，実際に行われたあるチェスのゲームの局面を記銘材料にした実験を行いました。実験参加者は，チェスの名人と中級者そして初心者で，盤面上におけるコマ配置の記憶成績に違いがみられるかが比較されました。

参加者に提示されたコマ配置は，過去に行われた実際の対局から選ばれました。中盤局面と終盤局面のものがあり，どちらからも10種類，合わせて20種類が選ばれました（中盤の場合，盤面上に24〜26個，終盤の場合，12〜15個のコマが配置されています）。また統制刺激として，実際の対局からではなく，コマをランダムに配置した8種類の統制刺激（中盤及び終盤に相当する局面が各4種類）も作成されました。

実験参加者への提示は次のような方法で行われました。実験参加者の前に2つのチェス盤を並べます。片側のチェス盤には，コマが配置されていますが，もう一方のチェス盤にはコマは配置されていません。コマが配置されたチェス盤は，パーティションにより遮られ見えないようになっています。提示する際，パーティションが取り外され，5秒間提示されます。その後，何も置かれてい

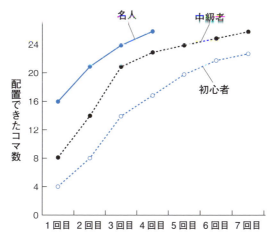

図 4.13 試行ごとのチェスのコマの配置数（実際の対戦の中盤局面が提示）
(Chase & Simon, 1973 に基づき作成)

ないチェス盤上に，観察したコマの配置を再現することが求められました。もし完全に再現できなければ，コマはすべて取り払われ，何も置かれていない状態に戻されます。その後，再度，コマが配置された盤面が提示され，完全に再現できるまでコマ配置の再現が何試行も繰り返されました。

その後，提示した局面の種類（実際の対局か，ランダムにコマ配置したものか）と実験参加者のレベル（名人，中級者，初心者）を元に，最初の試行で配置できたコマ数や局面を完全に再現できるまでの試行数などが比較されました。

その結果，実際の対局盤面が提示された場合，記憶成績はプレイヤーの能力に応じて異なっており，名人ほど優れた成績を示しました。名人は，中級者や初心者と比べ，最初の試行でコマを多くかつ正確に配置し，またより少ない試行数で，盤面を再現できることが明らかになりました（図 4.13）。

しかしながら，ランダムにコマ配置された盤面が提示された場合には，名人優位の傾向はみられませんでした。最初の試行では，名人，中級者，初心者，いずれの参加者もほぼ同じ数のコマしか配置できませんでした。しかも，その配置できたコマ数は，実際の対局盤面が提示された場合に，初心者が配置できたコマ数をはるかに下回っていたのです。

これらの結果を整理すると，チェスにおける実際の対局盤面のコマ配置については，名人は中級者や初心者が及ばない高い記憶成績を示します。しかし，ランダムに配置された盤面では，名人優位の傾向はみられず，名人，中級者，初心者ともにほぼ同じ記憶成績でした。つまり，チェスの名人は，中級者や初心者と比べ，記憶成績が純粋に高いわけではないようです。名人は，これまでの対戦経験や日頃の研鑽などのチェスに関する専門的スキーマを有していることが考えられます。そのため，定石が踏まれている実際の対局盤面に対しては，チェス・スキーマが活性化され，より少ない努力で大きな視覚的チャンキング（visual chunking）を行うことができ，また体制化もなされやすいと考えられました。

4.7.2 土器に関する記憶

チェスの名人は，脈絡が読みとれるコマ配置であれば，驚くべき記憶成績を示しました。これはチェスに限らず，どのような分野であれ，その道の専門家は，驚嘆すべきパフォーマンスを示すようです。このことはチェスプレイヤーだけでなく考古学者の場合でも知られています。熟練した考古学者ともなれば，遺跡から拾い上げた土器のかけらから土器の様式を正確に弁別でき，さらに一度目にした土器のことは何年も経過した後に再認・識別できるといわれます（時津，2002b）。このような考古学者の卓越した技能は，専門知識構造によって支えられていると考え，時津（2002b）はある実験を行いました。5段階の熟達レベル（考古学的知識・経験ともにもっとも高いA段階から初心者のE段階まで）に分類した考古学者30名に対し，「板付Ⅰ式」とよばれる土器を，実物を見ず，記憶だけを頼りに原寸大で描画再生（A3判の回答用紙にフリーハンド描画）するよう求めました。回答用紙には，あらかじめ「⊥」状に水平線と垂直線が印刷されており，水平線は土器の接地面，また垂直線の左側には土器の外面・外形と，右側には断面形状と内面をそれぞれ描くように指示しました。

この実験で用いられた描画再生は，視覚的再認や言語的再生と比べると，対象に対するスキーマや記憶特性の質を抽出する上で有効な手法であるといえま

図 4.14 土器の描画再生の結果（時津，2002aをもとに作成）
左側が参考のための板付Ⅰ型土器のスケッチ。中央が熟練考古学者の描画再生結果。右側が経験が浅い考古学者の描画再生結果。

す。その一方で，その使用には問題もあります。もし参加者が対象を十分把握していたとしても，描画技術が拙ければ，正確に表現できないかもしれません。しかしながら，把握されていないことが回答に同時に紛れ込む可能性も小さくなります。また考古学者に限っていえば，考古物を正確に描画する実測という技術習得が重視されており，一人前の考古学者にとって図化は当たり前の技能であるとされています。

実験参加者の回答描画は，土器のプロポーションや文様，屈曲の状況などはチェックリストを用いて，その再現状況の有無が確認されました。その結果，熟達レベルの高い考古学者ほど，土器のさまざまな属性を正確に描画していました（図 4.14）。また，熟達した考古学者ほど，一見しただけでは視認しにくい特徴，たとえば，土器内面の特徴や微細な凹凸，口縁部の厚みなども正確にとらえて再現していました。対照的に，熟達レベルの低い参加者は，視認性が低い特徴を表現できていませんでした。このように，熟達した考古学者は，経験が浅い考古学者と比べると，言語的表現が難しい屈曲や，視認性の低い土器内面の特徴などを再現しており，土器に関する特別な知識を獲得していることが示されたのです。

4.8 日常記憶に関するまとめ

4.8.1 効率性を重視した記憶

私たちは，硬貨・紙幣のように日常的に用いている事物（4.2）であっても，

車のように日頃見慣れた物体であっても（4.2），風呂場や駅のホームのようにどこにでもあるような日常的風景（4.3）であっても，それらを完全に再現できるほど，詳細に記憶していないことがわかりました。むしろ，日常的に用いる物だからこそ，中心的な特徴にポイントを絞って記憶しているようです（高良と箱田，2008）。

　では，なぜ私たちは，このような記憶ストラテジーを用いるのでしょうか。フィスクとテイラー（Fiske, S. T., & Taylor, S. E., 1984）による「認知的倹約家」（cognitive miser）という考え方があります。私たちが注意や記憶に用いることができる認知資源には限りがあるため，認知資源を必要以上に消費しないというものです。通常の日常生活を送る上で，硬貨や紙幣の模様や図柄などを含むあらゆる特徴について正確に記憶する必要はありません。もし正確に記憶しようとすれば，必要以上の認知資源を消費することになります。最低限必要とされるのは，その硬貨・紙幣の額面認識，また他の額面の硬貨・紙幣と識別することくらいです。私たちは認知的倹約家となり，効率的に活動しているのです（仲，2015）。

4.8.2　スキーマが記憶に及ぼす影響

　こうした効率的な日常記憶のプロセスには，スキーマが大きく関与しています。スキーマとは，外界から入力された情報を知覚・解釈する際に用いられる構造化された知識表象のことであり，バートレットにより提唱されました。私たちは新しい事柄を記憶する際，すでに自分が形成しているスキーマと比較し，関係づけて記憶します（御領，1993）。比較した結果，既存のスキーマと一致すれば，大きな認知的負荷もなく，正確に記憶されることになります（Gardner, 1985 佐伯と海保監訳 1987）。このようにスキーマが記憶項目の省略や，必要最低限に覚えておかなくてはならないポイントの抽出などに寄与しているのです。

　多くの記憶を元に構造化されたスキーマは，経験の積み重ねにより形成されるともいえます。したがって，これまでの人生における経歴，職業や生活習慣が異なれば，当然スキーマにも違いが生まれます。同じ物を見ても，同じ話を

4.8 日常記憶に関するまとめ

聞いても，その理解内容に相違が生じるのはこのためです（御舘 1993）。とくに熟練者の卓越した技能には，スキーマの個人差が端的に表れるようです（4.7）。

　どのような領域・技能でも，熟練者には，それまでのトレーニングや実戦の繰返しにより，途方もない量の経験や知見が蓄積し構造化され，専門的なスキーマが形成されています。チェスの名人は，盤面をわずかに観察しただけで，そのコマ配置をほとんど記憶していました。また熟練した考古学者は，言語化が難しい土器の微妙なプロポーションや土器内側の特徴まで正確に描画できました。熟練者はその専門的スキーマにより常人には処理できない膨大な情報をいとも簡単に体制化し，一般人ならば見過ごすようなポイントにも確実に目を向けています。つまり，熟練者は，同じ物を見ても，私たちとは違う別の世界を見ているといえるかもしれません。

　世の中におけるマニアや好事家とよばれる人々の膨大な知識も，スキーマによって支えられています。4.4 で紹介したシャーロキアンたちは，日常より研鑽，すなわちシャーロック・ホームズに関連する知識のインプットとアウトプットを繰り返しています。その結果，彼らにはシャーロック・ホームズに関する専門的スキーマが形成され，自分が知らない知見であっても，比較的容易に既存のスキーマへ体制化，すなわち吸収・定着がなされやすいと考えられます。私たちが認知的倹約家であり，効率性を優先することは動かしがたい事実ですが，興味・関心という知的好奇心はそれに優る影響力を持つようです。

　他方，4.6 で紹介したように，架空の国や街の地図については，日頃より地図に携わっているさまざまな専門家であっても体制化することは難しいのかもしれません。たしかに建物，道路，河川，山のような地図を構成する要素については，どの地図でも共通しているものの，それらの名称や空間的位置関係などに典型性を見出すことは難しく，スキーマを用いても体制化は難しいのかもしれません。むしろ，地図に関する専門的知識よりも，空間的位置関係や視覚的要素を多く含むという地図の性質にマッチした，記銘方略のほうが大きく影響を及ぼすという結果でした。

4.8.3 感情・情動と認知記憶

安藤と箱田の生物画像に関する認知記憶研究（4.5）では，ネコのように，私たちにとって身近な生き物が身体的欠損を負っている場合，欠損していることに敏感に気づき（検出し），同時に憐れみの感情も喚起されることが示されました。また，越智と相良が行った交通事故場面の記憶研究では，実験参加者が，刺激中の負傷者が流している血に対し，集中的に注意を向け，なおかつ精緻な符号化処理が行われることが示されました。

日常記憶以外の研究領域，たとえば情動に関する神経科学的研究（Myers, 2013）や，リスクの認知研究（Kahneman, 2012 村井訳 2014）からは，感情や情動を伴う刺激処理は，通常の認知プロセスを経ないことが示唆されています。強い感情や情動を喚起させる刺激や状況は，私たちの生死に関わることが多いことは動かしがたい事実といえます。そのため，感情反応（たとえば，憐れみ）や情動反応（たとえば，恐怖）を生じさせる感情価の高い刺激は，慎重な思考や評価を伴う通常の認知処理経路を辿らず，別のバイパスで優先的に処理されるのです。

このように私たちの認知や記憶のプロセスには，感情や情動が深く関わっていることが示されています。また私たちの日々の生活を翻ってみても，さまざまな感情により彩られています。したがって，私たちの日常記憶の振る舞いを探る上で，感情や情動は不可分な要素といえるでしょう。

4.8.4 日常記憶研究の問題点

日常記憶研究では，私たちの日常生活に直接結びついたテーマを取り上げます。これらの研究では生態学的妥当性の確保が重視されることから，日常的状況が研究に持ち込まれているのは大変魅力的です。また多くの人々が注目し，関心を寄せやすい傾向もあります。

しかしながら，実験を行いやすいことと引き替えに，事前の調査や十分な統制がなされていないという批判や，現象の記述に留まり，既存の理論やモデルとの整合性の検証などが行われていないという批判などもあります（井上と佐藤，2002；相良，2000）。

4.8 日常記憶に関するまとめ

　井上と佐藤（2002）は，日常記憶研究の現状を概観するとともに，今後の方向性について述べています。彼らによると，研究には①現象の記述に留まり理論が発達していない段階と，②理論が発達し，厳密な統制のもとに仮説間の検証を行う段階があり，日常記憶研究は現状では①の段階であるとしています。このことから，今後，日常記憶研究が②のステージに進むためには，さまざまな場面や文脈で繰り返し見出される頑健な現象を見出すことが必要だと述べています。そうした恒常性の高い現象が見出されれば，それはさまざまな場面で一般化される可能性が高いからです。

　このような方向性で研究を進めることができれば，日常記憶研究は，理論的記憶研究の視点からは得がたい現象の発見につながり，また，感情・情動と認知記憶の研究のように，相互に補完しながら，理論の精緻化にも貢献できるものと考えられます（相良，2000）。

コラム 4.1 「記憶」で犯人を追いつめるポリグラフ検査

　驚かれるかもしれませんが，日本の警察には，犯人の記憶を探ることで，犯罪と戦う人々がいます。彼らの任務は，犯人が心の奥底に隠し続けている犯行時の記憶を明らかにすることです。科学捜査研究所（以降，「科捜研」とします）の心理研究員がその任務を負っています。

　科捜研とは，警視庁や各道府県の警察本部に設置されている，犯罪資料の検査・鑑定を行う捜査支援セクションです。科捜研で扱われる犯罪資料のほとんどは，血液や毛髪，覚醒剤，弾丸，印刷物などの物的資料です。しかし，唯一例外があり，被疑者の記憶も検査対象に含まれます。

　もし，被疑者が犯人であり，罪を認めたくないのであれば，「事件とはまったく関わりがない」「被害者とは面識がない」，あるいは「事件そのものを知らない」などと供述するでしょう。自分が行った犯行であるにも関わらず，やっていないと供述するのですから，論理的には「嘘」をついていることになります。このため，ポリグラフ検査（polygraph test）は「嘘発見器」という誤った認識が流布されてきました。これは，実際には，嘘ではなく，犯人の犯行記憶を調べる検査です。被疑者が真犯人であれば，犯行当時の状況を詳しく記憶していると考えられます。ポリグラフ検査は犯行記憶を検出するものなのです。

　では，どのようにして犯行記憶を検出するのでしょうか。現在，日本警察で用いられている CIT（concealed information test，隠匿情報検査）法を例に紹介します。被疑者の身体に各種センサーを装着し，自律神経系（autonomic nervous system）の活動（呼吸，脈波，皮膚電気活動等の生理反応）を測定します。自律神経系の指標が利用されるのは，脳波のような中枢神経系（central nervous system）の指標と比べると，測定が容易であり，かつ被疑者が自らの意思でコントロールすることが難しいという理由からです。

　その上で，検査者は事件に関する質問を行います。CIT の質問は，質問の中に犯罪事実に合致する質問（裁決質問といわれます）が1つだけ含まれており，それ以外はダミーの質問（非裁決質問といわれます）で構成されています。

　次のような仮想侵入窃盗事件を例にして，CIT の質問構成を説明しましょう。あ

コラム 4.1 「記憶」で犯人を追いつめるポリグラフ検査　　107

表 4.5　質問例（被害金額）

1. 盗まれた現金は，10 万円ですか？
2. 盗まれた現金は，20 万円ですか？
3. 盗まれた現金は，30 万円ですか？
4. 盗まれた現金は，40 万円ですか？
   ＝裁決質問
5. 盗まれた現金は，50 万円ですか？

表 4.6　質問例（侵入口）

1. 「台所の窓」から侵入しましたか？
2. 「玄関」から侵入しましたか？
3. 「居間のガラス戸」から侵入しましたか？
   ＝裁決質問
4. 「勝手口」から侵入しましたか？
5. 「二階のベランダ」から侵入しましたか？

る民家の和室仏壇から，銀行の封筒に入った現金 40 万円と預金通帳が盗まれました。犯人は 1 階居間のガラス戸を割って侵入し，玄関から逃走したものとみられます。以上の事件状況から，犯人であれば必ず覚えていそうな事柄をピックアップし，それを裁決質問とします。たとえば，「盗まれた現金は，40 万円ですか？」です。次に裁決質問に対応する非裁決質問を考えます。裁決質問と同じカテゴリであり，かつ等質等価のものでなくてはなりません。この場合，盗まれた金額を変えます（表 4.5）。もし被疑者が無実であれば，裁決質問であれ，非裁決質問であれ，どちらが事件事実に合致しているかは区別できません。しかし，犯人であれば，犯罪事実に合致する裁決質問（この場合盗まれた金額が 40 万円）が提示されたときに限り，生理反応に変化が生じるのです。同じようにして侵入口に関する CIT 質問も作成でき（表 4.6），裁決質問時にのみ生理反応に変化がみられるのであれば，被疑者が犯人である可能性が高いと推定されるわけです。

　このようにポリグラフ検査は，認知心理学と生理心理学の知見に基づいて，犯行記憶の検出を試みるものであり，心理学が貢献する科学捜査の代表的ツールといえます。

復習問題

1. 日ごろ目にふれやすいコンビニエンスストアのロゴマークや，自動車運転の初心者マーク（初心運転者標識）などを描画再生してみましょう。

2. 500円硬貨や1万円札を描画再生し，どのような特徴が再現され，またどのような特徴が欠落・変容，あるいは混入したか，確認してみましょう。

参考図書

井上　毅・佐藤浩一（編著）（2002）．日常認知の心理学　北大路書房

　本章ではふれなかった日常記憶である自伝的記憶を含め，近年の日常認知が網羅的に掲載されています。また日常認知記憶研究が陥りやすい問題やこれからの目指す方向性について述べられており，研究のみちしるべとなります。

ナイサー，U.（編）富田達彦（訳）（1989）．観察された記憶——自然文脈での想起
　　——（上）（下）　誠信書房

　やや古い書籍ではあるものの，本章でも紹介したシャーロキアンの記憶研究や，ウォーターゲート事件に関係する重要人物の会話の記憶研究，アメリカ大統領の系列位置記憶，日常的習慣の記憶など，アイデアの豊かさや工夫に満ちた数々の研究が紹介されています。日常記憶研究の面白さに気づかされます。

サバー，K.　越智啓太・雨宮有里・丹藤克也（訳）（2011）．子どもの頃の思い出は
　　本物か——記憶に裏切られるとき——　化学同人

　自伝的記憶の入門書であり，またアメリカで社会的問題となっている性的虐待の記憶についても述べた書籍です。実験心理学出身のジャーナリストがまとめており，その視点が大変参考になります。

第5章 知識の表象

　人間は環境からさまざまな知識を得ており，その知識を脳内に貯蔵していると考えられています。そして私たちは刺激をそのまま脳内に貯蔵しているのではなく，別の形にして貯蔵していると考えられます。たとえば，「1万円札」をそのままの形で貯蔵しているのではなく，外部から取り入れたものを別の形にして貯蔵していると心理学では考えられています。では，「一体，人はそれをどのような形で貯蔵しているのだろうか」という問題が，本章で扱う知識の表象というテーマです。

5.1 知識と表象

　知識の分類の仕方には色々ありますが，一般的に知識は「宣言的知識」と「手続き的知識」に分けられます（図5.1）。第3章で記憶を宣言的記憶と手続き記憶に分けたように，知識も同じように分類されます。**宣言的知識**（declarative knowledge）とは，意識的に内省することができる言葉や絵，身振りといった何らかの形で知識を表現することができるものをいいます。たとえば，「正三角形とは，3つの辺の長さと角度が等しい」と言葉で説明できるような場合です。

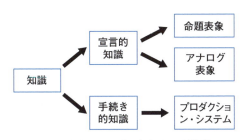

図5.1　本章での知識の分類を示す構成図

一方，**手続き的知識**（procedural knowledge）とは，その存在が行動を通して示されるものであり，意識的な内省や知識そのものについての表現が困難な知識のことをいいます。たとえばピアノを演奏するための知識は，ピアノや音楽の知識だけでなく，技能的な知識も関係していると考えられるので，どのようにして演奏しているかについての知識を手続き的知識といいます。それでは，宣言的知識や手続き的知識は，どのようにして脳内で表現されているのでしょうか。

人は知識をある表象として貯蔵しています。**表象**（representation）とは，「あるもの」を表現する表記，記号，シンボル，あるいはそれらの集合のことをいいます。人はこの表象を使って，思考，認知，言語理解などの認知活動を行っています。この表象がどのような構造になっているのかに関する研究は1960年頃から行われてきました。表象は大きく「命題表象」と「アナログ表象（心的イメージ）」の2種類に分類されます。それらは日頃私たちが見る，文章と画像のような関係です。宣言的知識は，これらの命題表象やアナログ表象として研究されてきました。それではまず，命題表象やアナログ表象についてみていきましょう。

5.2 命題表象

「昨日，九州のある地区で震度2の地震が数回起こった」などの文章を人がそのままの形で頭の中に記憶していると，多くの情報を記憶することができず，効率が悪いと考えられます。そこで人は，環境から得た音声言語や視覚言語などの自然言語によって入った情報を何らかの形に変換します。その一つが，抽象的な命題表象です。**命題表象**とは，語順や言い回しなどの表面的な性質よりも，意味内容を抽象的なレベルで記述することをいいます。たとえば，「花子は，チーズケーキを買った」という文章は，「花子」「チーズケーキ」「買った」などで表現し，その際，順番などは関係なく，「チーズケーキ」「買った」「花子」でもいいわけです。このように命題表象は，1つの語や文章で表現することができます。

5.2.1 命題のリストによる表現

　もともと命題とは論理学で発展した概念であり，真偽判断のできる最小の意味単位を指します。命題は主語と目的語を示すアーギュメントと，意味を成す述語のプリディケイターという2つの要素からできていると考えます。たとえば「ユキエはマコトを殴る」という文章は，「ユキエ」という主語と「マコト」という目的語の2つのアーギュメントと，「殴る」という述語のプリディケイターからできていると考え，'（殴る，ユキエ，マコト）'と表現できます（道又ら，2011）。これがリストによる表現です。このようにすれば，言語情報は命題として抽象的に言葉で表現されると考えられます。心理学ではしばしば，あるモデルが妥当であるかどうかを確認する際に，「ある文章が正しいか，誤っているか」を判断する文章の真偽判断という方法を使います。では，私たちの頭の中で命題はいくつも無造作に存在しているのでしょうか。おそらく，そうではないでしょう。そうでなければ「人は，ある文章に対しては別の文章よりも早く真偽判断ができる」という事実が説明できません。

5.2.2 命題のネットワークによる表現——意味ネットワーク・モデル

　キリアン（Quillian, M. R., 1968）は，宣言的知識はネットワークによって表現されるとする**意味ネットワーク・モデル**（semantic network model）を提唱しました。このモデルは階層構造になっているので，階層的ネットワーク・モデルともよばれます。各概念を示すノード（節）とノードから出る方向性をもったリンクがあり，リンクにはノードとの関係を示すラベルがつけられています（図5.2）。たとえば「カナリア」はノードで表現され，「さえずる」や「黄色い」という属性にリンクが繋がっています。「カナリア」は「鳥」という上位集合のノードに繋がっています。これは，「鳥」という上位水準は，「カナリア」という下位水準の特徴を含んでいることを示しており，さらに「鳥」はその上位水準の「動物」に繋がっていることを示しています。

　そこで，このモデルの妥当性を確認するために，先に出てきた文章の真偽判断の結果が説明できるかどうかを研究で確認しました。私たちの頭の中がこのような階層的ネットワークになっているのであれば，「○○は△△である」と

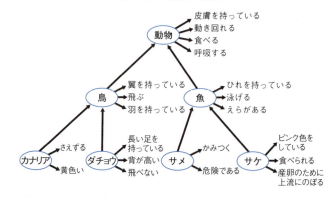

図 5.2 階層的ネットワーク・モデル（Collins & Quillian, 1969）
上位のカテゴリーは下位のカテゴリーの特徴を含むことを示します。

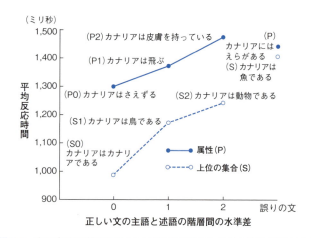

図 5.3 文の真偽判断課題において階層水準における主語と述語の差が反応時間に関係することを示す（Collins & Quillian, 1969）
コリンズとキリアンは述語が上位の集合の場合（S0, S1, S2），属性の場合（P0, P1, P2），文が偽となる場合（P, S）について実験を行っています。

いった文の真偽判断をする場合，その文の主語と述語の情報が貯蔵されている水準の違いが大きいほど反応時間が長くなるだろうと予測されました（Collins & Quillian, 1969）。たとえば，「カナリアは動物である」という文章の真偽判断の時間は，「カナリアは鳥である」よりも反応時間が長くなるだろうと予想されました。なぜなら「カナリア」と「鳥」のノードの距離は，「カナリア」

と「動物」よりも距離が短いからです。実際の実験研究においても階層的ネットワーク・モデルから予測どおりの結果が得られました（図5.3）。

5.2.3　意味的関連性

　意味ネットワーク・モデルによって知識は表現できたかのようでしたが，これでは説明し難い事例があることが示されました。リップスら（Rips, L. J. et al., 1973）は，「イヌは動物である」のほうが「イヌは哺乳類である」よりも反応時間が早いことを示して，意味ネットワーク・モデルではこの事例を説明できないと指摘しました。意味ネットワーク・モデルでは，イヌ，哺乳類，動物の順番になるので「イヌと哺乳類」のほうが，「イヌと動物」よりもノードの距離は近いはずですが，実験の結果は「イヌは動物である」のほうが反応時間は早かったのです。このことから，リップスらは意味ネットワーク・モデルでは知識の表象を十分に説明できないと主張しました。私たちは，「ネコ」と「ライオン」との意味的な類似性のほうが，「イヌ」と「ライオン」のそれよりも強いと考えます。これらの意味的な類似性を意味的関連性といいます。リップスらは，12のカテゴリ成員とカテゴリ名について，一対比較法という方法を用いて事例の類似性を調べました。さらにその結果を多次元構成法という統計的な分析によって各事例同士がどのような関連があるかを図で示しました（図5.4）。哺乳類の12の事例が頭の中でどのように配置されているかを調べた結果，「体の大きさ」と「捕食性」という次元によって各事例が配置されていることを示しました。図5.4を見ると「ネコ」と「ライオン」のほうが，「イヌ」と「ライオン」よりも近い位置にあり，意味的関連性が強いことがわかります。また，「イヌ」と「動物」のほうが「イヌ」と「哺乳類」よりも近く，リップスらの主張を裏づけています。

5.2.4　特性比較モデル

　またスミスら（Smith, E. E. et al., 1974）は，特性比較モデル（feature comparison model）を提唱しました。このモデルでは，各概念が意味的な特性とよばれる属性の集合によって表象されていると仮定し，ある概念を定義する上

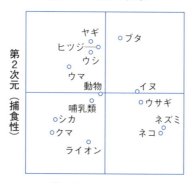

図 5.4 **哺乳類の類似性を多次元構成法によって分析した結果** (Rips et al., 1973)
体の大きさと捕食性という 2 つの次元で配置されます。プロットされた要素間の距離が近いほど意味的関連性が強くなっています。

で基本的な特性である定義的特性と，概念の単なる特徴に過ぎない特性である特徴的特性があるとします。たとえば，文の真偽判断課題をする際，情報処理のプロセスは，特性の類似性での処理段階 1 と定義的特性での処理段階 2 の 2 段階に分けられます（図 5.5）。第 1 段階では主語と述語のすべての特性を比較し，特性の類似性を決定し，その類似性の正誤を判断します。特性の多くが類似していれば，明らかに「正」と判断できます。一方，逆に特性の類似性が低い場合も明らかに「誤」と，すぐに判断ができます。しかし，中程度に類似していて，正誤の判断がすぐにできないときには，次の第 2 段階に進みます。たとえば，「コマドリは鳥だ」という文章があるとき，「コマドリ」と「鳥」の特徴を比較してみると，類似性が高いのですぐに「正」と判断できます。しかし，「ダチョウは鳥だ」という文章の場合，ダチョウは飛ばないことからも，すぐに鳥かどうかを判断できません。そこで第 2 段階に入り，「鳥であるための基本的特徴を含むのか」を精査するという段階に入るというモデルです。

このモデルは文の真偽判断をする過程は説明することはできるのですが，「どれが定義的特性であり，どれが特徴的特性なのか，それをどう区別するのか」(Collins & Loftus, 1975)，「概念相互の関係についての説明は十分ではない」などの問題が指摘され，このモデルでも十分に知識を説明できないと考え

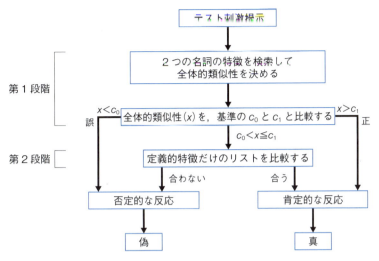

図 5.5 特性比較モデル (Smith et al., 1974)
類似性 x が c_1 より大きければ「正」，c_0 より小さければ「誤」とすぐに判断しますが，その中間（$c_0 < x \leq c_1$）の場合，第2段階に移ります。

られるようになりました。

5.2.5 活性化拡散モデル

　特性比較モデルは，文章の真偽判断をする過程を説明することはできましたが，文章を構成する各概念が，私たちの頭の中でどのように表現されているのかは説明できていませんでした。そこで，概念相互の関係を説明するモデルが登場しました。コリンズとロフタス（Collins, A. M., & Loftus, E. F., 1975）は，概念相互の関係を説明するために**活性化拡散モデル**（spreading activation model）を提唱しました（図 5.6）。このモデルでは，各概念がそれぞれ1つのノード（節）で表され，意味的に関連のある概念同士がリンクで結びつけられ，意味的関連性によるネットワーク構造をなしています。環境から情報が入り，ある概念が処理されると，その概念のノードから，強く関係するリンクにエネルギーが伝わるというイメージです。たとえば，「赤」という概念が処理されて活性化すると，それに関連するリンクから「消防車」「火」「バラ」などと相互に結びつくというものです。

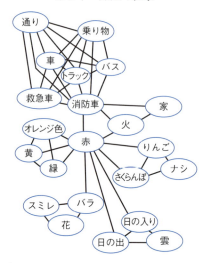

図 5.6　活性化拡散モデルにおいて単語が表象されていることを示す意味的ネットワーク
（Collins & Loftus, 1975）

　このモデルでは，活性化の拡散という考え方が新しく取り込まれています。ある概念が処理されたとき，その概念だけが活性化されるのではなく，その概念に結びついた意味的に関連のある概念に対しても活性化が広がっていくと考えられています。このモデルを支持する研究として，意味的プライミングに関する研究があります。これについては，他の章で説明しています。ここまでは「命題表象」について考えてきましたので，ここからは「アナログ表象」について考えてみましょう。

5.3　アナログ表象

　前節までは，表象がデジタルな表現形式であるとする命題表象の話でしたが，ここからはアナログな形式で表現されているとするアナログ表象についてみていきます。みなさんは，「100 円玉には何が書いてあるか？」「ブルドッグには尾があるか？」などの質問をされたら，100 円玉やブルドックのイメージを思い描く人は多いでしょう。これらは，連続的なアナログ表象の一部の「心的イ

メージ」といわれています。心的イメージとは，直接の知覚入力なしに生じる，知覚の擬似現象であると考えられます。心的イメージの研究は主に視覚的なものに対して行われ，それがアナログ的な性質をもつかどうかが焦点でした。

5.3.1 心的回転

　シェパードとメッツラー（Shepard, R. N., & Metzler, J., 1971）は，10個の立方体からなる立体図形の線画を左右に2つ同時に提示し（図5.7(a)），2つが同じものか異なるものかを答える課題を出し，できるだけ速く，正確に判断するように求めました。多くの人はどちらかの物体を頭の中で回転させて，他方の物体と一致するかどうかを判断するであろうと予想されました。この実験の結果，図形の角度差に比例して反応時間が増えました（図5.7(b)）。これ

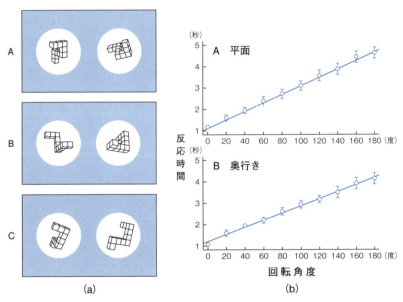

図 5.7　シェパードとメッツラーが実験で用いた刺激例（a）とその実験結果（b）
(Shepard & Metzler, 1971)
(a)：平面に回転させると一致する刺激（A），奥行き方向に回転させると一致する刺激（B），どう回転させても一致しない刺激（C）。
(b)：回転角度に伴う平均反応時間。平面に回転させた場合（A）と奥行き方向に回転させた場合（B）。

は実験参加者が頭の中で図形を回転させるために，角度差が大きいほど反応時間が長くなったと解釈されました。これは**心的回転**（mental rotation）とよばれています。この現象は，2つの異なる図形において，平面的に回転させると一致する場合でも，奥行き方向に回転させると一致する場合でも，両者とも同様に，回転角度の増加に伴い，異同の真偽判断に要する時間は増加することを示しました。これより，「人はアナログな表象であるイメージを頭の中で動かしている」ということが実証されました。

近年では，医療機器を用いることによって脳のどの部位が働いているのかを測定することができるようになりました。コスリンら（Kosslyn, S. M. et al., 1995）は，人が大きさの異なる物をイメージしたときの脳内の血流量をPET（ポジトロン断層法）によって調べました。その結果，大きい物をイメージしたときは1次視覚野前部の活動が増え，小さい物をイメージしたときは1次視覚野の後部の活動が増えたことから，思い浮かべるイメージの大きさによって脳内の血流量が異なることを明らかにしました。このように，さまざまな先端機器を併用することによって，イメージの研究は今後も発展すると考えられます。

5.3.2 心的走査

コスリンら（Kosslyn et al., 1978）は，心的イメージが空間的な性質を持つ

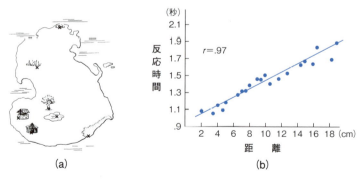

図 5.8　**心的走査の実験**（Kosslyn et al., 1978）
(a) 架空の島，(b) ランドマークを走査する距離に伴う反応時間。

5.3 アナログ表象

ことを示しました。実験においては，①参加者はまずある島が描かれた地図（図5.8(a)）を暗記する，②次に地図を思い出して1つのランドマーク（たとえば，小屋）に注意を固定する，さらに③別のランドマーク（たとえば，湖）が指定され，それが島の中に存在していたか否かを探す，という課題で，回答までの反応時間が測定されました。実験の結果，反応時間は注意を固定したランドマークから探索するランドマークまでの間の距離に比例していました（図5.8(b)）。すなわち，探索する距離が長いほど，反応時間が長くなりました。これは，参加者がイメージの中で移動していると想定し，**心的走査**（mental scanning）とよばれます。現実の世界で視覚的な探索距離が長いほど探索に要する時間が長いという現象が，イメージにおいても同様に観察されることから，私たちが空間的な情報を保存しているからだろうと考えられました。

5.3.3 イメージ論争

人は，物を見るときにすでに自分の過去の経験に基づいて解釈して記憶します。従って，見たものそのものを記憶するのでないとする立場がありました（Pylyshyn, 1973）。これはリード（Reed, S. K., 1974）の実験からも示されました。リードは，参加者にダビデの星（図5.9）を思い出してもらい，この中に「二等辺三角形が含まれているかどうか」を判断するように最初に求め，次に「平行四辺形が含まれているかどうか」を判断することを求めました。その結果，平行四辺形を探せた人は少なかったのです。このことは，ダビデの星を「三角形が2つ組み合わさっている」と言葉で解釈し，二等辺三角形を探し，一度，「二等辺三角形」という言葉で解釈してしまうと，多くの人は他の図形

図 5.9 ダビデの星
2つの三角形が重なっていると言葉で解釈した後は，平行四辺形を探すことは困難であることに使いました。

を探すことは困難であることを示していると考えられました。

　ピリシン（Pylyshyn, Z. W., 1973）は，リードの実験結果から，表象は命題で表現され（「三角形が 2 つ」というような），イメージがもつ空間的な性質は，命題処理から派生して生じるものであると提唱しました。このように，イメージにおける命題処理を重視する立場の命題派とイメージにおける空間的性質を重視する立場のイメージ派が，イメージの空間的特質をめぐり論争を繰り広げ，「イメージ論争」とよばれています（道又ら，2011）。

5.4　概念の表象

　これまで述べてきた命題表象やアナログ表象は，1 つの語，事物についての表象の仕方や構造についてでした。ここからは，さらに進んで，類似した語や事物が集まってグループをなす，概念やカテゴリがどのように表象されているかについて考えてみます。

　概念とはある事柄についての一般的知識のことであり，その概念に含まれる事例の集合のことをカテゴリといいます。私たちは，概念によって事物を効果的に分類したり，概念を基盤とする言語によって他者とコミュニケーションをすることができます。しかし，概念は文化が異なれば，同じ内容や事例を含むものではないと考えられます。たとえば，「雪」を表す英語は「snow」だけですが，エスキモーでは，雪について「カニック」(降っている雪)，「アニユ」(飲料水を作る雪)，「アプット」（積もっている雪）等の分類があります（宮岡，2006）。言語が異なれば，概念や思考が異なるという説はサピア＝ウォーフ仮説とよばれています。このようにカテゴリ化は，文化や言語とも関連しています。

5.4.1　古典的カテゴリ観とその問題

　概念やカテゴリ化について考えるため，まずどのような古典的研究があるのかをみておきましょう。

　その一つが定義的特徴理論（defining feature theory）です。この理論では，概念はそれを規定する必要かつ十分な定義的特徴があると考えます。たとえば，

5.4 概念の表象 121

「正方形」の定義的特徴は（1）閉じた図形（2）4つの辺がある（3）辺の長さが等しい，④四隅の角度がどれも等しい，などです。また「長方形」の定義的特徴は，①閉じた図形，②4つの辺がある，③四隅の角度がどれも等しい，などです。正方形も長方形も両方とも四角形というカテゴリに含まれ，入れ子構造になっています。そのカテゴリに含まれるかどうかは，必要十分条件を満たしているか否かによって判断されるので境界も明確であると考えます。このようなカテゴリ観は**古典的カテゴリ観**といわれています。

しかし，私たちが日頃接しているカテゴリには，定義的特徴理論では説明できない問題がありました。それは，必要かつ十分な特徴を探すことが困難であるということです。哲学者のヴィトゲンシュタイン（Wittgenstein, L., 1953）は，「ゲーム」を例に出して，定義的特徴理論の問題を指摘しました。たとえば，「ゲーム」という概念には，「テレビゲーム」「野球」「かるた」「トランプ」などの事例が含まれます。しかし，これらの事例の特徴は，「身体を動かす」「ドキドキして楽しい」「笑える」など多様な特徴はありますが，定義的な特徴は見つかりません。すなわち①ゲームを定義する定義的特徴が明らかではない，という問題があります。また，②定義的特徴理論ではある事例がカテゴリに含まれるか否かの境界は明瞭である，としていましたが，現実には「ニワトリは鳥か」など，判断が難しい事例もあり，定義的特徴理論では説明できません。さらに，③定義的特徴理論ではカテゴリに典型的なものとそうでないものが存在することの説明が難しいという問題があります。たとえば，野菜カテゴリにおいては，キャベツは典型的だが，ズッキーニは典型的ではないという事態がこの理論では説明できません。すなわち，古典的カテゴリ観の定義的特徴理論では概念やカテゴリ化をうまく説明できないということになりました。

5.4.2 自然カテゴリの性質

私たちが日常的に接しているカテゴリは自然カテゴリといわれます。この自然カテゴリは，上述したように定義的特徴理論で説明できない部分がありますが，それを説明できる理論として**プロトタイプ理論**（prototype theory）があります。この理論では，カテゴリにはそのカテゴリを代表するような典型的な

表象があるとして，それをプロトタイプとよびます。プロトタイプは，人が過去に体験した事例を平均化して形成されると考えられます。たとえば，幼児は，チワワ，ブルドッグ，秋田犬，シェパードなどのイヌを見て，もっともイヌらしいイヌのイメージを形成します。それはイヌの平均的な特徴を有しているイヌのイメージで，それがプロトタイプです。このプロトタイプは，人工物のカテゴリよりも，人が日常生活で接することが多い自然カテゴリの性質についてとくによく説明ができます。このように，概念にはプロトタイプを中心として他の事例が存在すると考える理論を，プロトタイプ理論とよんでいます。

　プロトタイプ理論では，カテゴリの事例の間には家族的類似性（family resemblance）という構造をしていると考えます（Rosch & Mervis, 1975）。カテゴリのすべての事例に共通した特徴があるわけではないが，複数の事例には共通している特徴が存在し，すべての事例はどこか類似しているという構造です。たとえば，架空の田中さんという家族を想像してみると，「田中さんの長男の体格は母親に似ていて，容姿は父親に似ていて，長女はどこか両親の特徴に似ている」などです。図5.10はスミス家の兄弟（スミスブラザーズ）の顔です（Armstrong et al., 1983）。みな少しずつどこか特徴を共有していますが，全員が共通して持っている定義的特徴はありません。この図の中心にいる人がもっとも多くの特徴を共有しているプロトタイプです。

　またこの類似性を測定する方法も示されています（Rosch, 1973, 1978）。たとえば，野菜というカテゴリにおいて，キャベツの特徴としては，緑色，葉っ

図 5.10　スミス家の各兄弟は特徴を相互に共有している（Armstrong et al., 1983）

5.4 概念の表象

ば，食べられる，丸い，大きいなどがあります。ピーマンの特徴としては，緑色，食べられる，苦い，種がある，などです。このようにして他の野菜についても特徴をあげていき，各特徴の得点を計算します。たとえば，「緑色」が7回あがると7点，「食べられる」が5回あがると5点となります。そして，キャベツの家族的類似度は，キャベツが有している各特徴の得点の合計として計算されます。この家族的類似度が高いと，そのカテゴリの中でも典型性（カテゴリらしさ）が高くなります。こうして，プロトタイプ理論ではカテゴリ内の典型性の高い事例や低い事例が存在することも説明できました。

　しかし，概念の中にはプロトタイプの存在が特定しにくいものもあります。たとえば「本能」という概念のプロトタイプは特定しにくいと考えられます。そこで，プロトタイプ理論よりも，人は過去に経験した事例を元にして概念を作るとする事例理論が提出されました。事例理論では，ある事例がある概念のカテゴリに入るか否かを人が判断するときには，その人が頭の中に貯蔵している事例と比較して，その類似性によって判断するという考え方です。たとえば，道を歩いているときに出会ったイヌに，白い，小型，毛が長い，という特徴があれば，それが何犬かを考えるとき，自分が今まで出会ってきたイヌの事例を思い出し，それに似ている事例と比較するという過程をとります。

　その後，カテゴリ化はある理論に基づいて行われるとする説明ベースの概念理論（explanation-based theory）も出てきました（Murphy & Medin, 1985）。ある事例を特定の概念に分類できるかどうかは，概念を体制化している理論に対してその事例が説明的な関係を有するかどうかで判断されると考えます。たとえば，「火事のときに持ち出すもの」は，洋服，保険証，預金通帳，食べ物などであり，これらの事例に類似性はみられません。しかし，非常時に持ち出すものであるという説明の枠組みで考えるとカテゴリを形成しているとみなすことができます。ある概念がどのように表象されているのかについては，文脈によっても異なるのです。こういった研究は，今後さらに理論の発展が期待されています。

5.5 スキーマとスクリプト

5.5.1 スキーマ

人は，概念以上に，概念が多く集まった知識を持っています。たとえば，「勉強部屋」というと，「机，椅子，スタンド，ペン，本」など勉強部屋にふさわしい事物を想起するでしょう。これは，勉強部屋という知識の枠組みがあることを示しています。こういった知識の枠組みは**スキーマ**（schema）とよばれています。人間は，関連した概念を組み合わせて，意味のあるまとまりを作り出します。スキーマは，人間の過去の経験や外部環境に関する長期記憶が構造化された知識の集合であると考えられます。

1970年代に入り，スキーマはさらに注目され，概念やカテゴリなどよりもさらに大きく統合された知識構造として考えられるようになりました。ラメルハートとオートニー（Rumelhart, D. E., & Ortony, A., 1977）は，スキーマを「記憶に貯蔵された一般的な概念を表現するデータ構造である」と定義しました。たとえば，「与える」というスキーマでは，「誰（与え手）が」「誰（受け手）に」「何（贈る物）を」という要因があります（図5.11）。さらに，「バレンタインデーに女子学生がチョコレートを好きな男子学生にプレゼントすると，その後に2人は仲良くなった」などのように「受け取る」ことでどのようなことを「引き起こす」のかといった知識も，「与える」という概念には一緒に貯蔵されていると考えられます。このように，スキーマは，概念を表現するデータ構造であると考えられます。

スキーマには次のような特徴があります。

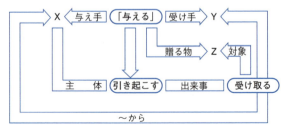

図 5.11　「与える」というスキーマ（Rumelhart & Ortony, 1977）

5.5 スキーマとスクリプト

1. スキーマは固定的な要素と可変的な要素をもつ

情報が欠けている場合は，もっとも典型的な値（デフォルト値）が割り当てられます。たとえば，レストランに食事に行くことに関連するスキーマでは，スキーマの要素に「料理を注文する」が含まれていますが，何を注文するかは可変的な要素で，ハンバーグでも，スパゲティでも，焼肉でもいいのです。

2. スキーマは，他のスキーマを内包するように埋め込み構造をもつ

たとえば，台所のスキーマは，家のスキーマに内包されます。

3. 具体的なレベルから抽象的なレベルまで，さまざまな抽象度のスキーマが存在する

たとえば，「顔」のスキーマは具体的ですが，「幸福」というスキーマは抽象的です。

5.5.2 スクリプト

人は，ある場面にはどのような物があり，人がどのように行動するかに関する一般的な知識をもっています。たとえば，レストランでは「席に座り，メニューを見て，注文をして，食事をして，料金を支払う」などです。このように特定の文脈において連続した事象を適切に記述した知識構造を**スクリプト**(script) とよびます。シャンクとエイベルソン (Shank, R. C., & Abelson, R. P., 1977) は，スクリプト理論を提唱しました。スクリプトは，登場人物，用いられる小道具，前提条件，複数の場面と下位の行為系列から構成されており，さらに典型的なデフォルト値が設定されています。

レストランでのスクリプトの例を図 5.12 に示します (Bower et al., 1979；川﨑，2005)。ここでの登場人物は「客」，道具は「テーブル」「メニュー」など，前提条件は「客は空腹」，場面は「注文」「食事」などです。下位の行為として，「注文」の場面では，「客はメニューを取り上げる」「客はメニューを見る」など，注文に関連する行為がさまざまにあり，これらが行為系列を構成しています。それと同様に，「食事」にも「退場」にも，それに関連する下位の行為があることを「下位の行為系列」といっています。このスクリプトによって，ある事象の全体構造を知ることができます。一方，スクリプト理論の限界

126　　　　　　　　　　　　第5章　知識の表象

```
名前：レストラン              登場人物：客
道具：テーブル                        ウェイター
      メニュー                        コック
      料理                            勘定係
      勘定書                          経営者
      金
      チップ                  結果：客の所持金は減る
前提条件：客は空腹である              経営者はもうかる
          客はお金を持っている        客は満腹になる
```

場面1：入場
　　　　客はレストランに入る
　　　　客はテーブルを探す
　　　　客はどこに座るかを決める
　　　　客はテーブルへ行く
　　　　客は座る

場面2：注文
　　　　客はメニューを取り上げる
　　　　客は料理を決める
　　　　客はウェイターに合図する
　　　　ウェイターがテーブルに来る
　　　　客は料理を注文する
　　　　ウェイターはコックの所へ行く
　　　　ウェイターはコックに注文を伝える
　　　　コックは料理を用意する

場面3：食事
　　　　コックは料理をウェイターに渡す
　　　　ウェイターは客に料理を運ぶ
　　　　客は料理を食べる

場面4：退場
　　　　ウェイターは勘定書を書く
　　　　ウェイターは客の所へ行く
　　　　ウェイターは客に勘定書を渡す
　　　　客は勘定係の所へ行く
　　　　客は勘定係に金を払う
　　　　客はレストランを出る

図5.12　**レストラン・スクリプト**（Bower et al., 1979；川﨑, 2005）

としては，スクリプトの内容が固定的で進展がないこと，類似したスクリプト
が相互に独立していることなどが指摘されています。

5.6　行動や意思決定に関する知識

これまでは，知識の中の宣言的知識に含まれるものについて述べてきましたが，ここからは行動に関する知識と考えられている手続き的知識や意思決定に関する表象について述べていきます。

5.6.1　手続き的知識

手続き的知識とは，さまざまな認知的活動を遂行する際のやり方に関する知識のことであり，手続きや技能に関連したものといえます（Anderson, 1995）。たとえば自転車に乗るときの知識を言語でどう表現するでしょうか。「バランスをとる」「ペダルを踏む」「ハンドルを切る」「車輪を回す」などですが，実際にどのようにして乗っているかを言語化することは難しいでしょう。手続き的知識の場合は，実際の認知的活動の遂行を伴わないと意図的に想起することは難しく，また遂行中においても想起されていることが意識されない場合が多いと考えられます。「自転車に乗るにはどうしているのか」を実際に説明することは，実際に乗っているときのことを意図的に想起しないかぎり，多くの人にとっては難しいのです。手続き的知識の研究は，まだ十分に進んでいないのですが，記憶の情報処理モデルとしての枠組みが必要であり，その一つがプロダクション・システムと考えられています。

5.6.2　プロダクション・システム

人がある問題を解決しようとするときに知識をどのように使っているのかを示したモデルがプロダクション・システムです。ニューウェルとサイモン（Newell, A., & Simon, H. A., 1972）は，人が問題解決をする際の知識表現としてプロダクション・システムを提示しました。プロダクション・システムは，「もし～ならば，…せよ」「もし，得られた情報が条件部 C を満たすならば，行為部 A を実行せよ」といったようなプロダクション・ルール（if-then rule, production rule）の集合に基づいて，系列的に制御された推論を実行します。

図 5.13 はプロダクション・システムの枠組みを示す図です（安西ら，1982）。

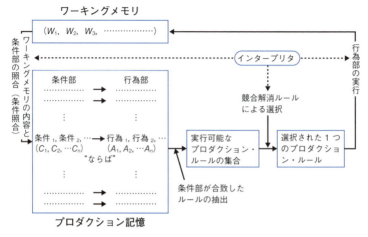

図 5.13 問題解決過程を示すプロダクション・システムの基本構造
(安西ら,1982;都築,1999)

たとえば「もし,明日5時に起きたければ,○○せよ」を考えてみます。第1段階として,ある課題となる情報が一時的に保持されるワーキングメモリに入ります。ここでは「明日5時に起きるにはどうするか」という課題です。第2段階として,この課題を解くための情報を「長期記憶のプロダクション記憶」の中で探します。これを「条件部の照合」といいます。たとえば,「もし,明日5時に起きたければ,夜は10時に寝る」「もし5時に起きたければ,目覚まし時計を3個用意する」などがあれば,これらが条件部と合致しておりプロダクション記憶から抽出され,課題を解くための実行可能なプロダクション・ルールの集合となります。第3段階では,課題を解くための実行可能なプロダクション・ルールの集合から1つのルールが選択されます。たとえば,「夜の12時まではテレビを見たい」ということがあれば,「夜は10時に寝る」という行為と競合してしまい,その競合を解消するために競合解消過程に入り,実行可能な「目覚まし時計を3個用意する」が選択されます。そして最後にその1つが実行されます。すなわちプロダクション・システムにおける情報処理過程では,「条件照合―競合解消―実行」という過程をとります。

プロダクション・システムは,単純で,追加や変更が容易であるという長所がありますが,「このシステムでは情報は系列処理になっているが,実際には

人間は並列処理をしているのではないか」などの問題もあります。

5.6.3 宣言的知識と手続き的知識の統合モデル

アンダーソン（Anderson, J. R., 1976）は，広範囲な知的活動を説明することを目的としてACT（Adaptive Control of Thought）モデルを発表し，後に改良してACT*（アクトスターと読みます）を発表しました（Anderson, 1983）。ACT*モデルは宣言的知識と手続き的知識を統合したモデルであり，宣言的知識については意味ネットワークを，手続き的知識についてはプロダクション・システムを用いています（図5.14）。

このモデルでは，外部の情報が入ると宣言的記憶に含まれる宣言的知識ネットワークにおいて活性化拡散モデルのようにノードが活性化され，さらに意味的に関連があるリンクやノードに活性化が広がると考えます。活性化が繰り返されるほど宣言的知識も学習されます。手続き記憶に含まれる手続き的知識の獲得では，人間は最初に宣言的知識を意識的に用いながら，繰り返すうちに手続き的知識に変換させていきます。この過程は，①明示的なルールを考えながら用いる段階，②一貫したやり方で，ルールを反復練習する段階，③ルールを無意識的に用い，手順が十分に調整されて，実行速度や正確さも高くなる段階，からなると考えられます（箱田ら，2010）。たとえば，運転技術の習得では，最初は「キーを入れて，アクセルを踏んで」と宣言的知識を言葉にしながら行

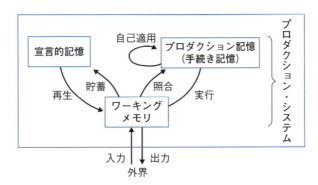

図5.14 ACT*モデルの概要——宣言的記憶から手続き記憶に至る過程を示すモデル
（Anderson, 1983を改変）

動し（①の段階），次第に声出しはしないで繰り返していくと（②の段階），慣れてきて宣言的知識は意識せず，無意識に運転の動作を行うようになります（③の段階）。熟達した段階では手続き的知識で行動していると考えられます。このような学習の進展を**手続き化**（proceduralization），もしくは宣言的知識を手続き的知識に変換する過程であるので**プロダクションへのコンパイル**（production compilation）とよばれています。そして，ACT*をさらに発展させたACT-Rというものもあり，人間の日常の活動を説明できるような理論の構築が行われています。

5.6.4　行動モデルから人工知能へ

　最近ではロボットのペッパーが，お店などで語りかけてくることもあります。また，高齢者の友人や癒しとしてロボットのアイボが使われることもあります。これらは，ロボットでありながら，部分的に人間のように会話をしたり，おしゃべりしたりします。以前から，人は人工物に人間のような知能を持たせようとしてきました。ロボットやコンピュータなどの人工物に人間の知能を持たせようとする研究は，人工知能の研究として1950年代頃から始まりました。人工知能では，どのような知識をどのように表現しているのでしょうか。

　人工知能に関する初期の考え方は，物理記号システム仮説といわれ，世界のすべてのことはいったん記号に置き換えてしまえば，すべてが記号上の処理で説明ができるというものでした（Newell & Simon, 1972）。人工知能の研究は21世紀に入って急速に発展し，囲碁や将棋もプロの棋士と対等に戦えるようになり，自動走行自動車も夢ではなくなりました。人間らしい動作，人間のような感情を持ったロボットを作ることも，以前はかなり難しいと考えられていましたが，近年は，ホンダのアシモのように人間のような屈伸ができたり，ペッパーのように感情を交えた会話ができるようになってきました。それでは，人はこのような先端的なロボット，人工知能をもった機器に対して，どのように感じているのでしょうか。「親しみやすい」「どこか気持ち悪い」「不気味」など，色々あるでしょう。これらに対して，大変興味深い研究がありますので，コラム5.1を読んでみてください。

復習問題

1. 宣言的知識と手続き的知識は，どのように区別されるのかを説明してください。

2. 宣言的知識の表象の仕方を，単語のレベルから日常のレベルまでどのような表現があるかをあげて説明してください。

3. 古典的カテゴリ観と比較しながら，自然カテゴリのカテゴリ化の特性を説明してください。

参考図書

森　敏昭・井上　毅・松井孝雄（1995）．グラフィック認知心理学　サイエンス社
　初級。基本的な事項がわかりやすく学習できます。

仲　真紀子（編著）（2010）．認知心理学——心のメカニズムを解き明かす——　ミネルヴァ書房
　日常の素朴な疑問から入り，わかりやすく解説しています。

箱田裕司・都築誉史・川畑秀明・萩原　滋（2010）．認知心理学　有斐閣
　中級。認知心理学に関する多くの領域を含んでいます。また実験結果などを多く網羅しており，興味関心をさらに深めることができるようになっています。

コラム 5.1　不気味の谷　　山田祐樹

　技術革新の歴史は，人間の行う作業を道具がどれだけ代行できるかに対する挑戦でした。その過程において，動力を持ち，自動性と自律性を高めたロボットが製作されるようになりました。近年では人工知能を搭載したロボットや外見を人間に模したアンドロイドが作られています。こうした研究開発の目指すところの一つは，より多くの人間の活動を代行し協働するようなロボットの活躍する，ヒト-モノ間の境界が取り払われた融合社会でしょう。こうした状況の中，従来の心理学では重要視されてこなかった問題が提案されました。それは，ヒトとモノとの境界が曖昧な対象（たとえばアンドロイド等の人型ロボット）が人間に特有の不快感を喚起させる「不気味の谷」(uncanny valley) とよばれる現象です（図 5.15，図 5.16）。これはロボット工学者である森によって提唱・命名されたもので（森，1970），外見や動作が特定のレベルで人間に似たロボットに対して親和感の大幅な低下が生じるという現象です。当時はそのような水準に達したロボットが存在しなかったため仮説的に考えられていたのですが，近年の CG やアンドロイドの中にはこの「谷」に位置すると考えられるものがしばしば現れ，実用上の問題としてロボット工学者や心理学者の間での議論が活発化しています（石黒，2009a，b，2015）。

　どうして不気味さを感じてしまうのでしょうか。森はそれが人間の自己防衛に関わっていると指摘しています。たとえばその後の研究では，人間の外見を持つ「生きてはいない」ロボットを見ると，自身の死への意識が高まることが不気味さにつながる原因としてあげられました（MacDorman & Ishiguro, 2006）。あるいは「人間と少し違う」ことが健常ではない状態，すなわち疾病を連想させ，それが病原体への感染を忌避する心的過程を駆動するのではないかとも考えられました

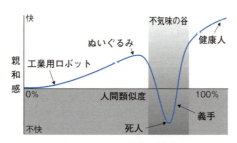

図 5.15　**不気味の谷現象**（森，1970 ならびに MacDorman, 2005）
健康な人間との類似度が 100% になる少し前に親和感が急激に低下し，不気味さを感じてしまうとされています。

コラム 5.1 不気味の谷

図 5.16 不気味の谷現象を喚起する対象の例
この対象は実際には比較的人間に近いのですが,個人差が存在するため観察者によって図 5.15 における谷周辺のどの位置に感じられるかは異なります。

(MacDorman & Ishiguro, 2006)。これらはそれぞれ動物性嫌悪(死体や内臓などの死を連想させるものへの嫌悪)と中核的嫌悪(排泄物や腐敗物など細菌や寄生虫などの感染を連想させるものへの嫌悪)という嫌悪感(Rozin et al., 2000)を喚起し,それらが不気味さに関与している可能性があります。こうした説明は現象をうまく記述できているように感じられますが,その一方で具体的な認知過程は明確ではなく,また認知・神経科学の各レベルにおける実証的研究が少ないため,さらなる研究が望まれます。

不気味の谷の認知的メカニズムに関する研究は,近年に至るまでロボットの外観や音声に関する要因についての詳細な検討を次々と進め,その成果として,知覚される特徴間の不整合性が不気味さに関与するのではないかという仮説が提案されています。対象が同時に持っている刺激特徴が不整合であると不気味さを生じさせてしまうような証拠として,たとえば,外見は人間っぽいのに動きはロボットっぽいといった不整合(Saygin et al., 2012),外見の同一性の不整合(つまり,知人の顔と見知らぬ人の顔の合成画像;Matsuda et al., 2012),外見は生身の人間に見えるのに,声はロボットの声といった不整合(Mitchell et al., 2011),さらには生身の外見と CG の外見が混在する不整合(MacDorman & Chattopadhyay, 2016)などが提出されています。私たちの脳は外見をもとにその対象が人間であるだろうと予測するのですが,それを支持しない情報が同時に提示されることで予測が失敗し,不気味さを感じることにつながるのではないかと考えられています。

このような**知覚的不整合性仮説**(perceptual mismatch hypothesis)に対して,

何か特定のカテゴリに分類することが困難であること自体が不気味さを引き起こすカギになるという、さらに一般化された考えも提案されています（Yamada et al., 2013）。対象を何らかの既存のカテゴリに分類する処理が失敗したとき、その対象を不審なものであると判断し、不気味さが喚起されるという仮説です（Kawabe et al., 2017）。つまり、不審物を回避する認知メカニズムは、なにものにも分類できないような対象への評価をデフォルトで、悪化させておくことでその潜在的な脅威から自身を守ろうとするわけです。この仮説では、不気味さの生起が対象をカテゴリ化できるかできないかのみに依拠しているため、もはや分類されるべき一方のカテゴリが人間である必要はありません。たとえば目の前の対象が自分のまったく知らない（既知のカテゴリに分類できない）生物であれば、それが自身に何らかの危険を及ぼすかもしれないので回避しようとするように、あらゆる新奇対象に感じる不気味さを説明します。この仮説を支持する証拠として、刺激がイヌ同士であっても（Yamada et al., 2013）、果実同士であっても（Yamada et al., 2012, 2014）、まったく新奇に学習されたカテゴリ同士であっても（Burleigh & Schoenherr, 2015）、カテゴリ化が困難な場合に不快感が喚起されることが報告されています。一例をあげると、山田ら（Yamada et al., 2012）はイチゴとトマトを合成した画像を実験参加者に見せ、その対象が「どれだけ確信を持ってイチゴとトマトのどちらかだといえるか」と「どれだけこの対象を食べたいか」について答えてもらいました。結果として、参加者は「イチゴかトマトである確信度がもっとも低い」対象を「もっとも食べたくない」と答えました。このカテゴリ化困難度仮説（categorization difficulty hypothesis）は、「人間」を中心にすえた従来の数多くの仮説を包含し、拡張するものとなっています。上述した食べ物の例のように、食わず嫌いまで不気味の谷と同じ枠組みで説明できると考えられます。また、ある研究ではカニクイザルにカニクイザルのリアルな CG 画像を見せた際に、質の低い CG 画像を見せたときよりもその画像への注視が大きく減少しました（Steckenfinger & Ghazanfar, 2009）。この実験結果は、動物にも不気味の谷のような現象が生じることを示しているのではないかと考えられています。もちろん彼らが「不気味さ」を主観的に感じているかについては謎のままですが、少なくとも従来の人間ベースのメカニズムでは彼らの反応について説明できていませんでした。しかしカテゴリ化は多くの種でも認められている認知機能ですので（Lazareva & Wasserman, 2008）、カテゴリ化ベースの仮説であれば不気味の谷研究の対象をヒト以外の動物にまで拡げていくことが可能になります。

コラム 5.1　不気味の谷

不気味の谷研究は刺激の詳細な分析や統制された実験をもとに進展してきましたが，忘れてはならないのはそれを感じるのが私たち人間だということです。しかしながらこれまで人間側の要因を検討した研究は多くありません。近年になって，不気味の谷に関わる個人差の要因が調べられ始めました。たとえば，女性のほうが男性よりも，そして神経症傾向の人であるほど不気味の谷が生じやすいことがわかりました（MacDorman & Entezari, 2015）。他にも，新奇な体験に対して潜在的な脅威を感じやすい人ほど不気味さを強く感じることも報告されています（Sasaki et al., 2017）。こうした個人差が明らかになっていけば，介入により私たち人間側の個人特性の調整を行うことで，アンドロイドに不気味さを感じることなく社会生活を営んでいくことができるようになるかもしれません。もちろんそのためには，不気味の谷を越えるほどリアルな人間っぽさを持ったロボットの開発も並行して進められる必要があるでしょう。

不気味の谷研究は今後どのように展開されていくのでしょうか。まずは認知的メカニズムのさらなる解明が望まれます。実は不気味という感情それ自体がどういうものなのかがはっきりと定義されていません。森は論文の中でロボットへのポジティブな印象を表す言葉として「親和感」や「親愛感」を使っていましたが，果たして「不気味」が本当にその対極にある構成概念なのかどうかは問い直す余地があります。さまざまな情報から未来の世界の有り様を推論するフューチャリスト（未来学者）とよばれる論者の間では，技術がさらに進展し，人間を超えた存在（ポストヒューマン）が生まれたときにもまた不気味の谷が起きるのかという問題について議論がなされています（Cascio, 2007）。少なくとも理論的にはこうした存在に対して中核的嫌悪は生じないはずで（怪我も病気もしない存在であるから，感染を連想させることもまったくない），不気味さが喚起されないことが予測できます。一方で，生身の人間特徴との知覚的不整合性は存在するので，不気味に感じるのかもしれません。「ポストヒューマン」というカテゴリに確実に分類できる場合にはさらに逆の予測ができます。もしかすると，既存の仮説ではまったく説明できないようなことが起きるのかもしれません。不気味の谷の研究はロボット工学・アンドロイドサイエンスにおける技術の発展と同時並行で進められていくもので，解明がいつになるのか予想がつきません。それだけに夢のあるエキサイティングな研究対象だと感じる人がいますし，その一方で，現象的に実在するのかさえわからない，とらえどころのない対象として気持ち悪さを感じる人もいます。さて，不気味の谷研究は不気味の谷を越えていくことができるのでしょうか。

第6章 問題解決

　私たちは，"今日のお昼には何を食べようか"という日常的な選択にはじまり，大学での「学び」や友人関係，就職活動，卒業後の"働く"ことなど，人生のさまざまな場面において問題解決を求められます。箸や皿の使い方から科学の最先端まで，私たちの生活を成り立たせているさまざまなものは，すべて問題解決の産物です。また，臨床心理学分野における認知行動療法や大学教育での問題解決型学習などは，問題解決の実践だといえます。

　本章では，従来の問題解決研究についてだけでなく，このような実践も紹介し，読者の日常生活や大学および卒業後の問題解決につなげることを狙いとしています。また，本章ではワークに取り組みながら理論や実験について理解を深めていただきます。ワークはいずれも難しく，途中で投げ出したくなるかもしれません。しかし，正解を簡単に得られないことこそが，日常における困難な問題解決過程の疑似体験なのです。クイズに挑戦するつもりで気軽に取り組みながら読み進めてください。その試行錯誤が，必ず理解の助けとなります。

6.1　問題解決の定義

　問題解決（problem solving）とは，読んで字のごとく，問題を解決することです。ニューウェルとサイモン（Newell, A., & Simon, H. A., 1972）は，問題解決を「現在の状態（初期状態）から目標状態に至る，経路（問題空間）の探索」と定義し，問題解決において目標に至る手段を操作子（operator）と定義しています。

　たとえば，「初めての場所へ地図を使って向かう」という問題解決における目標状態は，「地図から目標地点に到着する」であり，初期状態は「地図上のある地点にいる」です。この状況における操作子は，「地図から目標地点を特

定する」「地図から現在地を特定する」「経路を特定する」などです。操作子を決定するには，①問題が解決された時点の条件である「目標状態（goal state）」，②問題の当初の条件である「初期状態（initial state）」，③初期状態から目標状態に至る過程に存在するさまざまな状態である「中間状態（intermediate state）」，④「操作子の条件や制約」の4つの特定化が必要です。これらの特定により問題の基本構造を明らかにすることを問題空間分析（analyzing problem space）といいます。「地図から目標地点に到着する」における中間状態は，「現在地から行き先までの経路を探す」「設定した経路通りに進めているか確認する」「設定した経路とは違った道を進んでいたらもとの場所に戻る」「通りがかりの人に道を尋ねる」などで，操作子の条件や制約は，「手にしている地図に掲載された情報」「自分自身の地図を読む能力」「時間的制約」などです。

　日常生活では，初期状態や目標状態，また操作子の制限などが明確に定義されていないことが多々あります。そのため，適切な問題空間の分析は困難です。たとえば，受講科目の選択にあたって，「『心理学』という将来活用できる内容を学べるが成績評価が厳しい」という噂の科目があったとします。学生が「心理学」を選択することは，長期的には学生に利益をもたらします。しかし，試験勉強や課題などのコストは，短期的には学生に不利益をもたらします。これらのジレンマ状態を上述の問題空間分析にあてはめると，目標，中間状態，操作子の条件や制約が特定されていないことがわかります。具体的には，問題解決実行者である学生の「何のために講義を受講するか」という目標が明確でなく，「将来活用できるのか，厳しいといわれていたが本当なのか」は実際に受講してみないとわからず，中間状態も不明確です。さらに，「単位取得のためにどのようなことをすればよいのか」という操作子における条件や制約が特定されていません。そのため，「心理学を選択するか否か」という問題に対する答えは1つにはなりません。このような状態を不良設定問題（ill-posed problem）といいます。日常生活で私たちが直面する問題解決の多くは不良設定問題ですが，問題解決の過程を理解するために，まずは良設定問題から扱います。

6.2 問題解決の過程

人間の問題解決は，生物としての本能，経験によって培われた知識や技術，経験によって得られた熟達などを基に行われます。そこでは，「行きづまり（impasse）」や「ひらめき（flash）」が生じることもあります。その仕組みについて，問題構造の明らかな「良設定問題（well-posed problem）」の解決過程から解説します。

まず，以下のワークに挑戦してみてください。

■ワーク1：ハノイの搭問題

図6.1のように，異なる大中小のリングがペグAに載っているとします。これらをペグCに，可能な限り少ない移動回数で移動してください。ただし，以下の条件を満たしていなければなりません。
(1) 一度に1つのリングしか移動してはならない。
(2) 複数のリングがペグにある場合は，一番上のリングしか移動してはならない。
(3) どのリングもそれより小さいリングの上に移動してはならない。

さて，読者のみなさんはどのような方法でこのワークに取り組みましたか？ もっとも少ない回数での移動を明らかにすることができましたか？ 投げ出さず，最後までやり遂げることができましたか？

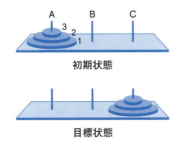

図6.1 ハノイの搭問題（Dunbar, 1998を改変）

6.2.1 ヒューリスティック探索

ハノイの搭問題において最適な解はどのようにして得られるのでしょうか。もっとも単純で確実なのは，図6.2のように，目標達成のために取り得る操作子，すなわちリングの中間状態をすべて列挙し，その中から最少回数を解とすることです。これを**ブラインド探索**（blind search）といいます。

図6.2は，問題解決に至るまでにとり得る，ペグA，ペグB，ペグCへのリング配置の状態遷移を示したものです。1から8の数字と矢印は最短の解法であり，初期状態1から中間状態2，そして3～7へと進み，目標状態8に到達できます。ブラインド探索では，最短の解法を得るために，1から27までの可能な操作子，すなわちリングの中間状態をすべて列挙し，そこから最適な解法を選択する，**ボトムアップ**（bottom-up）による問題解決を行います。

しかし，人間の情報処理は，機械のように単純ではありません。まず，作業記憶の容量という「操作子の制約」を受けます。また目標到達を他者と競う状態においては，競争に負けて，目標に辿り着けない可能性があります。よって，ブラインド探索は容易ではなく，現実的ではありません。

このような状況で人間は，現在の状態からゴールに至るステップ数や経路コ

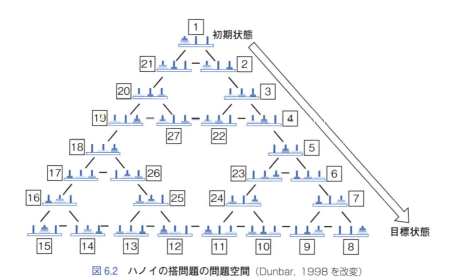

図6.2 ハノイの搭問題の問題空間（Dunbar, 1998を改変）

6.2 問題解決の過程 141

ストを基に，必ずしも目標状態に到達する保証はないけれど可能性の高い，ト ップダウン（top-down）の探索方法を用います。このような探索をヒューリス ティック探索（heuristic search）といいます（Newell & Simon, 1972）。

たとえば，みなさんが，ハノイの搭問題において図 6.2 の状態 3 にあったと します。このとき，次へ移動可能な状態は 2，4，22 の 3 つです。この場合， ほとんどの方は状態 4 への移動を行うでしょう。なぜならば，それが他の状態 に比べて目標に近い（似ている）からです。このような方法を，山登り法 （hill-climbing method）（Newell & Simon, 1972）といいます。

山登り法は，その場で得られる情報のみに基づいた探索です。そのため，自 分の登りたい頂上にたどり着くまでには，操作子の制約などさまざまな課題が 存在し，行きづまり，目標に到達できないことがしばしばあります。そのよう なとき，人間は，目標状態に至る途中の状態を副目標とし，現状態と副目標状 態の差を縮める作業を繰り返しつつ，目標状態を目指します。たとえば，目標 状態が「ペグ C にリングが小・中・大の状態で置かれる」だとすると，とり あえず「大リングをペグ C に移動する」状態を副目標として，この目標に至 る最短経路を見つけるために試行錯誤するでしょう。このような解決方法を手 段-目標分析（means-end analysis）と副目標設定方略（sub-goal setting strategy）といいます（Newell & Simon, 1972）。

人間は，問題解決を繰返し行うと，操作子の適用が安定化し，解決の方法を 覚えます。すなわち，操作子に関する一定の規則が獲得されます。この規則を 方略（strategy）といいます。ハノイの搭問題において，図 6.2 の中間状態 3 や 5 はわかりやすい副目標です。副目標は広い問題空間の探求の目印となり， これが適切に設定されれば問題解決は著しく容易になります。

鈴木ら（1998）は，機器の利用が苦手な人と得意な人の違いは，与えられた 課題を下位課題に分割し，分割した副目標を適切にこなせるかどうかであると 指摘しました。そして課題分割（task decomposition）の支援を行うことで， 容易に機器の操作ができるようになることを，実験により明らかにし，現実場 面でも副目標を適切に設定することが重要であることを立証しています。

6.2.2 スキーマによる問題解決

次に，以下のワークに挑戦してみてください。

■ワーク2：怪物問題 (Kotovsky et al., 1985)

5本の腕を持つ地球外の怪物がいます。怪物は大・中・小のサイズの3匹がいてそれぞれ水晶球を1つずつ持っています。水晶球には大，中，小のサイズがあり，現在，小さい怪物は大きな水晶球，中くらいの怪物は小さな水晶球，大きな怪物は中くらいの水晶球を持っています。これではバランスが悪いので，彼らは，水晶球を交換して怪物のサイズに水晶球のサイズを一致させたいと考えました。しかし，水晶球の交換は以下の作法に従って行わなければなりません。

まず，一度に1つの水晶球しか移動することはできません。また，もし2つの水晶球を持っている場合は大きなほうしか移動できません。さらに，移動させたい水晶球よりも大きな水晶球を持っている怪物にはその水晶球を移動させることはできません。

さて，読者のみなさんはどのような方法でこのワークに取り組みましたか？もっとも少ない回数での水晶球の移動を明らかにすることができましたか？投げ出さず，最後までやりとげることができましたか？　何か気づいたことはありませんか？

まず，問題の文章を整理してみてください。怪物問題は，怪物をペグ，水晶球をリングととらえれば，初期状態や目標状態は異なりますが，「ハノイの搭問題」と同じ問題空間を持つ問題だということに気づいたのではないでしょうか。これを同型問題 (isomorphic problem) といいます。では，ハノイの搭問題を解くことができた人は，怪物問題も同じように解くことができるのでしょうか。コトブスキーら (Kotovsky, K. et al., 1985) によれば，怪物問題の解が得られるまでの平均時間は，ハノイの搭問題の約7倍であったことが明らかにされています。怪物問題がハノイの搭問題と異なるのは，問題設定が「5本の腕を持つ怪物」「水晶球」など非日常的であるということです。問題空間分

析においては，まず，与えられた情報を理解する必要があります。怪物問題のような非日常的状況の理解は容易ではありません。そのため，問題空間分析が困難になったのです。

6.2.3 演繹推論による問題解決

人間の問題解決過程では，外界から与えられた事実に基づいて，新しい事柄を想起する推論（reasoning）が用いられます。推論は，演繹的推論（deductive reasoning）と帰納的推論（inductive reasoning）に分類されます（第7章参照）。本章では，問題解決に関するものとして，演繹的推論について解説します。

演繹的推論とは，"もし p ならば q である"という条件をもとに行う推論です。演繹的推論は，論理的な思考ですが，その結果得られた解は正しくないことが多々あります。

まず，以下のワークに挑戦してみてください。

■**ワーク3：ウェイソンの4枚カード問題（文字―数字問題）**

図6.3のように，一方の面にアルファベットが，別の面に数字が書かれたカードが4枚あります。「もし，あるカードの片面に母音が書かれているならば，別の面には偶数が書かれている」という規則が成り立っているかどうか確かめるためには，どのカードを裏返す必要があるでしょうか。

この課題の条件文を分析すると，母音であることが"p"，偶数であることが"q"に相当し，母音でないことが"$\text{-}p$"，偶数でないことが"$\text{-}q$"に相当します。それを各カードに当てはめると，図6.4のようになります。

ウェイソンの4枚カード問題（文字―数字問題）における正答は，"Eと7"，

図6.3 ウェイソンの4枚カード問題（文字―数字問題）(Wason, 1968)

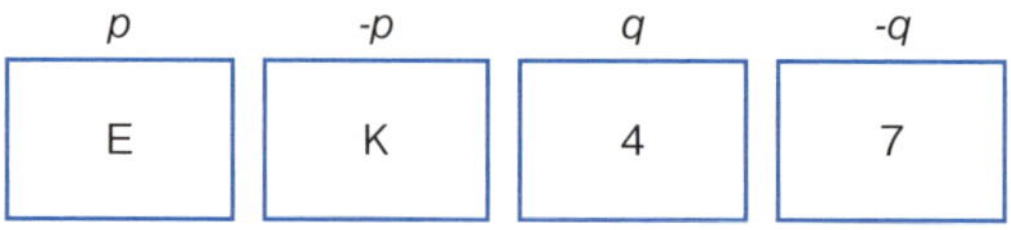

p	-p	q	-q

図 6.4　ウェイソンの 4 枚カード問題（文字―数字問題）における各カードの条件分析

　すなわち "p" と "$-q$" を裏返すことです。みなさんのほとんどが，おそらくそれ以外の選択を行ったのではないでしょうか。実際に，ジョンソン=レアードとウェイソン（Johnson-Laird, P. N., & Wason, A. P. C., 1970）は，この4 枚カード問題について，さまざまな属性の参加者を対象に実験を行いましたが，正答を選択した者は，わずか 5% でした。この歪みは，人が仮説を検証する際に，仮説に反する証拠を探そうとはせず，仮説を支持する証拠だけを探すトップダウンの処理を行う，「確証バイアス（confirmation bias）」によるものです。ここでの仮説は "p ならば q" ですので，多くの方は "E" と "4" を裏返すという確証バイアスに陥ったのではないでしょうか。この結果からも，人間の問題解決はコンピュータとは異なり，さまざまな歪みが生じることがわかります。

　では次に，以下のワークに挑戦してみてください。

■ワーク 4：ウェイソンの 4 枚カード問題（飲酒問題）

　図 6.5 のように，カードには 4 人の人物についての情報が書かれています。カードの片面にはその人の年齢，別の面にはその人が何を飲んでいるかが書かれています。あなたは勤務中の警察官で，「もし人がビールを飲んでいるならばその人は 20 歳以上でなければならない」という規則が守られているかどうかを調べていると想像してください。規則が守られているかどうかを確かめるために，どのカードを裏返す必要があるでしょうか。

　この問題における正答は，「ビール」と「16 歳」です。この問題の条件文を分析すると，図 6.6 のように当てはめられます。

　図 6.6 と図 6.4 を見比べてください。両者は，同じ問題空間を持つ問題，す

図 6.5 ウェイソンの 4 枚カード問題（飲酒問題）(Griggs & Cox, 1982)

図 6.6 ウェイソンの 4 枚カード問題（飲酒問題）における各カードの条件分析

表 6.1 4 枚カード問題におけるカードの選択パターンと選択人数
(Griggs & Cox, 1982 より作成)

選択パターン	文字―数字問題（$n=34$）	飲酒問題（$n=40$）
p, q	18（52.9%）	0（0.0%）
p	7（20.0%）	8（20.0%）
$p, q, \text{-}q$	4（11.76%）	1（2.5%）
$p, \text{-}q$	1（2.90%）	29（72.5%）
その他	4（11.76%）	2（2.0%）

括弧内は各実験における参加者数に対する割合を示します。

なわち「同型問題」です。みなさんのほとんどは，ワーク 3 よりもワーク 4 のほうが容易に正答を得られたのではないでしょうか。グリッグスとコックス（Griggs, R. A., & Cox, J. R., 1982）でも，ワーク 4 への正答率は 72.5% と高かったことが示されています（表 6.1）。文字―数字問題（ワーク 3）と飲酒問題（ワーク 4）における正答率に差が生じた理由は，飲酒問題が，文字―数字問題に比べて読者のみなさんが日頃経験する日常に近い問題であることです。このことから，人間は，日頃経験する問題に関しては，比較的正確な推論を行うことができますが，経験のない非日常的な場面では，"もし p ならば q" という単純な推論においても，正確に行うことは非常に難しいということがわかります。

6.2.4 問題スキーマと行為スキーマ

日常生活における問題解決では，不良設定問題が多く，問題空間分析が十分

146 第6章 問題解決

に行われないことが多いことは先述のとおりです。また，情報や操作子の数は膨大であり，探索が困難になります。そのような情報の処理は，既存の知識や発動されたスキーマ（schema）によって行われます。スキーマとは，知識の関連性などの構造化された知識です（第5章参照）。

では，以下のワークを読んでみてください。

■ワーク5：太郎君はお菓子を4個持っていました。花子さんはお菓子をいくつか持っていました。2人のお菓子を合わせると9個になりました。花子さんは，お菓子をいくつ持っていたのでしょう。

これは，読者のみなさんにとって，さほど難しい問題ではないでしょう。しかし，この問題にはさまざまな情報が含まれています。「太郎君はどんな人か」「お菓子とはどのようなものか」「花子さんと太郎君はどのような関係で，なぜお菓子を合わせることになったのか」「そのとき太郎君や花子さんはどのような気持ちであったか」など，列挙すればきりがありません。

それにも関わらず，みなさんのほとんどは，それらの情報に注意を向けることなく，ワーク5を「4個に何個かが足されて9個になった」という数の変化を問う問題であると理解し，"4＋x＝9" という方程式を用いて，"x" の値を計算によって導くことができたでしょう。これは，みなさんが「数」や「数の変化」についてのスキーマを有しているからです。これを問題スキーマ（problem schema）といいます（Riley et al., 1983）。

スキーマによる問題解決は，「理解（recognize）」と「実行（action）」の2段階を経ます（Riley et al., 1983）。「理解」の段階では，問題解決のために必要な情報が抽出され，情報が関連づけられ，統合されて問題表象が生成されます。ワーク5では，まず，文章から「太郎君」「花子さん」「お菓子」「4個」「9個になった」などの必要な情報が抽出され，それぞれの情報が関連づけられ，"4＋x＝9" という方程式問題が生成されます。その後，この方程式を計算して解が導かれます。これが実行の過程です。実行過程では正しく実行するための知識が必要で，ここでは，どのような手順で方程式を解いていくのかについ

ての，構造化された知識が必要になります。これを**行為スキーマ**（action schema）（Riley et al., 1983）といいます。ワーク5でみなさんが即時に**方程式**を解けたのは，"方程式"に対する行為スキーマを有していたからです。

　人間は，特定の分野で経験を重ねるにつれ，頻繁に出会う問題についての**問題スキーマ**を獲得します。これが，**熟達者**（expert）と**非熟達者**（non-expert）（初心者・未経験者）の問題解決における差異として生じます。チィら（Chi, M. T. et al., 1981）は，初等力学の問題の分類を，教授レベルの熟達者の場合と初心者の場合で比較した結果，熟達者は物理法則に従った分類を行い，初心者は問題の表面的な特徴に依存した分類を行うことを明らかにしました。また，グリーンとジホーリー（Green, A. J. K., & Gilhooly, K., 2005）によれば，専門家は，初心者と比較した場合，専門知識のみでなく，方略，俯瞰的な認知を行うメタ認知，問題解決がどのように進んでいるのかという状況の評価などにおいても優れていることが明らかにされています。

6.2.5　メンタルモデルによる問題解決

　ワーク5は，「数」「数の変化」に関するスキーマを持つ者には理解可能な課題であり，「方程式」に対する行為スキーマを持つ者は効率よく解決することが可能です。熟達者はさらに容易に問題を理解し問題解決を行います。では，スキーマを持たない者，すなわち初心者や未経験者は，永遠に問題を理解し問題解決を行うことができないのでしょうか。そんなことはありません。コトブスキーら（1985）で明らかにされたように，人間は，ワーク2の怪物問題のような「5本の腕を持つ怪物」という実在しない存在，すなわちスキーマを持たない問題においても，ハノイの搭課題よりも時間はかかりましたが，問題を理解し，問題解決を行うことが可能です。

　日常生活で直面する問題の多くは初めての体験や予想外の体験によるものであり，なおかつ不良設定問題であるため，スキーマを持っていない，あるいはスキーマを発動できないことがほとんどです。人は，その中で，**試行錯誤**（trial-and-error）しながら問題解決を行っていく必要があります。

　問題の理解においては「おそらくこういうことではないか」，行為において

は「こうすればうまくいくのではないか」という仮説が立てられ，その仮説に基づいて問題解決が行われます。その仮説を**メンタルモデル**（mental-model）（Norman, 1983）といいます。初めてのデートの際に，「服装はこのようなものが好まれるだろう」「この飲食店はネットで口コミが多いからおいしい食事ができるだろう」「このようなことをしたら嫌われてしまうだろう」と思い描く仮説が，恋人との交際における「メンタルモデル」です。

　たとえば，ノーマン（Norman, D. A., 2013）は，機器の使いにくさは，熟達者である設計者のメンタルモデルと非熟達者である利用者の「**メンタルモデルの相違**（gap of mental-model）」に起因することを指摘しました。設計者は機器の仕組みについての知識を豊富に持ち，理解しています。設計者はそれを基に「この機器はこのように使用される」という設計者自身のメンタルモデルを形成し，「設計者にとってわかりやすく使いやすい」機器を設計します。しかし，利用者は，設計者のような知識は持っていませんから，設計者の「この機器はこのように使用される」というメンタルモデルどおりには使用しません。このように，設計者と利用者のメンタルモデルが異なるため，設計者が「このように設計すれば使用しやすいだろう」と設計した機器が，利用者にとっては，「わかりにくい，使いづらい」と感じられることすらあります。

　たとえば，プロジェクタやTVモニターなどの電子機器の電源スイッチボタンの多くは，図6.7のようになっています。

　みなさんはこのスイッチを見て，電源を入れる場合に，また，電源を落とす場合に，どちらのボタンを押すでしょうか？　多くの方が，ボタンAを見て"○（マル）"や"開かれたもの"を想起し，ボタンAを押すのではないでしょうか？　また，電源を落とす場合には，ボタンBを見て，"閉じられたもの"や"－（マイナス）"を想起し，ボタンBを押すのではないでしょうか？実は正解は逆で，電源を入れる場合にボタンBを，電源を落とす場合にボタンAを押すように設計されています。

　ではなぜ，このような，多くの利用者が間違えてしまうような設計になっているのでしょうか？　パソコンなどの電子機器の設計の原則は，"（イチ）1"と"0（ゼロ）"で構成される二進数です。二進数では，"1（イチ）"が"アリ"

6.2 問題解決の過程

ボタン A　　　ボタン B

図 6.7　機器の電源スイッチボタン

で，"0（ゼロ）"が"ナシ"を意味します．実は，図 6.7 に示したボタン A は，"○（マル）"ではなく，二進数における"0（ゼロ）"を意味しており，また，ボタン B は，二進数における"1（イチ）"を表したものなのです．そのため，電源を入れる場合には"アリ"を意味する"1（イチ）"が表示されたボタン B を押し，電源を落とす場合には，"ナシ"を意味する"0（ゼロ）"が表示されたボタン A を押すことが，二進数を当たり前だと思っている電子機器の設計者にとっては当然のことで，それがデザインに反映されているのです．しかし，利用者の多くは，二進数を知識として持っておらず，もし持っていたとしても日常的なものではないため，設計者の二進数を前提とした"この機器はこのように使用される"というメンタルモデルどおりに使用されることはほとんどありません．そして，利用者は，「この機器のスイッチボタンはわかりにくい」「この機器は使いにくい」と感じてしまいます．ちなみに，著者は，長年講義でプロジェクタや TV モニターなどの電子機器を使用しており，電源を入れる際にはボタン B を押すべきで，その背景にある二進法の理論を知識として有しているにも関わらず，いつもボタン A を押してしまいます．

　この問題は，二進法を知らない利用者の知識不足，一般的ではない二進法をデザインに反映させた設計者の配慮不足，いずれのせいでもありません．原因は，両者の「メンタルモデルの相違」です．チィら（Chi et al., 1981）やグリーンとジホーリー（Green & Gilhooly, 2005）における熟達者と初学者の差異も，この「メンタルモデルの相違」によるものだといえるでしょう．

6.2.6　洞察的問題解決

　洞察的問題解決（insight problem solving）とは，その解決に「ひらめき」

や「**発想の転換** (thinking from a different angle)」を必要とする問題です。試行錯誤を繰り返しても解を導くことができず,「**行きづまり**」に陥り, 何度も失敗を繰り返し, ある時点で突然解がひらめき, 一挙に解決に至ることがあります。なぜ行きづまりが生じ, どのような場合にひらめきは起こるのでしょうか。その過程について解説していきます。まず, 以下のワークに挑戦してみてください。

■ **ワーク6：ロウソク問題**

図 6.8 のように床の上にある材料だけを使って, 床にロウをたらさないように, ロウソクに火を灯し壁に固定するにはどうしたらよいでしょうか。

この問題の解は図 6.9 に示したとおりです。

みなさんのほとんどが, この解に対して「気づいてしまえば何のことはない」と思ったことでしょう。しかし, 自力でこの解を導くことは非常に困難なことが明らかにされています (Duncker, 1945)。図 6.8 を示されたとき, 一般的に "箱は入れ物" というスキーマが発動します。そのため「箱をロウソクの台として用いる」という発想が生じにくくなります。このように, ある対象の機能について特定の考えを持っていることにより別の機能を用いることが抑制されることを**機能的固着** (functional fixedness), 過去の経験に基づいた特定の方法で反応することを**心的構え** (mental set) といいます。先述のとおり,

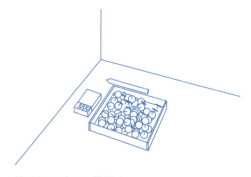

図 6.8 **ロウソク問題** (Duncker, 1945 より作成)

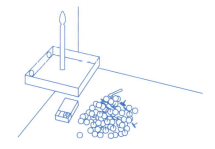

図 6.9 ロウソク問題の解 (Duncker, 1945 より作成)

熟達者は初学者よりも効率的な問題解決を行うことができますが、逆に熟達者のほうが機能的固着や心的構えにより「ひらめき」や「発想の転換」が生じにくくなり、洞察的問題解決が妨げられる可能性もあります。

では、洞察的問題解決には熟達者は適さないのでしょうか。三輪と石井（2004）では、独創的な方法で移動するロボットの製作という課題に対し、熟達者は実現可能な形で独創的なアイデアを創出することが可能であったのに対し、初心者は、アイデアはおもしろくても実現可能性が考慮されていなかったり、実現可能性にとらわれて独創的なアイデアの生成が抑制されたりすることが示されました。熟達者の創造プロセスの特徴は、アイデアの形成の初期段階で、実現可能性に関して十分な注意を払っていたことでした。アイデアのおもしろさを単純に比較すると、初心者と熟達者の間には大きな差はなく、熟達者の優位性は、アイデアを具体的に実現していく過程にありました。そして、プランとアイデアをつなぐ活動として、「プランの修正タイミング」と「プランの修正方法」が存在し、熟達者は初心者よりも多くこれらの活動を行っていることが明らかにされました。

6.2.7 「間違い・失敗」からの解決

洞察的問題解決においてプランの修正のきっかけとなるのが「間違い（error）」や「失敗（failure）」です。失敗観には肯定的なものと否定的なものがあります（池田と三沢、2012）。機能的固着や心的構えにより行きづまりが生じ、問題解決が失敗した場合に、失敗を否定的にとらえるのではなく、学習に

結びつけて取り組むことで問題が解決していきます。

　これは，ヒューリスティック探索やスキーマによる問題解決においても同様です。"問題解決にあたり間違いや失敗は必ず生じ，プラン修正や新たな方略を獲得するための機会である"という**メンタルモデルの共有**（sharing of mental-model）が，問題解決を促進するでしょう。

　さて，みなさんはこれまでに出題されたワークにどのように取り組んだでしょうか？　自分自身の「間違い」や「失敗」に対するメンタルモデルはどのようなものでしょうか？　"間違ってはならない"というメンタルモデルを持っていないでしょうか？　振り返ってみてください。

6.2.8　協同的問題解決

　大学での課題やアルバイト，就職後の業務など，日常生活における問題解決は，単独ではなく集団で行うものが多々あります。社会人として組織に所属し，成人期に新しく家庭を持てば，その頻度は増し，「自分一人の問題ではない」という事態がさらに増加するでしょう。

　諺に「三人寄れば文殊の知恵」とあるように，一般的に，集団による意思決定は，個人のレベルでは決して思いつかないようなアイデアが創発されると期待されがちです。一方で「船頭多くして船山に登る」という諺もあります。古典的な社会心理学実験によれば，正解に向けての集団討議による意思決定の成果（得点）は，集団討議以前のメンバーが単独で行ったパフォーマンスの平均得点を上回りますが，集団討議以前に最善のパフォーマンスを示したメンバーの得点には及ばない場合が多いとされてきました（亀田，1997）。しかし，シロミズら（Shiromizu, H. et al., 2002）では，折り紙課題を一人で解く場合とペアで解く場合を比較した結果，ペアの場合のほうが高い正答率を示し，その際に「一人が課題を遂行するときにもう一人がモニター役を担う」という「役割分担」が生じていることが確認されました。森永と松尾（2004）は，障害児の親の会において，障害児の療育訓練を進めるという「**共通目標**(goals in common)（goal）」が「**共有**(share)」されさまざまな「**役割分担**（sharing of roles）」が行われ，サポートのやりとりがなされ，障害児の親それぞれが単独

では対処困難なストレスへの対処が促進されていることを示唆しています。

ここで着目すべきなのが、問題解決を行う集団成員の構成状況です。ドイッチェ（Deutsch, M., 1949）によれば、集団（group）の構成状況は「競争（competition）」と「協同（cooperation）」に分類されます。「競争」とは、ある状況下において、同じ目標を持つ人々の中で、一部の者が目標を達成した場合、他の者は目標を達成することができない状況を指します。「協同」とは、ある状況下において、同じ目標を持つ人々の中で、一部の者が目標を達成した場合、他の者も目標を達成できる状況を指します。競争的状況ではそれぞれが利己的に行動した結果、誰も目標を達成できない事態に至ってしまいます。協同状態の条件は、集団が「共通目標」と「役割分担」を「共有」していることとされています。これは、白水ら（2002）や森永と松尾（2004）の知見と一致しています。つまり、集団による問題解決を促進するためには、集団が共通目標と役割の分担を共有する協同状態であることが効果を持つといえます。このような協同状態における問題解決を、「協同的問題解決（cooperative problem solving）」（植田と丹羽、1996）といいます。三宅（2004）は、協同的問題解決を促進する条件として「一人一人が考えていることを外化すること」「課題遂行とモニターの役割分担が行われ、役割の入れ替わりがあること」「たくさんの解をまとめ上げるきっかけがあること」などをあげています。協同的問題解決のためには、まずは集団が協同状態にあること、そして、先述したように、間違いや失敗に対するポジティブな「メンタルモデルの共有」が効果的だと考えられます。

6.3 問題解決研究の活用と今後の課題

これまでに紹介してきた問題解決研究は、実験室内での良設定問題を扱うものでした。本節では、不良設定問題である日常生活での問題解決にこれらがどのように活用できるのかについて、社会心理学や臨床心理学などの他分野の知見、および教育や臨床現場での取組みと関連させながら、解説していきます。

6.3.1 スキーマ（あるいはメンタルモデル）による問題解決の応用 ——ベックの認知（行動）療法

　人間は誰しも，生活の中で，さまざまなネガティブなライフイベントに直面します。たとえば，大学生活において，単位不合格や先の見えない就職活動などの課題関連のライフイベント，また，友人との喧嘩や失恋など対人関係における情緒関連のライフイベントなど，本章の初めにあげた，問題解決すべき日々の事象は，言い換えればライフイベントです。私たちは，小さなものから大きなものまで，常に何らかのネガティブなライフイベントに直面しています。大学卒業後，社会人となっても，仕事や家庭に関連し，さらにさまざまなネガティブなライフイベントに直面することになります。

　このような状況において一般的に議論されるのが，たとえば“先の見えない就職活動”といったネガティブなライフイベントに直面した場合に，大きな脅威と感じ，場合によっては不適応やうつ病などに至る者がいる一方で，ライフイベントを乗り越える者，時には刺激として楽しむような者の違いが生じる原因です。それは何でしょうか？　心の強弱，すなわち，ネガティブなライフイベントに脅威と感じ，不適応やうつ病などに至る者は心が弱く，乗り越える者は心が強いのでしょうか？

　決してそうとはいえないことを，心理学の過去の研究が示しています（Lazarus & Folkman, 1984）。人間は，ネガティブなライフイベントに直面した場合，自身が持つスキーマにより，それを認知評定し処理します。その際に，その人が持つ完璧主義思考や「〜ねばならない」といった体系的な推論の誤りと相まって，「完璧でなければならない」「皆から受け入れられなければならない」「人を傷つけてはならない」「思い通りに進まないのは致命的なことだ」「これらが遂行できない自分はダメ」といった「自動思考(automatic thoughts)」が生じます。それがストレス反応を引き起こし，不適応やうつ病などを発症しやすくさせます（図6.10）。

　認知的評定，対処の段階は，いずれもまさに問題解決過程であり，適切な問題対処，問題解決方略の習得，熟達によりストレスに対処することで日常生活に適応可能であるといえます。ここに着目したのが「認知療法（cognitive

6.3 問題解決研究の活用と今後の課題　　　　　155

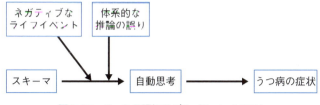

図 6.10　ベックの認知モデル（Beck, 1991）

therapy）」です（Beck, 1991）。認知療法は，クライエントに対し，問題解決力の適切な利用や，新たな問題解決能力の習得を支援します。また，専門家による治療以外にも，「うつと不安の認知療法練習帳」（Dennis & Christine, 1995）などを用いて，偏った認知の傾向や問題解決の傾向に気づいて修正を行い，ストレス反応の防止や不適応からの回復や再発防止のための「セルフケア（self-care）」を行うことが可能です。ストレス対処を促進するためには，認知心理学における問題解決の概念や知見が活かされます。

6.3.2　協同的問題解決の応用——PBL とアクティブ・ラーニング

　近年の学問の発展と複雑化・細分化に対して，大学教育は知識や技術の伝授よりも，個々の学生に適した方法論の習得と確立を重視するべきだという指摘から，問題解決学習（PBL；Problem Based Learning）が重視されるようになりました。PBL では，企業や自治体から具体的な課題が与えられ，それに対して，学生が課題解決という目標に向かって意欲的に取り組むことができ，その過程で自分の方法論を獲得するとされています。

　PBL において重視されるのが，「アクティブ・ラーニング（active learning）」です。これは，教員による一方向的な講義形式の教育とは異なり，学修者の能動的な参加を取り入れた教授・学習法の総称で，教室内でのグループ・ディスカッション，ディベート，グループ・ワークなどを指します。

　確かに，PBL やアクティブ・ラーニングは，学生の能動的な学びを促し，動機づけを高め，学習効果をもたらすでしょう。しかし，それのみで学生の「問題解決能力」が促進されるかは疑問が残ります。PBL で課される目標は，企業や自治体により付与されたものです。その解を求めるだけでは，能動的な

問題解決とはいえません。学生が，課題に対して自身の現在状況と目標の特定化など問題空間探索を行い，試行錯誤してはじめて，学生の問題解決能力が習得されます。講義と実験・演習の積み上げは，社会問題や日常生活の問題解決に直結しないことも多々ありますが，学生の「問題スキーマ」として積み上げられます。また，実験・演習において，日常生活や社会問題に対する問題意識を取り扱うことも可能です。それにより，学生の能動的な学びの促進や動機づけは高められ，学習効果がもたらされるでしょう。講義や実験・実習を軽視せず，学問的かつ社会的に有意義な PBL を行うことが，教育／研究機関である大学の PBL に望まれます。

　PBL はチームで遂行されることが大半です。「PBL はコミュ力が高くリア充な者に有利である」という声をしばしば耳にします。PBL の目的はそのようなものではないはずです。「コミュ力」という曖昧な概念を，心理学の諸理論からとらえなおす必要があります。また，「協同的問題解決」（植田と丹羽，1996）の知見を活用し，どのようなチームの構成や条件が PBL を推進するのかを検討するべきです。

　問題解決理論に基づくアプローチは，これまでに紹介してきたもの以外にも，さまざまな分野に広がっています。しかし，いくつかの改善すべき問題があります。第1は，アプローチの実施者の理解が，方法論のみに止まり，背景にある問題解決の認知心理学の理論まで至っていないことがほとんどであることです。アプローチの効果を高めるために，背景となる理論について学ぶ必要があります。第2は，アプローチの効果が適切に測定されておらず，対象者や実施者の満足のみに止まっている点です。効果的なアプローチの開発のために，客観的な指標を用いて検証する「効果測定」が求められます。第3は，認知心理学の問題解決研究が，実験室実験に偏り気味であることです。今後，さらなる発展のために，他分野やさまざまな現場との協力により，さらに日常生活や産業場面に即した問題解決課程を明らかにしていくことが期待されます。

復習問題

1. 本書を読むにあたっての，あなたの「問題空間分析」を，①目標状態，②初期状態，③中間状態，④操作子の条件や制約，の特定化により行ってください。

2. 最近の出来事で，協同的問題解決のうまくいった例とうまくいかなかった例を1つずつあげて，うまくいった／いかなかった原因を，本章で取り上げた概念を参考に分析してください。

3. 初めてスマートフォンを手にする人に，"スマートフォンでメールを送信したい"と相談され，その方法を教えるとすれば，どのように教えますか。「手段—目標分析と副目標設定方略」「メンタルモデル」など，本章で取り上げた概念を用いて説明の方法を考えてください。

参考図書

安西祐一郎（1985）．問題解決の心理学——人間の時代への発想——　中央公論社

　問題解決の心理学を「『何のため』にあることをするのか」ととらえ，小説を題材とした解説にはじまり，さまざまな実験結果を紹介し，人間が生きていく中で直面する事態にどのように対応する機能があるかを紹介し，コンピュータとの比較から，「自由に目標を作り出す能力」について人間だけが持つポジティブな能力として考察されています。新書なので手にとりやすく，力強い考察には励まされます。

森　敏昭（編著）21世紀の認知心理学を創る会（著）（2001）．おもしろ思考のラボラトリー　北大路書房

　それぞれの章で，日常的な話題にはじまり，概念や実験結果がわかりやすく詳細に紹介されています。問題解決に関する具体的な実験の手続き等に疑問や興味を持った方や実験を計画したいと考えている方の入門書としてお勧めです。

松尾太加志（1999）．コミュニケーションの心理学——認知心理学・社会心理学・人間工学からのアプローチ——　ナカニシヤ出版

　「わかる」をキーワードに，コミュニケーションにおける人間の情報処理，ヒューリスティックス，スキーマ，メンタルモデルとその相違などの概念について，日常的な疑問からはじまり，古典的な実験の手続きと結果からの知見を用いて説明されています。また，「機器がわかりにくく使いにくいのはなぜか」「わかりやすく使いやすい機器とはどうあるべきか」ということを，「人と機器のコミュニケーション」という視点から，多彩な実験の紹介に基づき具体的に説明されています。人間の情報処理やメンタルモデルについてさまざまな角度から考えたい方にお勧めです。

コラム 6.1　企業現場における問題解決　　橋本和宏

　私は，スーパーやショッピングセンターにテナントとして入居し，お肉やお弁当，惣菜などを，一般消費者の皆さまに販売する会社を経営しています。企業社会は競争が激しく，問題解決の連続こそが日常です。しかも，直面するのは，「何が問題なのか」がはっきり見えない「不良設定問題（ill-posed problems；第6章 p.138参照)」がほとんどです。

　「何が問題なのか」を見えるようにし，解決策を見つけ出すには，なんらかの仮説にそったデータの収集と分析が欠かせません。こうした企業での実務的な問題解決のプロセスは，心理学，あるいはほかのさまざまな学術分野の研究で用いられる「仮説検証（hypothesis verification)」のプロセスとよく似ています。大学生向けに論文やレポートの書き方を示している戸田山（2012）では，「学術論文は，問いと答えと根拠のセットである」と教えています。実は，企業現場の実務も同じことなのです。当社の実例を通じてご紹介しましょう。

1. 問題の発見

　当社では，毎月，売上げや利益率のデータを店舗別に整理し，経営会議でそれを材料に討議しています。ある店舗で，売上げが前年同月を割り込み，商品の廃棄ロスも増えるという厳しい状況にあることがわかりました。

2. 仮説の設定

　この店舗ではなぜ，売上げが低下し，ロスが増加しているのでしょうか。キャプランとノートン（Kaplan, R. S., & Norton, D. P., 2000）は，バランスト・スコアカード（Balanced Score Card）というフレームワークを提示しました。これによると，企業の財務的な業績は，顧客満足の高低によって規定されます。そして，顧客満足の高低は，業務プロセスの巧拙によって規定され，業務プロセスの改善には，当該企業の経営者やスタッフによる「学習と成長」が欠かせない，とされています。

　おそらく，売上げが低迷している当社の店舗では，業務プロセスに何らかの問題があるため，顧客満足を損ね，客離れを起こしていると思われました。その「業務プロセスの問題」とは何なのか。まずは私たちの「学習と成長」が必要と考え，サービスサイエンスの専門家を東京から招いて，社内のメンバーも一緒に討議を重ね

よした。数カ月の議論の末,「製造と販売のタイミングが合っておらず,商品が鮮度劣化を起こしているのではないか」との仮説が設定されました。

3. データの収集と分析

仮説が設定されたら,次はそれが本当かどうか検証するためのデータの収集と分析が必要です。当社は情報システムの刷新に取り組んでおり,Web カメラによる売場の可視化や,製造・販売の内容やタイミングのデータが採集できる仕組みづくりを進めてきました。

Web カメラで売場を見ることができても,なんの仮説もなく漫然と画面を眺めているだけでは,問題解決の役には立ちません。そこで,先ほどの「製造と販売のタイミングが合っていない」という仮説をもとに,ある日の当該店舗の午前中と夕方の売場の状況を静止画像で撮り,比較してみました(図 6.11)。

画像で見る限り,午前中に製造されて売場に並べられた商品が,ほとんどそのまま夕方まで残っているようです。画像だけでなく,定量的なデータも必要と考え,図 6.11 で撮影した日の,12 時,15 時,17 時のこの店舗の製造金額と販売金額のデータをとり,グラフにして可視化してみました(図 6.12)。その結果,やはり相当に製造と販売のタイミングにズレがあることがわかりました。勤務シフトを調査

(a) 10 時 14 分の売場　　　(b) 17 時 30 分の売場

図 6.11　売上低迷店舗の午前中と夕方の売場画像

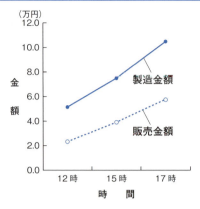

図 6.12 売上低迷店舗の製造と販売のタイミングのズレ
製造積算金額に対して販売積算金額が大幅に下回っており，タイミングがずれていることがわかります。

したところ，午前中のみ半日勤務のパートタイマーの人数が過剰で，逆に午後は手薄であることが判明しました。販売されている主な商品は焼き鳥や唐揚げ等であり，夕方に需要が発生するのに，午前中に製造人員が集中していたため，鮮度が落ちた状態でお客様が購入され，満足度を損ねているのだと考えられました。以上の考察をもとに，勤務シフトを調整し，製造と販売のタイミングを近づけた結果，この店舗の週間の売上高がわずか 4 週間で 23% 向上。タイミングのずれたムダな製造作業がなくなり，商品の値引ロスや廃棄ロスも減ったことで，投入労働時間あたりの付加価値額で算出する労働生産性も，14% 向上しました。

4. おわりに

　学術研究と同じように，企業現場での問題解決も，問題に対してとりあえずの答えとして仮説を設定し，それが本当かどうか，データを収集，分析して検証するというプロセスです。私はかつて，心理学の研究をしていた時期があります。いま経営者となって，学術の世界と実務の世界は決してかけ離れたものではないと実感しています。

第7章 推論と意思決定

　2016年3月，囲碁のコンピュータ・プログラムが世界屈指のプロ棋士に勝利を収めたというニュースが大きく報道されました。ゲームには「対戦相手に勝つ」という明白な目標が存在し，ゲームの遂行自体が問題解決のプロセスです。人間もコンピュータもこの問題解決のために計算や推論を行い，「次の手」を決定します。私たちの日常場面も問題解決の連続で，いつも「次の手」の決定が迫られています。比較的に容易に解決できるもの，複雑で慎重な判断を要するもの，あるいは瞬時の解決が望まれるもの，それほど時間的な制約を受けないものなど，状況に合わせたさまざまな問題解決があります。このような問題解決場面で行っている私たち人間の推論や意思決定とはどのようなものなのでしょうか。

7.1　人間の推論と意思決定

　1997年にチェスの世界チャンピオンがコンピュータに負けて以来，知的ゲームにおける人間とコンピュータの対戦で人工知能（AI：artificial intelligence）の優勢が明らかになりつつあります。日本の将棋の世界でも同様で，人間のプロ棋士と互角に戦えるコンピュータ・プログラムが開発されつつあります。「手」の選択肢数が一段と多い囲碁の領域でも，いずれ近い将来において同様なことが予測されてはいましたが，先のニュースの通り予測より少し早い時期に現実のこととなりました。

　このようなニュースや話題は，単にゲームの愛好者のみならず，人工知能や認知心理学を含む認知科学分野の研究者の関心を集めています。なぜならば，オセロ，チェス，将棋，囲碁といった知的ゲームは，人間の思考プロセスの解明や人工知能の可能性を追求する有力な研究手段として用いられてきたからです。これらのゲームでは，知覚，学習，記憶，注意，パターン認知，推論，判

断，意思決定など，人間が行うあらゆる認知機能が総動員されます。

　では，人工知能はどのように「次の手」を選ぶのでしょうか。初期の対戦ゲーム（たとえばチェス）で成果を上げたコンピュータ・プログラムは，可能な差し手を数手先まですべて読んでいました（松原，1996）。いわゆるしらみつぶし戦法です。得意の計算能力を生かして，一定時間内に計算できた「手」の中からもっとも効果的と評価された「手」を選ぶやり方です。しかしこの戦法では，将棋や囲碁といった桁違いな計算能力が求められる場合には適切ではありません。

　そこで目が向けられるのは，ゲーム実績のある人間の戦い方です。つまり，現実場面（この場合はゲーム）において人間が行う推論であり，意思決定です。人間は決してしらみつぶし的な戦略を採ってはいません。経験に裏打ちされたヒューリスティックな戦略が多くの局面で採用されます。この発見的とか直感的とかいえる戦略の本質は，ある高名な棋士の言を借りれば，数多くの手を素早く読むのではなく，いかに読む手を少なくするかということのようです。

　本章では，主として問題形式による例題の紹介を通して，人間が行うさまざまな推論と意思決定における理論と実際を見ていきます。

7.2　推　論

　知能をはじめ，推理や判断などの認知能力は，私たちが現実世界で適応的に生きるという目標に近づくために機能します。日常生活の多くの場面では，過去の経験や知識に基づき，これらの能力を働かせて未知の出来事や結果を予測し，効果的な行動が求められます。この予測に関して働く思考プロセスが推論（reasoning, inference）です。すなわち，推論とはすでに知っている，または新たに与えられたデータに基づいて，そこからまだ知らない結論を導くことといえます。

　では，どのようにして推論は行われるのでしょうか。推論すべき事柄に関連する経験や情報が十分に豊富で確定的な場合は，正しく論を進めれば正しい結論が得られることが多いです。ここでいう「正しく論を進める」とは，論理的

7.2 推　論

に論を組み立てるということです。また，「正しい結論」とは，論理的に正しい帰結ということです。関連情報が不十分あるいは不確定なものである場合でも，正しく論を進めれば正しい結論を導くことに違いはありません。前者は論理的推論（logical reasoning），後者は確率的推論（probabilistic reasoning）とよばれます。論理的推論では論理学の形式やルールにしたがい，前提を基にして結論を「必然的に」導き出します。一方，確率的推論では確率値に基づき，結論を「蓋然的に」導き出します。

7.2.1　論理的推論

　論理的推論とは，古く紀元前のギリシャの哲学者から引き継がれてきている論理学に基づく推論です。伝統的な論理学で扱う推論の代表は，演繹法による演繹的推論と帰納法による帰納的推論です。ここでは，この2つの推論とともに，心理学を含めた科学の領域で馴染みがあるアブダクションを含めた3種類の推論を紹介します。

1.　演繹的推論

　演繹的推論（deductive reasoning）とはいくつかの前提条件から結論を導き出すことです。前提条件が1つだけの場合もあり，これは直接推論とか特命推論とよばれています。たとえば，「ある男は刑事である」という前提から，「ある男は刑事以外ではない」ということを導くなど，きわめて単純なものです。少し複雑にしたものとして，2つの前提を基にして結論を導く三段論法（syllogism）の形式のものがあります。有名な例として，アリストテレスの考案による次の三段論法が知られています。

　　前提1：人間であれば死ぬ（大前提）。
　　前提2：ソクラテスは人間である（小前提）。
の前提から，
　　結　論：ソクラテスは死ぬ（三段論法の帰結）。
という結論を導くものです。

　この例のように，典型的には普遍的な命題である大前提と個別の命題である小前提から結論の命題を導き出します。このような論法は，命題が定言命題

（命題が，「もしかしたら」とか「または」とかの条件がつかない無条件での断言になっている）であることから，定言的三段論法とよばれています。

第6章で紹介された4枚カード問題は，前提に「もし〜ならば」といった条件がついているため，条件的三段論法とか仮言的三段論法とよばれています。そのほか，三段論法による推論では，「AはBよりも大きい」と「BはCよりも大きい」といった前提から「AはCよりも大きい」という結論を導くものがあります。この場合，前提と結論がすべて同じ次元上で直列的に扱われることから，この形式のものは線形三段論法とよばれています。

このような演繹法で大事なことは，前提が真（正しい）であれば，結論も真になることです。ただし，注意しなければいけないこともあります。次の三段論法の形式で書かれた推論は正しいでしょうか。何か変です。この推論のどこがおかしいのでしょうか。

　前提1：ニワトリは空を飛べない。

　前提2：ニワトリは鳥である。

　結　論：鳥は空を飛べない。

これは，演繹法による三段論法とはいえません。どちらかというと，次項で述べる帰納的推論に近いものです。ただし，前提1の個別の事実のみをもとにして鳥類全体に推論を飛躍させているため，誤った結論を導いています。

2. 帰納的推論

帰納的推論（inductive reasoning）とは経験的な事実から一般的な規則ないし理論を導き出すことです。この推論のプロセスは，事例情報を広く偏りなく集め，それらの情報に基づいて一般化を行うことです。

　事例1：寿司は美味しい。

　事例2：天ぷらは美味しい。

　事例3：すき焼きは美味しい。

などのいくつかの和食を食べた経験から，

　結　論：和食は美味しい。

という結論を導き出すことです。ただし，この導かれた結論はつねに正しいものではないことが，演繹法との大きな違いの一つになります。たとえば，「昨

日の山菜料理は美味しくなかった」という事例が加わることにより，必ずしも「和食は美味しい」とはいえなくなります。

帰納法の論理は，アリストテレスの三段論法の形式を用いて次のように示すことができます。

前提1：ソクラテスは人間である。

　　　　（寿司は和食である，天ぷらは和食である，すき焼きは和食である。）

前提2：ソクラテスは死ぬ。

　　　　（寿司は美味しい，天ぷらは美味しい，すき焼きは美味しい。）

結　論：人間であれば死ぬ。

　　　　（和食は美味しい。）

前提1は演繹法での小前提にあたり，前提2は三段論法の帰結にあたりますが，ここでは経験による事実や観察データになります。つまり，小前提と経験的事実や観察データから，演繹法での大前提にあたる一般的な規則や理論を導き出すことになります。前提1と前提2のように示される事例が多くなればなるほど結論の信頼性は増しますが，この結論命題が真であるとは言い切れません。すべての和食を食べて判断することはできないからです。

3. アブダクション（仮説形成）

パース（Peirce, C. E.）は論理学の基本である演繹や帰納とは別の第3の論理的推論として，アブダクション（abduction）という推論法を提唱しました。アブダクション自体は，もとはアリストテレスが「アパゴーゲー」として議論したものでしたが，その後の長い間あまり重要視はされていませんでした。パースが例示したアブダクションには次のようなものがあります（Peirce, 1935）。

「化石が発見される。それはたとえば魚の化石のようなもので，しかも陸地のずっと内側で見つかったとしよう。この現象を説明するために，われわれはこの一帯の陸地はかつて海であったに違いないと考える。これも，ひとつの仮説である。」（米盛，1981より）

アブダクションとは，意外な事実や変則性（アノマリーという言葉を使うことがあります）の観察から，その事実や変則性がなぜ生じたのかを説明する仮

説を立てることです。「もし○○なら，観察された事実のすべてがうまく説明できる。だからきっと○○のはずだ」というような，見出された証拠をもっともうまく説明できる仮説を選び出す推論法ともいえます。すなわち，観察された事実が結果であり，その原因を探るために適切な仮説（演繹法の前提にあたる命題）を立てるということになります。この意味では，演繹法の観点での前提と結論との因果関係は逆になり，論理学でいう後件肯定の形式になっています。前述のパースの例を使うと，（P）ならば（Q）であるという仮言的命題を大前提（前提2）とする次のような三段論法の形式による推論とみなされます。

前提1：魚の化石が見つかった（Q）。

前提2：かつて海であった（P）ならば，魚の化石が見つかる（Q）。

結　論：したがって，かつて海であった（P）。

なお，前提1は演繹法での三段論法の帰結にあたり，アブダクションでの結論は，演繹法における小前提にあたります。

後件とは大前提（前提2）の後半（Q）を指します。この推論形式は，前提1においてこの後件が肯定されているので，後件肯定とよばれています。前述のように，演繹法の場合は前提が真であれば結論も真です。しかし，アブダクションの場合は必ずしもそうではありません（表7.1を参照）。道路が濡れているのは，雨が降ったからと言い切ることはできません。誰かが水を撒いても道路は濡れます。アブダクションはあくまでも観察された事実の説明を試みているにすぎません。しかし，このアブダクションによる推論は，新たな科学的発見には不可欠なものといわれています。なぜならば，目新しい，あるいは奇

表7.1　演繹的推理とアブダクション

演繹的推理	アブダクション
雨が降った（前提） ゆえに，道路が濡れている（結論）	道路が濡れている（結果） きっと，雨が降ったのであろう（仮説）
誰かが水を撒いた（前提） ゆえに，道路が濡れている（結論）	道路が濡れている（結果） きっと，誰かが水を撒いたのであろう（仮説）

7.2 推 論 167

妙な事実の出現をうまく説明できる仮説を立て，その仮説の真偽を科学的に証明することが科学の発展のために重要であるからです。

7.2.2 確率的推論

日曜日の夕方，車で効率よく郊外のスーパーマーケットに行くにはどの経路の道路を利用するべきか。日曜日のある時間帯の道路の車の混み具合，自宅からスーパーマーケットまでの経路ごとの距離などの正確な数値は把握していない場合でも，直感的に判断して行動するでしょう。この判断の基になるのは，経験から引き出される少し大雑把な確率値です。あるいは，曇り空の日の外出時に雨傘を持って出かけるかどうかの判断は何に基づくのでしょうか。雲の様子を眺めて，経験による直感に頼るのでしょうか。科学的なデータに基づく降水確率を参考にするのでしょうか。

これから起こる未知の事象の生起には100%確実なものはありません。程度の差はありますが，すべての事象の生起には不確定の要素が含まれています。生起頻度の程度を示す指標が確率値で，この確率値に基づく推論が確率的推論です。

私たちは日常的に確率という言葉を使用しています。そして，確率は不確定で蓋然的なものであるということも理解しています。すなわち，確率値は偶然性をもつ現象が生起する度合いであり，生起することが期待される割合であることを理解しています。しかし，確率値に関わる基本的な原理や法則については，十分な理解がなされているとはいえません。あるいは，理解はしているが，その状況で働く心理的なバイアスのために見失ってしまうこともあります。そのため，日常場面での確率的推論においては，誤った推論に基づく判断によって不利益を被る非合理的な行動を引き起こすことがあります。この誤った推論を導く原因の多くは，私たち人間の思考の特徴でもあるため，心理バイアスあるいは認知バイアス（cognitive bias）とよばれています。バイアスとは偏りのことです。

1. 確率に関する誤解

確率値を扱う場合には，その値がどのようにして導かれたのかを正しく理解

168   第7章　推論と意思決定

しておかなければなりません。この理解が不十分なとき，確率に対する誤解が生じて誤った推論を導き出してしまいます。

　確率値に関する原理の一つに**大数の法則**（law of large numbers）とよばれるものがあります。これは，事象の出現頻度は多数回の試行を重ねることにより理論値に近づくという原理です。

　では，次の問題を考えてみましょう。

【問題（ギャンブラーの錯誤）】

　コイン投げゲームをはじめたところ，「表表表表表」と5試行連続で表が出てしまいました。さて，この次の試行では表と裏のどちらが出ると予想しますか。

　5回連続して表が出たのだから，きっと次も表が出るだろう（表が出やすいコインだから）と予想する人がいるかもしれません。あるいは，コインの表と裏が出る確率は2分の1なのだから，5回も表が続くのはおかしい。きっと次は裏が出るに違いないと予想するかもしれません。これら2つの予想が正しいがどうかを判断するには，コインの特性や推論の論理を考慮する必要があります。前者の場合，表裏の出方が均等でないコインを使った可能性があるならば，次も表が出るという予想は正しいともいえます。もちろん，一般のコインのように，表裏の出現確率が2分の1であるならば誤った予想となります。後者の場合，このコイン投げが確率的事象であることは理解しているようですが，確率論の基本事項を正しく理解していないため，誤った推論に基づく予想になっています。確率事象が大数の法則にしたがうということを無視しているのです。この誤った推論は**ギャンブラーの錯誤**（gambler's fallacy）とよばれています。賭け事に熱くなったギャンブラーが，冷静さを欠いて「次こそは」といった主観的な判断をする場面が思い浮かびます。

　偏りのないコインを投げて表か裏が出る理論的な確率はそれぞれ等しく2分の1です。しかし，このことは表裏表裏表裏というように表と裏が交互に出やすいということや，たかだが5，6回の試行回数で表裏の出現比率が0.5にな

ることを意味してはいません。コイン投げを数百回，数千回と多数回続ければ，それぞれの面が実際に 0.5 の比率に近づくということです。それにもかかわらず，コインを投げはじめて表表表のように 3 回続けて，さらに 4 回，5 回と片方の面が連続して出てくると，次こそはもう一方の面が出るに違いないと考えてしまうのです。直前の数試行の表裏の出方がどうであれ，つねに表裏が出る確率は 2 分の 1 に変わりありません。

　もう一つ，確率的推論が誤りやすい次の問題を考えてみてください。

【問題（リンダ問題)】

　リンダは 31 歳の独身女性であり，外向的でとても聡明である。学生時代の専攻は哲学であり，差別や社会正義の問題に強い関心を持っていた。また，反核運動に参加したこともある。

　現在のリンダは，どちらの可能性が高いと思いますか。

　リンダは銀行員である。

　リンダは銀行員で，フェミニスト運動の活動家である。

　この問題はリンダ問題（Linda problem）としてよく知られていて，トヴァースキー（Tversky, A.）とカーネマン（Kahneman, D.）が考案したものです（Tversky & Kahneman, 1983；Kahneman, 2011）。この問題は，「リンダは銀行員で，フェミニスト運動の活動家である。」という選択肢が，「リンダは銀行員である。」と「リンダはフェミニスト運動の活動家である。」という 2 つの命題の連言になっていることから，連言錯誤の例として紹介されています。

　この問題で注目すべきことは，「リンダは銀行員である。」と「リンダは銀行員で，フェミニスト運動の活動家である。」という 2 つの選択肢における論理的な関係性です。ベン図（図 7.1）で考えれば明らかなように，「銀行員で，フェミニスト運動の活動家である。」（複合命題）は「銀行員である。」（要素命題）の部分集合になっています。したがって論理的には複合命題のほうが確率は低いはずです。ところが，学部生の 85 % から 90 % が複合命題の選択肢を選ぶという論理を無視する結果を示しました。

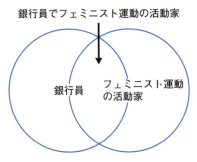

図 7.1　ベン図によるリンダ問題の解法

また，カーネマンとトヴァースキーは，サンプルサイズ（標本の大きさ）を無視することによって生じる間違った確率的推論の例として，次のような問題を考案しました（Kahneman & Tversky, 1972）。

【問題（病院問題）】

町には 2 つの病院があります。大きいほうの病院では 1 日に約 45 人の赤ちゃんが生まれ，小さいほうの病院では 1 日に約 15 人の赤ちゃんが生まれます。周知のように，生まれる赤ちゃんの約 50% は男の子ですが，毎日がこの比率ではありません。50% より多い日も少ない日もあります。

これら 2 つの病院では，1 年間にわたり，生まれた赤ちゃんの 60% 以上が男の子であった日を記録しました。60% 以上（または未満）の日が多かったのはどの病院でしょうか。

大きい病院
小さい病院
ほぼ同じ（両者の差は 5% ほど）

大学生を対象にして調べたところ，大きい病院と答えた人は 12（9）人，小さい病院と答えた人は 10（11）人であり，ほぼ同じと答えた人は 28（25）人でした（カッコ内の数値は 60% 未満での回答）。

生まれてくる赤ちゃんの男女の割合はほぼ 50% ずつですが，サンプルサイ

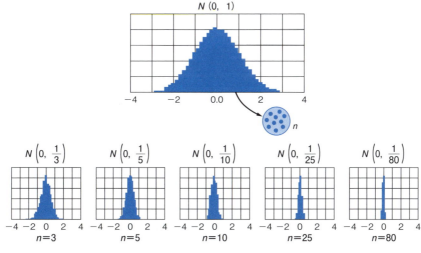

図7.2 標本平均の理論分布(市原, 1990)
平均値0, 標準偏差1の正規母集団(上図)から, データ数 $n=3, 5, 10, 25, 80$ の標本を取り出した場合の各平均値の理論分布(下図)を示します。正規分布は N(平均, 標準偏差)で表され, 標本の数が少ないほどばらつき(標準偏差)が大きくなり, 平均値0より逸脱することが多くなります。

ズが小さいほど, この値から外れる割合は増します(図7.2を参照)。サンプル(標本)の数が少なすぎると, 得られたデータが偏ってしまうのです。したがって, 統計の原理にしたがえば正解は小さい病院となります。この場合も, 統計や確率の原理の十分な理解がないために生じた間違った確率的推論になります。

2. ベイズ推定

確率を求める計算に慣れていない人には, 次のような問題は少し複雑なので, 直感に頼る推論になるかも知れません。

【問題(基準比率の無視, たとえば Tversky & Kahneman, 1982)】

ある町のタクシーの15%は青色で, 85%は緑色です。あるときタクシーによるひき逃げ事件が起きました。一人の目撃者は, ひいたのは青のタクシーであると証言しました。ところが, 現場は暗かったこともあり, 目撃者は色を見間違えることもあります。そこで目撃者がどれくらい正確に色を識別できるか

172   第7章　推論と意思決定

を事故時と同様の状況下でテストしました。その結果，80% の場合は正しく
識別できますが，20% の場合は実際と逆の色（実際は青を緑，あるいは実際
は緑を青）を言ってしまうことがわかりました。さて，証言通り青いタクシー
がひき逃げしたという確率はどのくらいでしょうか。

　この問題の要点は次の2つです。一つは，車によるひき逃げ事件があり，そ
こには目撃者がいて，ひいたのは青色のタクシーであったと証言したこと。も
う一つは，現場は暗かったため，目撃者の色の識別は必ずしも正しくはなかっ
たということです。したがって，この問題を解くということは，ある確率で色
を正しく（あるいは誤って）識別する目撃者が，ひき逃げしたのは青と証言し
たタクシーが実際に青であるという確率（事後確率）を求めることになります。
ここで求める確率は条件つき確率といわれています。条件つき確率とは，ある
事象 X が生じたもとで別の事象 Y が生じる確率です。この問題では，事象 X
は（実際の色を問わず）ひき逃げしたのは青いタクシーであるという目撃者の
証言，事象 Y はタクシーの色が青であるということです。
　実際に条件つき確率を計算で解くときには，次式に示す**ベイズの定理**（Bay-
es' theorem）が役に立ちます。

$$P(X)P(Y|X) = P(Y)P(X|Y) \qquad （ベイズの定理）$$

　ここで，$P(X)$ は X の生起確率，$P(Y)$ は Y の生起確率，$P(Y|X)$ は X が
起きたもとで Y が起きる条件つき確率，$P(X|Y)$ は Y が起きたもとで X が起
きる条件つき確率です。この式を理解するには，次のように考えると良いでし
ょう。
　X と Y が同時に起きる確率を考えてみます。ベン図表現での X と Y の共通
部分（X∩Y）の生起確率です。この確率を $P(X \cap Y)$ とすると，$P(X \cap Y)$ は
X が起きる確率と X が起きたもとで Y が起きる条件つき確率の積で求めるこ
とができます。

$$P(X \cap Y) = P(X)P(Y|X) \qquad\qquad (1)$$

次に，XとYを置き換えて考えると，同様に $P(Y \cap X)$ はYが起きる確率とYが起きたもとでXが起きる条件つき確率の積としても求めることができます。

$$P(Y \cap X) = P(Y)P(X|Y)$$

ただし，$P(Y \cap X) = P(X \cap Y)$ なので，

$$P(X \cap Y) = P(Y)P(X|Y) \tag{2}$$

（1）と（2）の2つの等式から，前述のベイズの定理が導き出されます。なお，この種の問題では条件つき確率を求めることが多いので，次式のように変形させて利用することがあります。

$$P(Y|X) = \frac{P(Y)P(X|Y)}{P(X)}$$

この問題に当てはめると，$P(Y)$ は0.15となります。一方，$P(X)$ は2つの場合を考えなければなりません。一つは実際にひき逃げしたのが青いタクシーで，目撃者がひき逃げしたのは青いタクシーと正しく証言する確率です。0.15（青である確率）×0.80（正しく識別できる確率）となります。もう一つは，ひき逃げしたのが緑のタクシーであるにもかかわらず，ひき逃げしたのは青いタクシーと誤って証言する確率です。0.85（緑である確率）×0.20（間違って識別してしまう確率）です。$P(X)$ はこの2つの和なので0.15×0.80＋0.85×0.20で，0.29となります。$P(X|Y)$ は青いタクシーがひき逃げをしたとき正しく証言される確率なので0.80となります。これらの数値をもとにして計算すると，証言通りに青色のタクシーがひき逃げをした確率はほぼ41％であることがわかります。この計算は少し面倒です。調べてみると，解答者は直感に頼ることが多く，目撃者の色の識別率に近い80％付近の数値を答えました。

このような少し複雑な問題では，目撃者の色の識別率に注意が向けられて誤った解答を生むことがあります。正しく規範解（この問題では確率理論に基づく解）を導くためのポイントは，この町のタクシー全体における青のタクシーの比率に注意することです。この比率が条件つき確率を求める際の基礎の比率

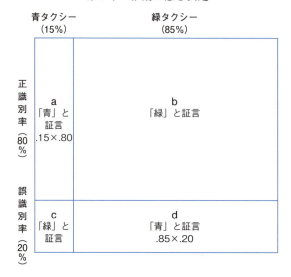

図7.3 図を用いて規範解を求める解法

a+c はこの町のタクシー全体（a+b+c+d）のうちの青タクシーの割合，b+d はこの町のタクシー全体のうちの緑タクシーの割合を示します。a+b は目撃者が青と緑の車の色を正しく識別する割合，c+d は車の色を誤って識別する割合を示します。この問題で求められる解は，目撃者が青い車と証言するうちの実際に青い車の割合なので，a÷(a+d)＝0.15×0.80÷(0.15×0.80＋0.85×0.20)＝0.41 となります。

になります。このような基準比率を確認しないで目につきやすい指標（この問題では，目撃者の色の識別率）だけで推論してしまう傾向を**基準比率の無視**（base-rate neglect）といいます。

参考までに，このような問題は図を使って考えると理解しやすいことがあります（図7.3を参照）。

もう一つ，事後確率に関する問題として，**モンティ・ホール問題**（Monty Hall problem）がよく知られています（コラム7.1）。この問題は，人間の確率判断に見られる偏りを問う多くの問題と同様，人間の直感的な答えと確率論に基づいて出された答えが異なります。しかも，トリックではないのにトリックのような印象を与え，正解を知った上でも理解に苦しむ問題です。

7.3 意思決定

意思決定（decision making）とは，特定の目標を達成するために，複数の選択肢の中から1つを選び出すことです。私たちの日常生活では，刻々と生じる細かな問題，あるいは重大な問題に対応しなければなりません。たとえば休日の行動を思い浮かべてみましょう。朝食はどこで何を食べようか。久しぶりに美術館に行こうか，デパートでショッピングを楽しもうか。街まではバスと電車を利用しようか，それとも自家用車で出かけようか。もっとも，このような場合はあまり考えずに，半ば自動的に選択肢を選ぶことができるかも知れません。しかし，結婚相手や高価な商品の購入などの判断にあたっては，簡単には決定にたどり着けないこともあります。

人間の意思決定はどのように行われているのでしょうか。意思決定を行うための判断材料が既知の場合の意思決定と，未知の判断材料がある不確実な状況での意思決定やリスクを伴う場合の意思決定では，その方略に違いがあるようです。とくに後者のリスク下や不確実性下で行う意思決定では，ヒューリスティック（heuristic）な意思決定が行われるとともに，それに伴うさまざまな認知バイアスが生じることが知られています。

7.3.1 意思決定のモデル

車や電化製品といった商品の購入を検討する現実的な場面を考えてみましょう。たとえばノートパソコンを購入する場合，数ある類似商品の中から，どのようにしてその中の1つを選ぶのでしょうか。ノートパソコンの属性としては，デザイン，演算速度，メモリ容量，サイズ，重量，価格などがあります。これらの属性のうち，コンピュータとしての機能や性能に目を向ける人もいれば，デザインあるいは価格を最優先に評価する人もいます。現実的には，1つの属性のみを比較して判断する場合よりも，機能や性能，デザインや価格など複数の属性についての評価に基づいて選択する場合が多いです。このような選択の仕方は多属性意思決定（multi-attribute decision making）とよばれています。

多属性意思決定のモデルはいろいろ考案されています。多属性態度モデルと

して知られているフィッシュバイン（Fishbein, M.）のモデル（Fishbein, 1963）もその一つです。このモデルでは，対象への態度を規定する要因として，考慮すべき属性を対象が持つことについての「信念の強さ」と属性に対する「評価」の2つを考えます。「信念の強さ」とは，態度決定者がその属性に対してもつ期待とか重要性（重み）とみなせるものです。態度を予測するには，属性ごとにこの2つの要因についての評定値の積を求め，さらにすべての属性の和を算出します。この値が，購買者にとって重要と思われる属性についての態度であり，この態度の形成が購買行動における意思決定の引き金になると考えます。

　一例として，ジョギング・シューズの購入を検討している場面を考えてみましょう。購入者は，今回の購入にあたっては，品質とデザインを重視しました。まず，シューズに関する属性として，品質，デザイン，価格，ブランドの知名度の4つを取り上げ，大まかな判断で3つの商品（A，B，C）を購入候補としました。3つの商品はそれぞれ魅力があります。商品Aは有名ブランドのものです。商品Bはブランド品ではありませんが，品質とデザインが優れています。商品Cは品質と価格は魅力的ですが，デザインが少し気に入りません。そこで，表7.2のように，フィッシュバイン・モデル（Fishbein model）に従って3つの商品に対する態度を求めた結果，商品Bが最有力候補に選ばれま

表7.2　フィッシュバイン・モデルの利用例

属性	信念の強さ	商品A		商品B		商品C	
		評価	積	評価	積	評価	積
品質	3	1	3	2	6	2	6
デザイン	2	1	2	2	4	−1	−2
価格	1	2	2	1	1	3	3
ブランド	0	3	0	0	0	1	0
合計（積和）	—	—	7	—	11	—	7

4つの属性に対する購入者の「信念の強さ」と「評価」は，次のような主観的評定によって求めます。「信念の強さ」は，「全く重視しない……0点」から「非常に重視する……3点」までの4件法で評定させます。また，「評価」は，「全く評価しない……−3点」から「非常に評価する……3点」までの7件法で評定させます。4つの属性に対する商品A，B，Cの全体的態度（積和）を求めた結果，商品Bがもっとも合計点が高いため，もっとも有力な購入対象になります。

した。

　しかし現実の日常場面では，この理性的なフィッシュバイン・モデルが適用
される機会はそれほど多くはないようです。日常のこまめな意思決定において，
積和の値を求めるという作業を行っているとは考えづらいからです。

　フィッシュバイン・モデルほどは手間がかからず，現実場面への適用性が高
い多属性意思決定モデルとして，トヴァースキーが提案した**EBA モデル**
（elimination-by-aspects model）があります（Tversky, 1972）。このモデルでは，
まず複数の属性のうちで重要度が高い属性に着目します。そして，その属性に
関する選択肢間での比較がなされ，望ましくないと評価された選択肢が除去さ
れます。このような手続きの繰返しを通して，最終的に 1 つの選択肢が選択さ
れることになります。

　表 7.2 を参照しながら，先述のジョギング・シューズを購入する場面に
EBA モデルを当てはめてみましょう。購入者はシューズの品質をもっとも重
視していますので（信念の強さの評定値が大きい），品質の評価が低い商品 A
は選択肢から除外されます。次に注目するのはデザイン性ですので，商品 B
と商品 C を比較して，評価が低い商品 C が除外されます。その結果，最終的
に商品 B が選択肢として残ることになります。フィッシュバイン・モデルに
比べて，この選択プロセスで要する手間や時間はかなり短縮されていて，現実
的な場面に則したものになります。

7.3.2　ヒューリスティックと認知バイアス

　人間の思考においては多様な認知処理プロセスが働いていると考えられてい
ます。その代表的なものの一つに**二重過程説**（dual-process theories）があり
ます（Stanovich & West, 2000；Evans, 2008）。スタノヴィッチ（Stanovich,
K. E.）とウエスト（West, R. F.）やカーネマンは，この 2 つの処理プロセス
をシステム 1 とシステム 2 に分類しています。表 7.3 は 2 つのシステムの特徴
をまとめたものです。

　ここでは，人間が行う判断や意思決定の場面でみられる 2 種類のヒューリス
ティック，および人間特有の判断の偏りである認知バイアスの例を 4 つ紹介し

表7.3　2つのシステムの特徴

システム1	システム2
直感的	分析的
素早い	時間をかける
自動的	統制的
無意識的	意識的
非合理的	合理的
潜在的	顕在的
トップダウン的	ボトムアップ的

ます。ヒューリスティックや認知バイアスは前記のシステム1に相当するものです。

1.　ヒューリスティック

　ヒューリスティックとは，人間が複雑な問題解決のための意思決定を行うときに，暗黙のうちに用いている簡便な解法や法則のことを指します。これは経験に基づく直感的なものであり，判断に至る時間が短くて済むという大きな利点があります。日常の意思決定場面ではとても重宝するものですが，この方法は必ずしも正しい結論を導くものではありません。ヒューリスティックによる判断には，結論にしばしば一定の偏りを含むことがあります。

　意思決定場面におけるヒューリスティックには，代表性ヒューリスティック（representative heuristic）と利用可能性ヒューリスティック（availability heuristic）が知られています（Tversky & Kahneman, 1974；Kahneman, 2011）。

　代表性ヒューリスティックとは，「代表的」なものほど「よくありそうなこと」とみなしてしまう判断傾向のことです。前述のリンダ問題は，このヒューリスティックが誤った判断を導いてしまう典型的な例となります。実はこの問題の最初のバージョンは以下のような設問でした。

　リンダの現在の姿を予想し，次の8つの選択肢から可能性が高い順に順位をつけなさい。

　リンダは小学校の先生である。

　リンダは書店員で，ヨガを習っている。

リンダはフェミニスト運動の活動家である。

リンダは精神医学のソーシャルワーカーである。

リンダは女性有権者同盟のメンバーである。

リンダは銀行員である。

リンダは保険の営業をしている。

リンダは銀行員で，フェミニスト運動の活動家である。

　この実験の結果，一般の大学生のみならず意思決定科学を専攻する博士課程の大学院生でさえ，「銀行員である。」（要素命題）よりも「銀行員で，フェミニスト運動の活動家である。」（複合命題）という命題の可能性を上位にランクづけしました。実に学部生で 89%，確率や統計を専攻する大学院生の 85% でこのような結果が得られました。確率論に基づいて合理的に判断できるのであれば，つまり，システム 2 のプロセスであれば，要素命題のほうが上位にランクづけられるはずです。ところが，この問題の解答者には，31 歳の独身女性，外向的でとても聡明，大学では哲学を専攻，差別や社会正義の問題に強い関心を持ち反核運動に参加したこともあるというリンダに関する人物描写から，もっともリンダらしい（リンダを代表する）イメージが形成されます。それが，単に銀行員とかフェミニスト運動の活動家としてのリンダではなく，現在は銀行員として生計を立て自由な時間にはフェミニスト運動の活動をしているリンダにつながってしまうのです。つまり，システム 1 のプロセスが働いていると考えることができます。

　利用可能性ヒューリスティックとは，想起しやすい事項を優先して評価する判断傾向のことです。このヒューリスティックには，**想起容易性バイアス**（ease of recall bias）と**検索容易性バイアス**（retrievability bias）が関わっていると考えられています。想起容易性バイアスとは，過去の出来事や経験を思い出すとき，記憶が不正確とか不完全であるために生じるバイアスです。飛行機事故の発生率は自動車事故で死亡する可能性よりもはるかに低いにもかかわらず，自動車に乗るときよりも飛行機に乗るときに死を想起してしまうことがあります。飛行機事故のほうが重大事故になることが多いため，飛行機のほう

が自動車よりも死と結びつきやすいと考えられます。検索容易性バイアスとは，記憶の中からすぐに思い出されるものを優先するというバイアスです。テレビなどの CM に出てくる商品を優先的に購入してしまう場合がこれにあたります。CM に出ているから高い価値があるわけではないですが，すぐに思いついてしまうから買ってしまうのです。

2. 認知バイアス

ヒューリスティックの使用によって生まれている認識上の偏りを**認知バイアス**といいます。次の 4 つの問題は，意思決定に関わる代表的な認知バイアスの働きを端的に示すものです。まずは問題に答えてみてください。

【問題（フレーミング効果, Kahneman & Tversky, 1984）】

アメリカでは 600 人を死亡させると予想される珍しいアジアの疾病の流行に対して，A と B の 2 つの対策プログラムが準備されています。A と B はそれぞれ次のような結果が予想されました。

A のプログラム：200 人が救われる。

B のプログラム：3 分の 1 の確率で 600 人が救われるのに対して，3 分の 2 の確率で誰も救われない。

さて，あなたはどちらのプログラムを選びますか？

また，次の C と D のプログラムでは，どちらを選びますか？

C のプログラム：400 人が死亡する。

D のプログラム：3 分の 1 の確率で誰も死亡しないのに対して，3 分の 2 の確率で 600 人が死亡する。

A と B のプログラムでは A を選択した人が多く（回答者の 72%），C と D では D を選択した人が多い（回答者の 78%）という結果でした。A と C は情報としては同じで B と D も情報としては同じですが，文章表現が異なっています。A，B は，「救われる」とポジティブな表現になっていますが，C，D は「死亡する」とネガティブな表現になっています。ポジティブな枠組みで表現されると確実なほう（A）を選び，ネガティブな枠組みで表現されると不確実

なほう（D）を選ぶ傾向があります。このような傾向をもたらす認知バイアスは**フレーミング効果**（framing effect）とよばれています。フレーミングとは判断の準拠枠になるものです。

【問題（現状維持バイアス，Gilboa, 2011 を改変)】

1. あなたは確実に 10 万円もらえるとします。さらに，次の 2 つの選択肢のうちのどちらか一方を選ぶことができます。さて，あなたはどちらを選びますか。

(a) 確実に 5 万円を追加としてもらえる。

(b) 50% の確率で 10 万円を追加としてもらえるか，50% の確率で追加はもらえない。

2. あなたは確実に 10 万円もらえるとします。さらに，次の 2 つの選択肢のうちのどちらか一方を選ばなければなりません。さて，あなたはどちらを選びますか。

(a) 確実に 5 万円を失う。

(b) 50% の確率で 10 万円を失うか，50% の確率で何も失わない。

　後述のプロスペクト理論（コラム 7.2）でふれますが，人間の意思決定においては損失を利得より重視する傾向があるようです。失うことの痛みは得ることの喜びよりも大きいということです。

　リスク（不確実性）を伴う意思決定場面では，利得と損失の場合では異なる向きのリスク性向が認められます。一般に，**参照点**（reference point；利得あるいは損失と判断を下すための基準となるゼロ点）から見て，利得であるものに対してはリスク回避性向があり，損失であるものに対してはリスク受容性向があるようです。1 の設問では利得に対する意思決定なので，リスクが回避され利得が確実に得られる a が選択されやすいのです。2 の設問では，損失に対する意思決定では損失に不確実性のある b が好まれることになります。

　上述のように，リスク下での意思決定場面では損失回避の傾向とそれに基づく行動特性が見られます。少し見方を変えれば，現状を維持していたいという私たちの一般的な思いがあるともいえます。すなわち，いつものメーカーの製

品，いつもの店でいつもの食事，いつもの休日の過ごし方など，大きな変化を望む場合を除けば，一定の成果が見込まれるものを選択する日頃の傾向です。意思決定におけるこの傾向は**現状維持バイアス**（status quo bias）とよばれています。

【問題（サンクコスト，Gilboa, 2011 を改変）】

1. あなたは映画を見に行きました。しかし，前評判とは違ってあまり面白くありませんでした。あなたは上映途中で映画館から出て行ってしまいますか。
2. あなたの友人は映画のチケットを持っていましたが，用事ができたため映画には行けなくなってしまいました。そのため，友人は「チケットを捨てる代わりに」あなたにそのチケットを無償で譲ってくれました。そこで，あなたは映画を見に行きましたが，前評判とは違ってあまり面白くありませんでした。あなたは上映途中で映画館から出て行ってしまいますか。

　ここでは，2の場合での友人との関係性は除外して考えます。1の場合は自分のお金でチケットを購入し，2の場合はチケットを無償で手に入れたという事実に基づく意思決定ととらえます。1と2の場合では，あなたの行動に違いが見られるでしょうか。合理的な時間の過ごし方から見れば，両方の場合とも，途中で映画館を出て行くことが選択されるべきです。しかし，1の場合では，「支払ったチケット代がもったいない。元を取らねば」と考えてしまいがちです。このような，チケット代金を自分で支払ったという行為が後の意思決定に影響するバイアスは**サンクコスト**（sunk cost；埋没費用）とよばれています。

【問題（アンカリング効果）】

1. 南米ウルグアイの人口は，500万人以上でしょうか，500万人未満でしょうか。さて，ウルグアイの人口はいくらでしょうか。
2. 南米ウルグアイの人口は，2,000万人以上でしょうか，2,000万人未満でしょうか。さて，ウルグアイの人口はいくらでしょうか。

7.3 意思決定

おそらく，一般の日本人にとっては南米のウルグアイという国はそれほど馴染みがないと思われます。そのウルグアイの人口となると，自信を持って正解に近い人数を答えることはかなり難しく，見当すらつかない人が多いのではないでしょうか。大学生で調べてみると，1のような尋ね方で質問した場合と2のような質問の仕方では，回答者の答えの平均値やレンジに違いが出てくることがわかりました。1の場合は300万人とか700万人といった答が多いのですが，2の場合は1,000万人とか3,000万人といった大きな数の答が出てくることが少なくありません（実際は2016年現在で343万人です）。このように，問題の中に提示された特定の数値や情報が印象に残ってしまい，意思決定や判断に影響を及ぼしてしまうことをアンカリング効果（anchoring effect）といいます。アンカリングのアンカーという単語は船の錨を意味します。アンカリング効果とは，船が海に錨を下ろしてその周りを動くさまから名づけられたといわれています。

7.3.3　人間の意思決定と行動経済学

心理学と経済学には密接な関係があります。人間の日常生活における経済活動を分析するためには，人間行動の仕組みを知ることが不可欠です。とりわけ，意思決定に関する認知心理学の知見は経済学の発展に大きく貢献してきました。

近代から20世紀に至るまで，経済学理論では経済活動の主体として合理的な人間を仮定してきました。そこでのもっとも有力な経済理論は期待効用理論というものでした。期待効用理論とは，人間の行動はその行動によってもたらされる期待値の最大化を図るというものです。しかし前項で紹介したように，現実の生活場面において人間の行動をうながす推論や意思決定には，ヒューリスティックや認知バイアスといった非合理的なものがあることが判明してきました。このような期待効用理論の現実への不適合を補うものとして，心理学からのアプローチがあったのです。

心理学と経済学の両領域を結ぶ研究で大きな貢献をした研究者は数多くいます。ノーベル経済学賞を1978年に受賞したサイモン（Simon, H. A.）と同賞を2002年に受賞したカーネマン（長年にわたり共同研究をしたトヴァースキ

ーは1996年に亡くなっていました）とトヴァースキーの研究はとりわけ大きく貢献しました。その代表的な貢献の一つがカーネマンとトヴァースキーの提唱する**プロスペクト理論**（prospect theory）です（コラム7.2を参照）。これらの研究で得られた知見である人間の意思決定に見られる行動特性が経済理論に組み込まれ，今日の行動経済学が誕生しました。

7.4 結びにかえて

図7.4（Wickens, 1984）は人間の情報処理に関する巨視的なモデルです。この図からも明らかなように，「意思決定・反応選択」のプロセスで処理される推論や意思決定には，知覚系や記憶系との情報の入出力が重要になっています。しかしその情報処理の仕方についての包括的で有力な処理モデルは見当たりません。何よりも，このプロセスが思考や問題解決の中核になるにもかかわらず，今のところブラック・ボックスに近い状態です。このブラック・ボックスの中身を明らかにすること，すなわち「考える」という人間の意識的な行為の科学的解明が認知科学に関する学際的研究の大きな目標になります。この解明に向けて，心理学，人工知能，神経科学などの研究分野からのさまざまなア

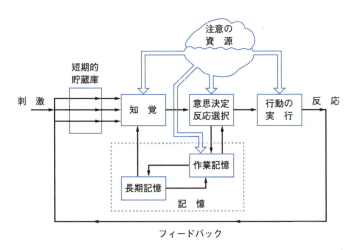

図7.4　人間の情報処理モデル（Wickens, 1984）

プローチがあります。

ニューウェル（Newell, A.）とサイモン（Simon, H. A.）は，人間と同様の
ヒューリスティックな探索によって問題を解く人工知能プログラム「ロジック
・セオリスト」を発表しました（Newell & Simon, 1956）。このプログラムの
開発をはじめとして，本章の冒頭で紹介した知的ゲームなどにおける人工知能
の研究は，「考える」機械の実現に向けての挑戦でもあります。また同時に，
これらの研究は，人間の問題解決や思考の解明に対するシミュレーション実験
を通してのアプローチでもあります。

最後に，意思決定に関する意外とも思える結果を報告した神経科学的研究を
紹介します。1980年代に行われたリベット（Libet, B.）の一連の実験です。
リベットの実験は，実験参加者が自由なタイミングで指や手を動かし，その前
後の脳の活動を記録するものです。その結果，参加者が指や手を動かそうと決
める（意思決定する）より0.35秒ほど前に，行動を起こすときに生起すると
いわれる頭頂葉の運動準備電位が出現したのです。つまり，前意識的に脳の中
で行動が準備され，0.35秒後に意識である意思決定がなされたと解釈されるも
のでした。この結果は，人間の意思（自由意志）とは何であるのかという大き
な問題をも提起し，現在でも論争が続いています（たとえば，鈴木，2012を
参照）。

本章では，主に人間が行う推論や意思決定の行動的特徴について見てきまし
たが，推論や意思決定というプロセスで行われている情報処理の仕方や神経科
学的なメカニズムについてはあまりふれられませんでした。これらについては，
断片的な知見が集められつつあるというのが現状です。しかし，今日の人工知
能研究や脳科学研究の発展には目覚しいものがあります。近い将来，これらの
研究成果を踏まえ，推論や意思決定という「考える」ことに関する有力な認知
心理学的モデルの提案が期待されます。

コラム 7.1　モンティ・ホール問題

　この問題は，モンティ・ホール（本名は Monte Halperin）氏が司会をするアメリカのテレビ番組 "Let's Make a Deal" の中で紹介されたゲームです。人間の直感と確率論から得られる答えが異なり，確率論から得られた正解に対する解釈をめぐり，数学の専門家を交えた大きな論争を引き起こしたことでも知られています。

　ゲームのルールと手順は以下の通りです。挑戦してみてください。

　プレイヤーの前に3つのドアA，B，Cがあり，1つのドアの後ろには車が，2つのドアの後ろにはヤギがいる。プレイヤーは車のドアを当てると車がもらえる。プレイヤーはどれか1つのドアを選択する。その後，モンティは残りのドアのうちヤギがいるドアを開けてプレイヤーにヤギを見せる。ここで，プレイヤーは最初に選んだドアを，残っている開けられていないドアに変更してもよいと言われる。プレイヤーはドアを変更すべきであろうか？

　変更する，が正解です（図7.5）。変更しない場合の当たる確率は3分の1ですが，変更した場合は3分の2になり，当たる確率が2倍になります。誤答の多くは，プレイヤーが1つのドアを選んだ後，モンティが残り2つのドアのうちの1つ（ハズレのドア）を開けた時点で，開けられていない2つのドアの当たり確率が2分の1で等しいと判断することによるものです。その結果，変更してもしなくても当たる確率に違いがないため，どちらでも良い，あるいは最初の選択を固持して変更しないとしてしまいます。

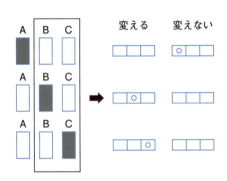

図7.5　図を用いたモンティ・ホール問題の解法

最初にAのドアを選んだ場合の結果を示します。灰色のドアが当たりです。矢印の右側は「変える」ときと「変えない」ときの当たりの有無で，丸印が当たりのドアの位置を示します。上段の場合は，最初に当たりのドアを選んでいますので，変えないほうが良いです。しかし，中段と下段の場合は，ハズレを選んでいるので，変えたほうが良いことになります。したがって，変えるほうが変えない場合より当たる確率は2倍になります。最初にBやCのドアを選択する場合も同様です。

　では，あなたがプレイヤーで，どれか1つのドアを選んだ後，いきなり残り2つのドアに変更しますか，と問われたとします。もちろん3つのドアはどれも開けられていません。あなたは変更しますか？

コラム 7.2　プロスペクト理論

カーネマンとトヴァースキーは、リスク条件下における人間の意思決定モデルとしてプロスペクト理論を提唱しました (Kahneman & Tversky, 1979)。プロスペクトという単語には予測、見通し、期待といった意味があります。

プロスペクト理論に関わる次の問題を考えてみましょう。

問題 1：普段は 500 円で売られている商品があります。今月はセールの月で、この商品が 400 円で売られています。400 円は安いと思いますか？　それとも高いと思いますか？
問題 2：セール中は 400 円で売られていた商品（セール前は 500 円で売られていました）が今は 450 円で売られています。450 円は安いと思いますか？　それとも高いと思いますか？

問題 1 の 400 円は安いと感じ、問題 2 の 450 円は高いと感じるのではないでしょうか。普段の価格である 500 円と比較すればともに安いのですが、問題 2 の場合は、セール中の 400 円と比較することが多く見られます。

プロスペクト理論の主な主張は図 7.6 の価値関数 (value function) のグラフに見ることができます。人間が金銭的結果を評価する際に 3 つの認知的特徴があるという主張です (Kahneman, 2011)。

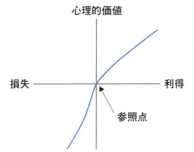

図 7.6　利得と損失に対する心理的価値を示すグラフ（価値関数）
参照点を境にして利得と損失が決まります（特徴 1）。利得と損失ともに、その絶対値が大きくなるほど関数のカーブ（傾き）が緩やかになります（特徴 2）。利得に比べて、損失の関数カーブは急です（特徴 3）。

第 1 の特徴は、金銭的な利得と損失の評価は参照点に対して行われることです。参照点とは、上の問題でいえば、比較する際の基準価格になります。参照点が 500 円であれば 400 円は得ですし、参照点が 400 円であれば 450 円は損になります。第 2 の特徴は感応度逓減性 (diminishing sensitivity) といわれるものです。これは、利得や損失の絶対量が大きくなるほど、それらの感覚が鈍くなる傾向を指します。所持金が 1,000 円のときに 100 円が増える場合に比べて、所持金が 10,000 円のときに 100 円が増える場合は、ありがたみが小さいということです。第 3 の特徴は損失回避性 (loss aversion) です。これは、得をするときと損をするときで価値の感じ方が異なり、損失を利益よりも大きく評価する傾向を指します。2 分の 1 の確率で、当たれば 10,000 円もらえ、ハズレたら 10,000 円支払わなければならないくじがあった場合、あなたはそのくじを引きますか？

復習問題

1. 演繹的推論と帰納的推論の例を自作してみてください。

2. ベイズ推定の問題を自作し，図を用いる解法を利用してベイズの公式を解いてみてください。

3. アンカリング効果を示す問題を作成し，実際に身近な人で効果を確かめてみてください。

参考図書

カーネマン，D.　村井章子（訳）（2012）．ファスト&スロー――あなたの意思はどのように決まるか？――（上・下）　早川書房

　初級。ノーベル経済学賞受賞者カーネマン自身により，人間が行う意思決定に関してカーネマンとトヴァースキーによるさまざまな発見と考察がとてもわかりやすく解説されています。上下巻合わせると700頁以上ですが，とても興味深く読みやすい本です。一気に読みすすんでもよいですし，章ごとを拾い読みしても楽しめます。

マンクテロウ，K.　服部雅史・山　祐嗣（監訳）（2015）．思考と推論――理性・判断・意思決定の心理学――　北大路書房

　中級。引用文献が600編を超えることからも分かるように，本書は推論と意思決定に関する研究を展望する専門書です。著者の序文では，各章の配置は内容のつながりを考慮しているので，章を追って丁寧に読み進めることを勧めています。しかし，どの章もとても内容が濃いですので，興味を持った章の拾い読みでも本書の価値は十分に得られると思います。

第8章 言語

　私たちは，誕生してから1歳前後で意味のある言葉を獲得して以降，語彙爆発とよばれる時期を経て，多くの言葉を習得します。言葉は周りの人とコミュニケーションをとったり，新しい知識や考えを取り入れるときにも重要な役割を担います。本を読んで，知らなかった言葉の意味を理解したり，体験したことのない世界や出来事でも言葉を通して想像することが可能となります。また，新しい言語を学ぶとき，発音は何となく聞きとれるが，意味は理解できない，あるいは中国語の漢字であれば，正確にはわからないが大まかな意味は理解できるといったことを経験したことがあるかもしれません。

　言語が持つ性質や構造について，言語学において研究がすすめられ，そこで得られた知見は心理学にも多大な影響を与えています。本章では言語と言語が示す対象との関係や言語能力と言語運用について，さらに人間の認知機能からみた言語の意味などについて考えます。言語獲得の段階では，音声知覚の特徴や，意味を理解する際の基盤となるものについてみていきます。最後に，言語理解について，音声からなる単語を聞いたり，書かれた文章を読んだりするとき，どのようなプロセスを経ているのか，単語や文章などの認知過程を概観します。

8.1　言語学における言語のとらえ方

8.1.1　ソシュールの言語観

　私たちが言葉でやりとりをするとき，どのようなプロセスを経ているでしょうか。「おやつは何を食べましたか」「今日はイチゴを食べました」「だんだん暖かくなりましたね」「もうすぐ桜の季節です」など，話し手が音声を発すると，聞き手はその内容を理解し，それに対応した内容を答えます。ソシュール（Saussure, Ferdinand de, 1916）は，言葉について「社会における約束の体系」としてラングという概念を想定し，同じ言語を話す人は，ラングを共有す

第 8 章 言　語

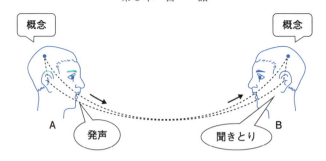

図 8.1　話し手と聞き手の意味の伝達（Saussure, 1916 を一部改変）

ることで同じ文から同じ意味を理解することができると考えました。話し手と聞き手が言葉で意味を伝達する仕組みについてみてみると，図 8.1 における話し手（A）は頭の中である概念を生成し，発声器官を通じて音声として発します。聞き手（B）は耳という感覚器官を通して入ってきた音声から，概念を作り出します（図 8.1）。話し手が意図した概念と聞き手が構築した概念において同じ事柄が想起されることで正確な意味の伝達が成立します。

　ではどのようにして物理的刺激である音声が概念としての意味を持つようになるのでしょうか。ソシュールは，単語は音声に意味が結びつくことで，記号という性質を持ち，同じ言語を話す人は記号によって意味を伝達する仕組みを共有していると説明しました。たとえば，イチゴは，/ichigo/という音によって，赤くて甘酸っぱい果物の種類といった意味を表現することができます。言葉の基本的単位である単語には，意味するものとしてのシニフィアン（signifiant，能記，記号表現）と，意味されるものとしてのシニフィエ（signifié，所記，記号内容）の 2 つの特性を備えています。/ichigo/という音声の集合がシニフィアンで，「赤くて甘酸っぱい果物の種類」がシニフィエとなります。話し手のシニフィアン（綴りや発音など）に対応したシニフィエ（意味）を聞き手が生成することで，同じ内容を理解することができます。シニフィアンとシニフィエの間にずれが生じると，理解の行き違いやミスコミュニケーションが生じてしまいます。

　単語は音声の集合などによって意味を表現しているという点で，記号の一種といえますが，単語だけでなく，図形やマークなどによっても意味を表すこと

8.1 言語学における言語のとらえ方

図 8.2 記号としての信号のマーク
左:青, 中央:黄, 右:赤。

は可能です。図 8.2 のマークを見ると, 私たちは赤は止まれ, 青は渡ってよいという意味をとらえることができます。このように, ソシュールは音などの対象が一定の意味を示すことを記号ととらえました。

8.1.2 チョムスキーが心理学に与えた影響

言語獲得は, 刺激と反応の連合の強化を繰返し経験することによって学習されるという行動主義のアプローチの考え方がとられていた時期がありました。1950 年代に入り, チョムスキー (Chomsky, N., 1957, 1965, 1987) は, 人間は生まれながらにして言語を獲得する能力を備えているとする生成文法 (generative grammar) を提案し, 心理学の言語研究にも多大な影響を与えました。

言語獲得の時期に子どもに提供される単語や文章は必ずしも適切なものではないにも関わらず, 子どもたちは正確な文法や語彙を習得し, さらに使ったことのない文章を生み出すことができます。チョムスキーは, この現象は言語獲得装置 (Language Acquisition Device; LAD) によって成し遂げられていると考えました。人間は普遍文法といわれるものを生得的に持っていて, 子どもは言語経験を通して母語となる言語の文法体系を構築し, 言語を習得すると考えられています。このように言語習得のために備わっている能力を言語能力 (linguistic competence) といいます。これは, 人間が持つ言語に関する知識といえます。一方, 実際に話したり, 聞いたりする行為は言語運用 (linguistic performance) として区別されています。

8.1.3 認知言語学における言語観

1980 年代に入ると, ラネカー (Langacker, R. W., 1987) やレイコフ (Lakoff, G., 1978, 1987) らが中心となって, 認知機能や社会的相互作用が言語に

与える影響を検証しました。そして，言葉の意味は，私たちが世界をどのようにとらえ，解釈しているのかという認知作用を反映しているという認知言語学を発展させました。

　認知言語学では言葉の意味を理解するとき，カテゴリ化（categorization）という認知機能によってさまざまな出来事や事物を体系化し，物事を関連づけたり，分類，整理していると考えています。カテゴリ化とは，いくつかの属性を共有するものを1つのグループにまとめる認知過程であり，心理学においても記憶や知識の研究に重要な概念として解明が進められてきました。カテゴリ化の代表的な理論の一つにロッシュらの研究があります。カテゴリには3つの階層構造があり（Rosch, 1975），3つのレベルの中心に位置する基本レベルは，他のカテゴリと区別できる属性や知覚的特徴を持っています。さらに，具体的で特定化された属性を示す下位カテゴリとこれらのカテゴリをまとめる機能を持つ上位カテゴリがあります（Rosch et al., 1976）。

　たとえば，「鳥」という言葉を聞いたとき，どのようなイメージが浮かぶでしょうか。鳥は動物（上位カテゴリ）の一種であり，"飛ぶ""羽根がある""卵を産む"といった特徴があります。また，庭でよく見かけるスズメや黒い羽根を持ったカラス，長くて色とりどりの羽根を持つクジャクなどを思い浮かべるかもしれません（下位カテゴリ）。このように，外見や大きさ，羽根の色など特徴の違いはあっても，カテゴリ化という認知機能よって，「鳥」という基本カテゴリで表現することができます（図8.3）。

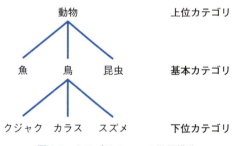

図8.3　カテゴリの3つの階層構造

8.2 言語の獲得

8.1 では，言語のとらえ方について，話し手と聞き手の言葉のやりとりの仕組みや言語の生得的基盤，認知機能が言語に与える影響といった視点からみていきました。ここでは，言葉による意思伝達を可能にするための言語獲得のプロセスについてみていきます。

8.2.1 母語に対応した音韻知覚

音声言語は，「あ，い，う」（/a, i, u/）のように，単語の意味の違いを作る最小単位の音としての音素や音節を識別する音韻的特徴と，イントネーションやリズムのように，語や句の境界やメッセージを伝達する韻律的特徴を持っています。音韻については，国際音声記号（International Phonetic Alphabet）で言語共通の母音と子音が 100 ほどに分けられており，日本語の場合，/a/，/i/，/u/，/e/，/o/ の 5 つの母音があります。言語によって音韻のカテゴリは異なるため，日本人であれば，英語の /r/ と /l/ の発音の聞き分けに苦労したことのある人は多いでしょう。それは，rice と lice は /ライス/ と表記されるように，日本語ではラ行音は 1 つの音韻カテゴリのみしか存在していないからです。

音韻のカテゴリは物理的に明確な区別があるわけではありません。たとえば，音声の変化についてみてみると，口を丸く開けて「あー」と言いながら，小さくすぼめると「おー」という音になります。このように音は連続的に変化します。しかし，私たちは一定の範囲の音を「あ」あるいは「お」と識別しています。また，女子高生の甲高い「ハイ！」も中年男性の低い「はい」という音声も物理的には異なる響きであるにも関わらず，同じ単語として聞きとることができます。このように変動のある音声を言語環境に適応した音韻体系にあわせ，音韻知覚を行うことをカテゴリ知覚（categorical perception）とよびます。カテゴリ知覚を行うことで，文脈などで異なる物理的音声でも母語に対応した音韻カテゴリに当てはめて聞きとり，効率的な音韻知覚が可能となります。

乳児の音韻知覚については，生後 6 カ月前後で成人が聞き分けることが難し

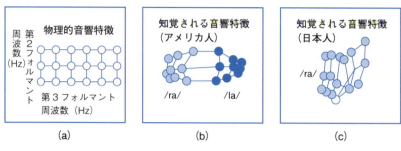

図 8.4 アメリカ人と日本人の/r/と/l/の音韻知覚（Kuhl, 1999；小林と佐々木, 2008 をもとに作成）
物理的には/r/と/l/は音の周波数成分である第2フォルマントと第3フォルマントの特徴によって明確に区別されます（a）。アメリカ人は，その2つを異なるものと知覚しますが（b），日本人になると，同じ/ra/と知覚します（c）。

い音韻や母語にも見られない音韻を聞きとることができることが知られています。ツシマら（Tsushima, T. et al., 1994）は，生後6カ月から8カ月の日本語を母語とする乳児が，/r/と/l/が含まれる聴覚刺激について，2つの音韻を弁別できることを示しました。英語を母語とする乳児も，アフリカやヒンディー語特有にみられる多様な音韻を聞き分けることができます（Best & McRoberts, 2003；Werker et al., 1999）。

　言語普遍的な音韻知覚をしていた乳児は，生まれてから1年前後で母語に必要としない音については識別しなくなり，母語の音韻体系に対応した音韻知覚処理へ変化します。音韻弁別に対する敏感な反応は10カ月ごろには低下し，日本語が母語の乳児も次第に/r/と/l/を区別せず，1つの音韻カテゴリとして知覚するようになります。その結果，成人の音韻知覚では，同じ周波数の音声を聞いたとき，英語話者は/ra/と/la/を異なる音声として知覚するのに対し，日本語話者は/ra/という1つの音韻カテゴリとしてまとめて識別していることがわかります（Kuhl, 1999）（図8.4）。

8.2.2　音から単語へ

　乳児は，母語に対応した音声知覚を行うようになり，1歳前後になると初めて意味のある単語としての初語を話すようになりますが，一つひとつの単語を理解するためには，単語がどのような音声から構成されているのか識別できな

8.2 言語の獲得

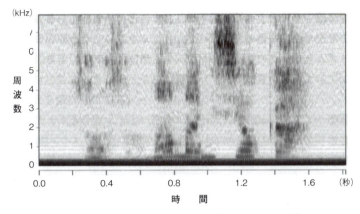

図 8.5 「そろそろ，マンマにしようか」のスペクトログラム
(鈴木と白畑，2012)

ければなりません。たとえば，「いいえ」（/i：e/）と「家」（/ie/）の単語では，用いられている母音は/i/と/e/の2つですが，短母音か長母音かによって異なる意味をもつ単語になります。文が話されるとき，異なる周波数の音声が連続して出力されます。たとえば「そろそろ，マンマにしようか」という文は，**図 8.5** のように周波数（音の高さ）を時間的経過によって分析するスペクトログラムによって，視覚的に示されます。スペクトログラムの濃淡をみても，どこで単語が区切られるのかは明確ではありません。しかし，私たちはこのような連続した音声から，語などの単位を切り出す**分節化**（segmentation）を行うことによって，文全体を理解しています。

語の分節化は，生後半年を過ぎたくらいから，いくつかの言語の特徴を手がかりに行うようになります。その手がかりの一つに，音の高低や長さといった**韻律的特徴**（prosody，プロソディ）がありますが，リズムの特徴は言語によって異なります。英語やドイツ語は強弱ストレスの強勢リズム，フランス語，スペイン語などは母音と子音の組合せによる音節リズム，日本語は1拍，2拍といったモーラリズムなど音のタイミングの規則性があります（**表 8.1**）。このリズムを手がかりとして乳児は語の境界を検出しています（Soderstrom et al., 2003；Christophe et al., 2008）。7カ月を過ぎると，英語を母語とする乳児は，語頭にアクセントがある"強/弱"ストレスパターン（例：candle）の

第 8 章 言　語

表 8.1　**言語によるリズムの特徴**（鈴木と白畑，2012 をもとに作成）

強勢リズム（stress-timed rhythm）：英語，ドイツ語など
（例）órange　（英語）：1 強勢
音節リズム（syllable-timed rhythm）：フランス語，スペイン語など
（例）o・ran・ge　（フランス語）：3 音節
モーラリズム（mora-timed rhythm）：日本語
（例）オレンジ　（日本語）：4 モーラ

単語を "弱/強" ストレスパターン（例：surprise）の単語よりもより好んで聞くことや，文中でどの部分にストレスが置かれるのか，強/弱のストレスパターンから単語を分節化をするなど，母語の単語の構造に関する知識を備えていることがわかっています（Jusczyk & Aslin, 1995；Jusczyk et al., 1999）。

　また，音節が連続して出現する頻度を示した遷移確率（transitional probability）をもとに，統計的学習という方略をとることもあります。「パパだっこ」という文では，最初の「パ」（/pa/）の音節の後にはいつも「パ」（/pa/）の音節が来ますが，その後に「だ」（/da/）の音節がいつも続くとは限りません。このように隣り同士の音韻系列の出現頻度の確率（遷移確率）を統計情報として，乳児は「パパ」（/papa/）という単語の境界を学習するのです。分節化に用いる方法や手がかりは年齢によって変化し，遷移確率に注目する時期や韻律を手がかりとして単語サイズに切り分ける時期を経ながら（Johnson & Jusczyk, 2001），母語のリズム構造に対する知覚学習や音節順序の遷移確率を用いた統計的学習などを経験し，音韻系列の学習から語彙獲得への準備を始めているといえます（林，2006）。

8.2.3　意味の獲得

　9 カ月を過ぎたくらいから乳児は自分の意思や要求を身振りや発声で伝えるといった意図的コミュニケーションを使うようになり，意味獲得につながる行動をとり始めます。好きなおもちゃの車を見ると，母親に取るように要求したり，注意を促すような指さし行動をとります。このような前言語的伝達行動が確立することは，言語発達の重要な基盤となります。

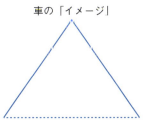

図8.6 イメージ（表象）・指示対象・シンボルの3つの関係
(Ogden & Richards, 1923 をもとに作成)

また，"タイヤがついていて，前後に移動するもの"いうような，車のイメージ（表象）を仲介として，「車」という対象をクルマ（/kuruma/）という音声で発せられる言語シンボルと結びつける認知能力も意味獲得のためには必要とされます。"車"そのものは，日本語で/kuruma/と発音する必然性はなく，恣意的に関係づけられたものですが，指示対象としての車は，/kuruma/という音声や，積み木でつくられた"車"，クレヨンで描かれた"車"の絵といったシンボルで意味されるという表象関係が理解できるようになります（図8.6）。

10カ月から1歳くらいになると初語が見られ，1語文の段階では，事物名称や出来事，挨拶など生活に根ざしたものが出現します。また，「マンマ」（ごはん）という単語をすべての食べ物に対して話すことがあり，成人が用いるよりも広い範囲で意味を適用させる過拡張的用法も生起しやすい時期です。自発的発語が50単語を過ぎた1歳半から2歳ごろにかけて，**語彙の爆発的増加**（word explosion）ともよばれるほど急激な語彙の増加がみられ（Nelson, 1988），1日9語程度獲得するともいわれています。2語発話が可能になると，指名（「あれ・ワンワン（イヌ）」），行為―対象（「ブーブー（車）・押す」），動作主―行為（「ママ・ネンネ」）などより多くの意味関係を伝達できるようになります。

語彙の急増期には，一般的な事物名称がもっとも多く獲得されますが，マークマン（Markman, E. M., 1989, 1992）は，単語と意味の対応において，事

198 第8章 言　語

物名称と指示対象との関係を子どもが予測するとき，以下の3つの制約を持っていると仮定しました。①バスという単語はバスのタイヤやドアなどの部分や属性ではなく，バスという事物全体を指すという事物全体仮説，②バスという単語は，自分が持っているおもちゃのバスといった特定の対象だけを指すのではなく，バスというカテゴリに属する他の対象にも用いられるという分類カテゴリ制約，③バスという対象にはバスという1つの名称だけが与えられ，異なる語が用いられることはないという相互排他性があげられます。

このような制約理論から語の意味獲得を説明する考えに対して，トマセロ（Tomasello, M., 1999, 2003）は社会的相互作用を重視する立場をとり，**用法基盤モデル**（usage-based model）を提唱しました。子どもは他者の行動からその意図を読みとるという社会的認知スキルを持ち，語の意味の学習に役立てていると考えました。トマセロとバートン（Tomasello, M., & Barton, M., 1994）やアクターとトマセロ（Akhtar, N., & Tomasello, M., 1996）の実験では，子どもたちに事物に名称（ラベル）をつけるという課題が求められました。子どもは自分の行為に対する不満そうな実験者の声のトーンや喜びの表情を読みとり，これらの非言語的手がかりを使いながら，何が求められているのかという**指示の意図**（referential intentions）を把握し，語の意味を獲得していることが示されました。

8.3　言語の理解

言語を獲得することにより，出来事や感情を言語情報によって伝達したり，物事を考えたり，経験していないことにも思いを巡らせたり，世界や出来事を理解することができるようになります。こうした行動の際には，単語や文，さらに長い文章が継続して処理されています。ここからは，言語理解の処理過程についてみていきます。

8.3.1　音・文字から語へ

会話したり本を読んだりするとき，私たちは単語を理解し，単語が連結した

図 8.7　**文字の分類**（小泉，1978 をもとに作成）

文や，文が積み重なる文章を継時的に処理しています。言語の基本的単位としての単語は，より小さな音や文字から構成されています。行く（/iku/）とイス（/isu/）では/k/と/s/の子音が異なるだけですが，まったく異なる意味を持ちます。このように言語にはいくつかの単位があり，語の意味の違いを生じさせる最小単位の音を**音素**（phoneme）といいます。さらに母音と子音の組合せによって**音節**（syllable）が構成されます。意味を持つ最小の単位は**形態素**（morpheme）とよびます。たとえば，日本語の"りんご"の音素は，/r/, /i/, /n/, /g/, /o/であり，音節で示すと，/ri/, /n/, /go/, 形態素は/ringo/となります。

このような音素や形態素の特徴は言語によって異なります。英語にはおよそ40程度の音素があり，アルファベットは1文字が原則的に1音素に対応する音素文字が用いられますが，日本語の平仮名や韓国語のハングル文字は母音と子音をセットにした音節文字が使われます。このような音素文字，音節文字は文字が音を表しているため表音文字に分類されます（図 8.7）。それに対して，日本語や中国語の漢字は文字が意味を表すため，表意文字に分類されます。さらに，中国語は漢字の読みが1種類しかなく，漢字1文字で語をなすことから表語文字のみを用いるのに対し，日本語は仮名とともに語を構成する形態素文字と表語文字の両方を使用します。

8.3.2　メンタルレキシコン

語は，音韻や形態の情報や意味に関する情報，さらに名詞や動詞など文中に

おける役割を示す情報など，さまざまな語彙に関する情報を含んでいます。それらの情報は，脳内の**心的辞書**（mental lexicon；メンタルレキシコン）に表象として貯蔵されています。言葉を話したり，読んだりするとき，それぞれの語についての語彙情報にアクセスすることで，発音や綴り，語の意味などが認識されます。メンタルレキシコンにおける語彙情報がどのように貯蔵され，アクセスされているのかを解明するために，単語認知処理に関する研究が進められ，言語刺激を含む実験課題が用いられてきました。主な実験課題には，単語か非単語かを判断する語彙性判断課題や音読課題，刺激を2回提示し，最初に提示されるプライム刺激と次のターゲット刺激の関係を判断するプライミング課題などがあります。

　読みの過程における文字の認知処理については，いくつかの事実が実験によって確かめられています。たとえば，単語を構成する文字（desk の e）のほうが非単語を構成する文字（ekds の e）よりも認知されやすい**単語優位性効果**（word superiority effect；Reicher, 1969）をはじめとして，出現頻度の高い言語は低頻度語よりも語彙判断時間が短い**頻度効果**（frequency effect）や非単語よりも単語のほうが音読課題の反応時間が短いことなどがあげられます（Rubenstein et al., 1971）。

8.3.3　話し言葉と書き言葉の認知処理

　言語を用いた情報伝達の手段には，話し言葉と書き言葉があります。それぞれに特徴があり，話し言葉の場合，聴覚器官を通じて，継続的に情報が入ってくるため，聞き手は，入力された情報をコントロールすることはできません。一方，書き言葉は視覚情報として文字入力が行われることから，読み手は自分のペースで入力のスピードを調節したり，視覚刺激を再確認したりすることができます（Matlin, 2013）。

1.　話し言葉の認知処理

　話し言葉は音声刺激として連続して入力されるため，その情報は長期にわたり保持されず，音声の波形で視覚的に提示しても，明確な区切りを判別することは容易ではありません（8.2.2，**図 8.5** 参照）。しかし，一連の音声刺激から

8.3 言語の理解

単語の境目を聞き分け，継時的に聴覚処理をしています。

　また，私たちは，会話中に聞きとりにくい単語があっても，必ずしも聞き直すのではなく，会話全体の意味をとらえることができます。それは，単語の欠落部分を聞き手の予測や期待によって，知覚的に補完する**音韻修復**（phoneme restoration）をしているからです。この現象を説明した研究として，ワレンとワレン（Warren, R. M., & Warren, R. L., 1970）の実験があります。この実験では実験参加者に，"*"の部分の音声が咳払いの音に置き換えられた次の3つの文章を聞かせました。

1. It was found that the *eel on the axle.
2. It was found that the *eel on the shoe.
3. It was found that the *eel on the orange.

　その結果，実験参加者は，"*eel"の部分の単語を，1番目の文章では"wheel（車輪）"，2番目は"heel（かかと）"，最後は"peel（皮）"と同定しました。このように同定できるのは，文の最後の単語"axle（車軸）"，"shoe（靴）"，"orange（オレンジ）"をそれぞれ手がかりとして，不完全にしか聞こえない"*"の部分を補っているからです。このような音韻修復や前述したカテゴリ知覚という機能を用いることで，私たちは日常の会話をスムーズに行っているといえます。

　音声単語の認知処理の代表的なモデルとしては，**コホートモデル**（cohort model；Marslen-Wilson, 1987）があります。コホートとは，古代ローマにおける歩兵隊の一単位で，数百人からなる兵隊群を意味しています。刺激としてある音声単語が提示されると，語頭部分の2，3個程度の音素を共有する単語の候補群（コホート）が活性化されます（図 8.8）。たとえば，/str/という音声で始まる単語が入力されると，語頭が/str/で始まる単語がコホートメンバーとして活性化されます（stage 1）。継続して入ってくる音声情報に加え，動詞か名詞といった統語的情報や意味情報も参照しながら，関係のない単語の候補を除外します（stage 2）。このような段階を経て，再認ポイントに到達し，最終的な候補を同定します（stage 3）。コホートモデルでは，音声刺激から単語の候補群を生成するボトムアップ処理と，意味情報や文脈を利用するトップ

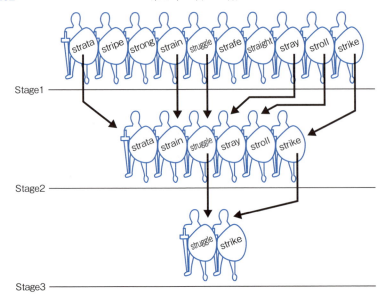

図 8.8 コホートモデルの処理過程 (Ling & Catling, 2011)
stage 1 では/str/で始まる候補が活性化され，stage 2 では統語的情報や意味情報も参照された結果，候補が絞られ，stage 3 では最終的な候補を同定します。

ダウン処理を相互に用いるという特徴があります。

音声単語処理には他にもマクレランドとエルマン（McClelland, J. L., & Elman, J. L., 1986）が提案した **TRACE モデル**（TRACE model）などがあります。このモデルは，脳の神経細胞の活動はそれに対応する処理ユニットのネットワークによって，興奮と抑制を繰り返しながら進められるととらえられるコネクショニストモデルの一種です。聴覚刺激の入力に対して，3つの表象レベル（聴覚特徴，音素，単語）で，活性化の促進と抑制を相互に進行させ，単語を同定するというプロセスが仮定されています。

2. 書き言葉の認知処理

書き言葉による読みの情報伝達プロセスでは，通常は文章の流れに沿って，左から右に視線を移しながら進行します。そのときの眼球運動は，文字を一つひとつ追うのではなく，単語から次の単語へと飛ぶように眼球を移動させる**サッカード**（saccade）といわれる動きをしながら，単語の部分で眼球運動を止

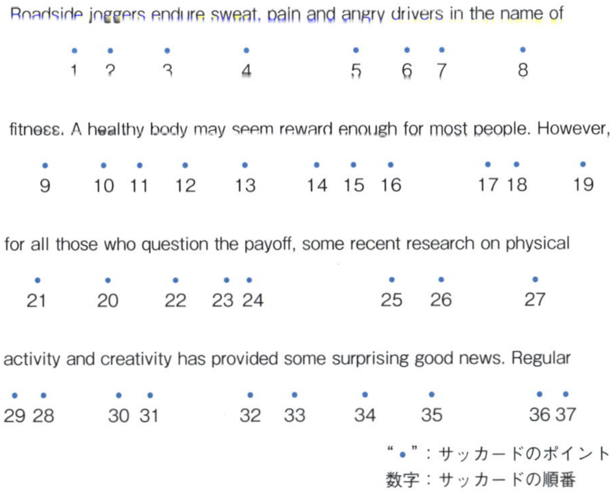

8.3 言語の理解

Roadside joggers endure sweat, pain and angry drivers in the name of

```
  •    •    •         •         •    •    •         •
  1    2    3         4         5    6    7         8
```

fitness. A healthy body may seem reward enough for most people. However,

```
  •    •  •  •    •         •  •  •      •  •       •
  9    10 11 12   13        14 15 16     17 18      19
```

for all those who question the payoff, some recent research on physical

```
     •    •    •    • •              •    •         •
     21   20   22   23 24           25   26        27
```

activity and creativity has provided some surprising good news. Regular

```
  • •      •  •         •    •    •    •         •  •
  29 28    30 31        32   33   34   35        36 37
```

"•"：サッカードのポイント
数字：サッカードの順番

図 8.9　読みの過程における眼球運動（サッカードと停留）のプロセス
（Parkin, 2014 に一部追加）

めて，**停留**（fixation）するというプロセスを繰り返しています。図 8.9 では英語の文章が提示されたときの読みの過程における眼球運動のプロセスを示しています。

　"・" のポイントで停留が起こり，文の順に沿ってサッカードが生じていますが，必ずしも提示順に移動するのではなく，時には眼球移動が後退する（21，29 のポイント）こともあります。

　視覚提示あるいは聴覚提示された単語の語彙アクセスについて，モートンらが初期の**ロゴジェンモデル**（logogen model）に改良を加え，拡張ロゴジェンモデルを提案しました（Morton, J., 1979, 1980）。ロゴジェンとは，言語刺激の特徴を分析した情報を受け入れる装置を指しており，それぞれの単語に対応したロゴジェンが存在しています。たとえば，書き言葉が入力されると，どのような文字が含まれているのか視覚的分析を行い，その結果が視覚入力ロゴジェンに送られます。神経細胞の入力が閾値を超えると発火するように，ロゴジェンの活性化の程度は，視覚刺激の特徴から分析され，入力された語彙表象との類似度によって決定されます。そのため，"つ・く・え" という視覚刺激が入力されると，"つ・く・し" ロゴジェンよりも "つ・く・え" ロゴジェンの

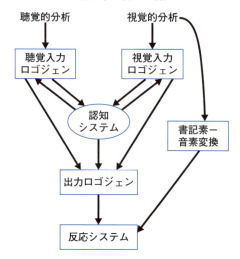

図 8.10 **拡張ロゴジェンモデル**（Morton, 1979 をもとに作成）
入力ロゴジェンで活性化が高くなり閾値を超えたロゴジェンが認知システムや出力ロゴジェンに送られ，最終的に出力ロゴジェンで閾値を超えたロゴジェンが反応システムに送られます。

ほうが活性化レベルは高くなります。活性化レベルがある閾値を超えると認知システムや出力ロゴジェンに送られます。認知システムでは，意味や統語的特徴からの予測や文脈といった高次の処理が行われ，それらの結果が入力ロゴジェンにフィードバックされたり，出力ロゴジェンに送られます。出力ロゴジェンで活性化のレベルが閾値を超えたロゴジェンが反応システムに出力され，そこで発話などの反応がなされます（図 8.10）。また，拡張ロゴジェンモデルでは，書記素―音素変換のルートが追加され，非単語が提示された場合など，単語の発音の知識などを用いずに形式的に文字を音に変換するような処理も想定されています。

　刺激の活性化レベルに影響を与える要因の一つに単語の使用頻度があります。使用頻度の高い単語のロゴジェンは活性化の閾値が低いため，低頻度の単語よりもわずかな視覚入力情報で発火し，単語認知までの時間も早いことが予想されます。ロゴジェンモデルは視覚的分析といった低次レベルの情報と認知システムでの文脈や状況などの上位レベルからの情報も取り入れる相互作用的活性

化モデルといえます。

一方，マクレランドとラメルハート（McClelland, J. L., & Rumelhart, D. E., 1981）やラメルハートとマクレランド（Rumelhart, D. E., & McClelland, J. L., 1982）は，先に述べた TRACE モデルと同様に，コネクショニストモデルの考えに基づいた**相互活性化モデル**（interactive model）を発表しました。このモデルでは，刺激の基本的な処理単位としてのノードが，物理的特徴レベル，文字レベル，単語レベルで促進性と抑制性を持つリンクを通じて結びつき，各レベルの間でトップダウン処理とボトムアップ処理が両方向で行われます。

8.3.4　統語解析から物語の理解へ

前項では単語に関する心的辞書の特徴や語彙アクセスの過程についてみてきました。しかし，日常生活での言語活動は，単語のみで成立するのではなく，文や文章によるものが多数を占めています。文は単純に単語が並べられたものではないため，音韻情報や形態情報といった語彙情報の処理だけでは十分な理解には至りません。文法や構造を明らかにする必要があり，そのプロセスのことを**統語解析**（parsing）といいます。文中の単語などの**構成素**（constituent）がどのような関係にあるのかを解析し，**句構造**（phrase structure）を見つけるプロセスともいえます。

1.　チョムスキーの生成文法

文の句構造を理解するためには，単語が一定のルールとしての文法に従って配列されていることを認識しなければなりません。チョムスキー（Chomsky, 1957）は，文法は句構造規則と変形規則を持つという変形生成文法を提唱しました。チョムスキーの生成文法の理論は，さまざまな改訂がなされていて，ここで紹介するのは初期の研究の標準理論といわれるものです。

グリーン（Greene, 2014）は，句構造規則を単純化したものを図 8.11 のように紹介しました。文の統語解析をするには，構成素に分割し，それを統語範疇に分類する必要があります。統語範疇とは動詞句，名詞句，品詞などのカテゴリで，図 8.11 の句構造規則の番号の横に書いてある分類です。たとえば，"Sary baked an apple pie." という文を統語解析すると，句構造規則の 1，2，

図 8.11　チョムスキーの句構造規則の短縮版 (Greene, 2014)

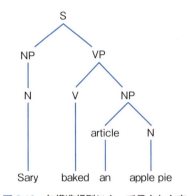

図 8.12　句構造規則によって示された文

3，6，8，9，11を適用し，図8.12のように示されます。

　また，変形生成文法では文には**深層構造**（deep structure）と**表層構造**（surface structure）の2つのレベルがあるととらえています。深層構造は文の意味的関係を特徴づける役割を持ち，表層構造が発話の情報を示しています。"My uncle built the wooden house." と "The wooden house was built by my uncle." の2つの文を見てみましょう。"家を建てたのは私の叔父である"という命題はどちらの文でも同じであることから，2つの文は深層構造を共有しているといえます。一方，句構造は異なるパタンを示しているので，表層構

8.3 言語の理解

造は異なります。変形生成文法では，変形規則を用いて能動態から受動態（あるいはその逆）に変換することが可能であり，これらの規則に基づいて深層構造から表層構造への変換が行われます。

2. ガーデンパス文

文の統語構造は必ずしも一意に決まるわけではないため，私たちは構造を理解するために，いくつかの方略を用いて解析します。フレイザーとフォーダー（Frazier, L., & Fodor, J. D., 1978）は，単語が認識され，統語解析を進めるとき，もっとも単純な構造が選好されると考えました。その時に用いられる方略として，できるだけ構成素の結合節点を少なくする**最少結合**（minimal attachment）があります。

たとえば，"Mary cooked an omelet for John." という文の句構造を解析してみましょう。この文の句構造には2つの解釈の可能性があります（図 8.13）。一つは "for John" という前置詞句が，名詞句である "an omelet" と結合する解釈（John が好む程度に作られた，John 向きのオムレツ）です（図 8.13(1)）。もう一つの解釈は，前置詞句 "for John" が動詞の "cooked" に結合する解釈（John のために作った）です（図 8.13(2)）。接点の数が，(1)では3個に対して(2)では2個で済むため，最少結合の方略を採用すると，(2)の解釈を選択する傾向があります。

また，文を左から右に読んでいくとき，曖昧な単語や句構造のために，いったん解釈を保留することがあります。たとえば，The old train…. という文を読むとき，この段階では，old が名詞（老人）なのか，形容詞（古い）なのか判断できず，処理を保留しなければなりません。この後に left the station.（駅を発車した）が続けば形容詞（"古い" 列車）と判断し，the young（若者）が続いたとしたら名詞（老人が訓練する）と解釈することができます（Anderson, 2014）。

最初に考えた解釈がうまくいかなかったり，複数の解釈が考えられるために，もう一度，文を読み返したり，再解釈が必要な文を**ガーデンパス文**（garden path sentence；袋小路文）とよびます。"私はテストで 100 点をとった夢を昨日見た。" という文を処理する場合，まず，"私は……100 点をとった"，とい

(1) メアリーはジョン向きのオムレツを作った

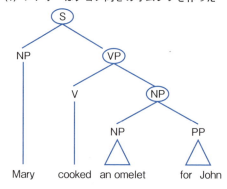

(2) メアリーはジョンのためにオムレツを作った

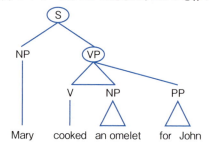

図 8.13 最少結合に関する 2 つの句構造

う時点で，逐次的に認識された構成素からできるだけ単純な句構造を作ります。そして，句の結合節点を少なくするために，主語と述語の意味関係（私はとった）から1つのまとまった文である，"私はテストで100点をとった"を完成させます。しかし，さらに"夢を昨日見た"と続くため，もう一度，構文を解析して，関係節としての句構造（テストで100点をとった夢）を再構築しなければなりません。このように，構文解析に処理の負荷がかかるガーデンパス現象は，最少結合の方略を優先的にとることから生じる現象であると説明することができます（Fraizer & Rayner, 1982）。

3. 文章の理解

　友人と会話したり，心理学の教科書を読んだりするとき，その会話や文章には，複数の文が集まり，相互に関連しあい，まとまりをもった内容が含まれて

8.3 言語の理解

います。そこでは，文単位ではなく，まとまった会話や文章として処理して理解しようとします。そのような処理を**談話の処理**（discourse processing）といいます。読み手や聞き手は，与えられた情報を統合し，記憶にとどめたり，推論したりします（Lynch, 2010）。日本語話者が英語を学習し，会話に挑戦したとき，知らない単語があったり，聞きとれなかった部分があったりしても，文章全体の意味はなんとなく理解できたという経験があるのではないでしょうか。このようなときは談話の処理がなされているといえます。

文章理解のプロセスは，文字から語を構成し，語の意味から文の意味を作り上げていくボトムアップ処理と，すでに知っている既有知識や文脈によって文章全体の意味を決定するトップダウン処理を行っていると考えられます。これは，文章の個々の刺激だけでなく，世界や出来事についての知識を相互に用いながら，文章全体の意味を構築していく過程です。

これら2つの処理の特徴に基づいた文章理解のモデルについてみていきましょう。ファン・ダイクとキンチュ（Van Dijk & Kintsch, 1983）やキンチュ（Kintsch, W., 1988, 1998）らの研究により，文章理解の過程は，3つの表象レベル（表層構造，テキストベース，状況モデル）が仮定され，これらの記憶表象が形成される過程を**構築―統合モデル**（construction-integration model）として体系化されました。たとえば，"部屋が狭くなったので，私は引っ越しを決めた。それで，インターネットで，賃貸マンションを探し始めた。"という文章を読んだときの表象の形成過程についてみてみましょう。

まず，表層構造では，語彙アクセスや統語解析によって，単語や句の意味に関する情報が保存されます。これらの記憶表象はテキストベースにおいて，意味を表す最小単位としての**命題**（proposition）としてボトムアップ的に抽出され，命題はネットワークで結びついた構造を持ちます。前述の文章をテキストベースで表現すると，「狭い」「決めた」「探し始めた」の3つの命題から構成され，「そのため」「それで」という関係で結びついていることがわかります（図 8.14）。

最終的に，読み手は，文章から抽出された命題の記憶表象に加え，トップダウン処理も行いながら，テキストに関わる既有知識も活性化した状況モデルを

文章：部屋が狭くなったので，私は引っ越しを決めた。
それで，インターネットで，賃貸マンションを探し始めた。

図 8.14　**テキストベースの例** (Kintsch, 1998)

形成します。状況モデルは，テキストの内容に関連する世界や出来事に関する表象であり，空間，時間，因果関係，主人公，目標といった特性が含まれています (Zwaan & Radvansky, 1998)。

　これらの 3 つの表象は，構築―統合過程を経て形成されます。まず，構築過程では，文章の語彙的，統語的情報による表象レベルから抽出された命題のネットワーク構造で，文章に関連した知識や推論も含んだ意味の活性化が生起します。そして，統合の段階では，文章全体を整理しネットワークを通じて，活性化された命題間で影響力のある意味表象の活性化が強められます。さらに，文章全体の文脈に適合しない表象の削除といったプロセスを通じて，テキスト全体の要旨がまとめられ，構造化されたテキスト表象が定着します。

　一方，ある筋道に沿って話が展開していくような物語を読む場合には，物語に関する既有知識を用いて，一定の規則を適用し，系統だてて配列された文章として理解していると考えられ，そのときに用いられる物語文を定式化した理論は**物語文法**（story grammar）とよばれます（Thorndyke, 1977）。物語は，さまざまな要素から構成されていますが，物語文法では，これらの構成要素は書き換え規則によって 4 つのカテゴリがあり，さらに細分化された階層構造になっています（図 8.15）。

　物語文は，まずイントロダクションとしての「設定」の部分で登場人物や場所，時間を説明し，どんな出来事や目標が設定されているのかという「テーマ」を記述します。そして，さまざまなエピソードから構成される「プロット」で物語の内容が展開され，最終的に「解決」で幕を閉じるという構成にな

8.3 言語の理解 211

規則番号		規則
1. 物語	→	設定＋テーマ＋プロット＋解決
2. 設定	→	登場人物＋場所＋時間
3. テーマ	→	（出来事）＋目標
4. プロット	→	エピソード
5. エピソード	→	下位目標＋試み＋結果
6. 試み エピソード	→	出来事
7. 結果 状態	→	出来事
8. 解決 状態	→	出来事
9. 下位目標 目標	→	願望状態
10. 登場人物 場所 時間	→	状態

図 8.15　物語文法の書き換え規則 (Thorndyke, 1977)

っています。

　マンドラーとジョンソン（Mandler, J. M., & Johnson, N. S., 1977）は，民話は物語文法の構造に適合するものが多いことを示しています。民話や昔話が口伝で語り継がれる中で物語文法が習得され，次第に物語文法に沿った内容に変容した可能性が考えられます。

復習問題

1. ソシュールとチョムスキーの言語のとらえ方を，それぞれの違いを明確にしながら説明してください。
2. 言語獲得における母語に対応した音声知覚の発達について，説明してください。
3. 話し言葉と書き言葉の認知処理で共通にみられる特徴について述べてください。

参考図書

阿部純一・桃内　佳雄・金子康朗・李　光五（1994）．人間の言語情報処理——言語理解の認知科学——　サイエンス社

　単語認知過程から文章理解に至るまでの言語理解に関する知見や理論が網羅され，言語モデルや実験についても詳細に説明されています。

大津由紀雄（編）（1995）．認知心理学3　言語　東京大学出版会

　言語心理学の入門書として，言語知識の性質や言語の獲得および使用の過程についてわかりやすい解説がされています。

小林春美・佐々木正人（編）（2008）．新・子どもたちの言語獲得　大修館書店

　言語獲得の要因やプロセスを分かりやすい言葉で説明し，言語獲得に関連する領域についての事例や知見も紹介されています。

コラム 8.1　物語と認知　　四田谷　洋

　認知心理学に近い学問に認知言語学があります。認知言語学は，言葉が身体性によって動機づけられており，主体の出来事のとらえ方が言語表現に反映されていると考える立場から言語と比喩とは切り離せない等の主張を持つ学問で，言語だけではなく**物語**（narrative）の分析にも有効なアプローチです。

　では，認知心理学や認知言語学で，物語はどのように理解できるでしょうか。高校国語教材でもある村上春樹「ささやかな時計の死」を例示に用いながら話を進めましょう。

　「ささやかな時計の死」は，昔はねじまきによって時計に密接に関わることで時計が家族の一員であったものが，電池式で便利になってからは時計との距離がひらき電池切れで突然時計がとまる話と，そうして現在とまってしまった時計を「僕」に贈ってくれた女性（物語の中では「彼女」と表現）が死んだ話からできています。「僕」の人生は「僕」が語ることで擬似的に自伝的な構造を伴い，記憶のような物語となります。

　認知心理学では文章理解として物語をとらえ，読者が物語世界を疑似体験すると考えます。佐藤（2008）らの疑似自伝的記憶モデルでは，出来事の時間的展開とその語りの点で物語と**自伝的記憶**（autobiographical memory）とは類似し，物語読解には自伝的記憶に似た記憶表象が擬似的に作られ，読者は**物語世界**（narrative world）を現実世界のように疑似体験します。

　さて，読者が物語世界への入り込みによって強い疑似体験をする状態を**没入**（immersion）といいます。読者は，物語世界へと輸送され，読者の意識が物語の出来事に集中して，物語世界を鮮やかにイメージします。物語世界への入り込みとは，物語を読み，物語世界に移入することで，その世界を味わい代理経験できることを指します。移入の利点として，読者は移入によって，未知の情況に対する経験の蓄積が可能になる点があり，欠点としては物語の語り手や登場人物の考え方に影響されたり制約されたりして，現実状況に適切な判断ができなくなる点があります。移入によって「僕」に同一化すると「僕」のものの見方や価値観に囚われてしまう

場合がそれです。

「ささやかな時計の死」に対する相沢 (2011) の物語解釈を見てみましょう。

相沢は，「僕」と彼女の関係はもっとも「稀薄な」関係だといいます。なぜなら，偶然同時期にハワイに行くことになった「僕」たち夫婦と一緒に滞在した友人の妻である彼女に対して，「四人で借りた方がずっと安い」という経済的合理性を一緒に滞在した理由にしたり，「気心もまあ知れている」と「まあ」という言葉が示すためらいがあり，さらに妻も彼女をケチと評しているからです。一方で，彼女は，その死が他の友人たちの死のように「正直に言って，悲しいというよりは悔しさの方が先に立つ」ような「同年代の知人・友人」の一人でもあり，「僕」がねじまき時計に思いをはせるように，彼女も「一九六〇年代に流行し，それ以降流行らなくなってしまったものを八〇年代の「現在」においてもなお目を向け続けている」点で似ているといいます。

相沢は，「筆者」として春樹と「僕」をつなげ，彼女の死を電池時計的にとらえつつ，同時にねじまき時計的にもとらえているという語りの両義性を，物語への共感的な移入によって丁寧にとらえています。

このように心理的なモデルで物語コミュニケーションをとらえた場合，そのコミュニケーションの検討の対象は現実の作者（この場合，村上春樹）と読者（私たち）に限りません。物語は単一の主体が統括するわけではないからです。コミュニケーションに認知的アプローチを採用する関連性理論 (Sperber & Wilson, 1996 内田ら訳 1998) の推論モデルによれば，語り手にとっての語り手と聴き手にとっての語り手は異なり，意図したことと理解したことの間にはズレが常に生じます。物語は語り手（narrator）と聴き手（narratee）との間に構築された媒介物として，内容と表現の間のさまざまなレベルで有意味性を最適化するよう構造化されています。

さて，認知言語学では，山梨 (2015) のように，物語の描写は，語りの位置が変動することで，視野が変化し，語りの表現に表れる認知と表現の対応があることを想定します。物体を見る視点を変えると物体の形がそれに応じて変化するように，

コラム 8.1　物語と認知

認知主体（作者／読者）と物語世界との相互作用の中で認知主体が心の中に物語世界のイメージを作り上げます。

また，認知言語学は日常のなんでもない認識にこそ比喩が大きく関与するととらえます。たとえば，「最近の時計は殆どが電池式で何をせずとも二年くらいは一人で動いてくれる」はねじまき時計が毎日ねじを巻いてやらないといけないのとは異なり単独行動が可能な点で，「大げさに言えば時計は我々の家族の一員であった」はねじまき時計への密接な人の（ねじをまくという）関わりの点で，擬人的表現です。一方で，これはそうした世界との身体的な交感・共鳴の表現でもあり，そうした点で世界に対する語り手「僕」の感情移入の表現になります。こうした擬人・交感・共鳴の表現からは，共感の契機となる物語世界内の「僕」とその対象表現（「時計は我々の家族の一員」）とその潜在的な意味（たとえば「時計は懐かしい／親しみがある」など），そしてそれらを**焦点化子**（focalizer；物語世界への心的径路の中継点ともなる，見るもの・視点）を通して操作する語り手という表現構造が想定されます。

さて，山梨（2009）がいうように，個々の要素の総和以上の意味が全体にあります。物語の**コンストラクション**（construction；構成体）はミクロな表現の細部とマクロな全体双方に見いだせる有意なまとまり・構造であり，ミクロとマクロの関係を繋げたテーマ批評のスタイルで物語解釈を行えるかもしれません。

「ささやかな時計の死」も突然の死というモチーフで時計と彼女の死をつないでいく物語です。この物語のコンストラクションは，物語前半の時計の突然の死と後半の彼女の突然の死が物語全体を貫く突然の死というテーマとなるからです。ここで注意すべきはコンストラクションを厳密に検討すれば，ミクロとマクロは同一ではないということです。後述するように，時計が停止・故障することと，人が死ぬこととは同一ではなく，また「ささやかな時計の死」の物語全体のテーマも突然の死に対する無念のみを語っているわけではなく，「僕」の女性嫌悪も含め，さまざまな解釈が可能でしょう。それらは比喩的につなげられている限りで，カテゴリ／階層ミステイクを起こしています。さらにいえば，物語が自明の前提とする語りも

また本来実在しているわけではありません。単なる文字列に対してコミュニケーション図式を写像することで生まれる操作概念である点で，語りもある種の比喩であるということです。

相沢が見落としているのは，「ささやかな時計の死」の物語の次のような側面です。たとえば，生前時計に対する返礼ができなかった点で，彼女がケチな程度に「僕」もケチなのであり，同年代の女性を「少女」とよぶのは連帯感であると共に見下しでもあることです。

繰り返しますが，時計の停止と人の死とは同義ではありません。ねじをまいたり電池を交換すれば再び活動する時計と，もはや二度とよみがえらない人とは異なるのです。彼女は電池時計の突然の停止になぞらえられる限りで，相沢の主張する思い入れに反して，その程度の関係性でしかないともいえます。むろん，これは比喩の写像が動作の停止と生命活動の停止の一点で接続しているためで，時計と人間とのずれは写像に亀裂を生じさせるのです。

物語の内的あるいは外的な文脈（context）とは当該の物語そのものではないという点で，物語に対する比喩であるとすれば，そこには常にずれがあります。何度もいうように，物語の内的な文脈である時計の停止と人間の死とは接続すると共に違和があります。相沢のいうモダンとポストモダンの重層性という外的文脈も「ささやかな時計の死」の物語と簡単につながるわけではありませんし，むしろ結びつけないほうがいいでしょう。この点で，比喩である語りが解釈の決定的な差異を創り出すわけではなく，その背後のフレーム（frame）が都合のいい結論を導きだしていることになります。

ここでは物語の外部のフレームの検討の必要性にふれてみましたが，物語は認知言語学・認知心理学で扱うには複雑で大きすぎ，それだけにさまざまな道具立てで取り組んでいけば，人間知の新たな側面を発見できるかもしれません。なお，物語の認知言語学からの分析については，『認知物語論とは何か？』（西田谷, 2006），『認知物語論キーワード』（西田谷ら，2010），『認知物語論の臨界領域』（西田谷と浜田, 2012）などを読んでみてください。

第9章

認知と脳

　近年，脳研究には非常に高い関心が寄せられています。一つの大きな理由は，超高齢化社会となり，加齢による脳機能の変化とその防止，アクティブ・エイジングを自分自身の問題として考える人が増えてきたことです。これらは，医学のみならず，心理学を含む神経科学という複合領域で研究がすすめられてきました。

　本章では，まず，心の働きの土台となる脳そのものを概観し（9.2），脳の構成要素であるニューロンの構造と働きを解説します（9.3）。9.4では，ヒトを対象として認知機能を明らかにするためのさまざまな脳機能計測法を紹介します。

9.1　脳研究と認知心理学

　脳機能計測法の発展により，健常成人の脳，加齢による脳の変化について，多くを知ることができるようになりました。また成人のみならず，乳幼児の認知機能と脳機能の関係を知ることができるようになりつつあります。このことを受け，成長に伴う脳機能の変化，脳の発達を考慮した乳幼児とのかかわり方に興味を持つ人が増えてきているようです。

　認知心理学では，実験課題を工夫して設計し，主に健常な大学生に研究に協力してもらい，行動指標（反応時間，正答率，誤答率など）を測定します。本章のタイトルである「認知と脳」の関係を知るためには，9.2，9.3の神経系に関する基礎的知識，9.4の脳機能計測法の発展に加えて，この本のこれまでの章で述べられてきたような認知心理学の考え方や知識が重要です。9.5で認知と脳の関係について紹介しますが，ここでは，脳梗塞，頭部外傷などによって脳の一部に損傷を受けた神経心理学的症例からの知見と，実験課題遂行中の脳機能イメージング研究の知見を紹介します。

9.2 脳の構造

9.2.1 概　要

　私たちの生命維持機能から高次精神機能までの幅広い活動は，神経系の働きによって支えられています。神経系は，中枢神経系と末梢神経系の2つに大別されます。中枢神経系は，脳と脊髄から構成されています。さらに脳は，大脳，間脳，小脳，脳幹（中脳・橋・延髄）から構成されています（図9.1）。一方，末梢神経系は，脊髄から出る枝のような神経線維です。身体の知覚・運動制御に関わる体性神経系と，各種内臓の機能を調節したり，内臓からの情報を中枢神経系に伝達したりする自律神経系が含まれます。ここでは，主要な脳の構造を簡単に紹介します。

9.2.2 大脳皮質

　大脳皮質（cerebral cortex）は6層の層構造を持ち，発生の過程で，深部から表層に向かって層が形成されていきます。ヒトの脳を外側から観察すると，多数の皺が認められます。この皺を溝といい，溝と溝の間の大脳皮質が入り込

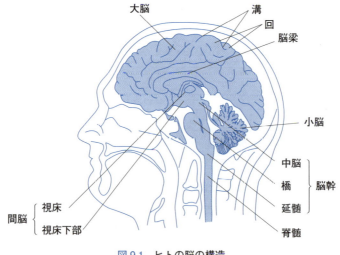

図9.1　ヒトの脳の構造

んでいるところを回といいます（図9.1）。すべての溝と回には名称があります。代表的なものには，大脳皮質の前頭葉（frontal lobe）と頭頂葉（parietal lobe）を分割する溝である中心溝があります。また，脳を上から観察すると，大脳縦裂によって左右に分かれているように見えます（大脳半球）。しかし実際には，大脳縦裂の下に脳梁とよばれる太い線維束があり，左右の大脳皮質はつながっています。

さて，大脳皮質は領域によって機能や役割が異なっています。そこで各領域を特定する場合は，どのようによばれるのでしょうか。代表的なものとして，①大脳皮質を大きな溝を目安に，前頭葉，頭頂葉，側頭葉（temporal lobe），後頭葉（occipital lobe）の4つに分け（図9.2），さらにそれぞれを分類する方法，②ブローカの言語野（Broca's area），ウェルニッケの言語野（Wernicke's area）など，特定の心の働きを担う脳部位を発見した研究者の名前でよぶ方法（図9.3），③ブロードマンの脳地図（Brodmann's map；染色した脳組織を顕微鏡で観察し，構造の類似性によって大脳皮質を1～52野に分類，図9.2），④3次元座標で表現する方法（タライラッハ座標；Talairach coordinate）があげられます。

④は，脳の中心を原点として，3次元座標で示しますので，大脳皮質以外の脳部位についても，詳細な位置を表すことができます。そのため，タライラッハ座標のみで脳部位を示した場合は，座標の数値が違っていても，機能は同じ

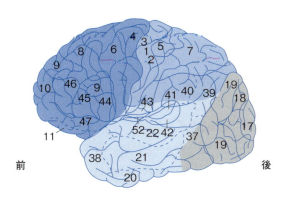

図9.2 ブロードマンの脳地図と前頭葉，頭頂葉，側頭葉，後頭葉
(Wilson, 2003；岡田ら，2015より，前後軸を削除し，前頭葉，頭頂葉，側頭葉，後頭葉を追加)

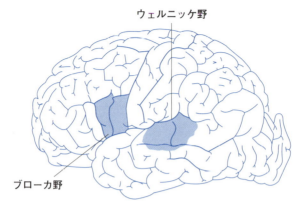

図 9.3　ブローカ野とウェルニッケ野
(Dejerine, 1914；岡田ら, 2015 を一部改変)

であることがあります。一方，①〜③を用いて大脳皮質を示す場合，あまりに広範囲に及ぶため，解剖学的名称が同じであるにもかかわらず，機能は異なることがあります。

そこで，脳の具体的な位置を示すための3対の解剖学用語をあげます。1つ目は，前側・後側といい，ある脳部位の前後軸を表します。2つ目は，背側・腹側といい，ある脳部位の上下軸を表します。3つ目は，外側・内側といい，ある脳部位の正中線からの遠近軸を表します。たとえば，背外側前頭前野とは，前頭葉前部のうち，上側（背側）の正中線から遠い部分（外側）を意味します。

脳機能イメージング研究（9.4.2 を参照のこと）の発展に伴って，脳の断面の図を目にすることが増えてきました。脳の断面は，どの軸に沿うかによって，3種類あります。前後軸の断面を冠状断，背腹側軸の断面を水平断，外内側軸の断面を矢状断といいます（図 9.4）。

9.2.3　大脳基底核，大脳辺縁系

ヒトの脳の冠状断（図 9.5(a)）と矢状断（図 9.5(b)）を用いて，大脳基底核（basal ganglia），大脳辺縁系（limbic system）とよばれる領域を紹介します。

大脳基底核は，視床および脳幹と大脳皮質を結ぶ領域で，尾状核・被殻・黒

9.2 脳の構造

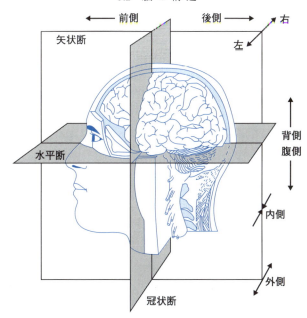

図 9.4 脳の断面の解剖学的名称（Kalat, 1984 渋田訳 1987 を一部改変）

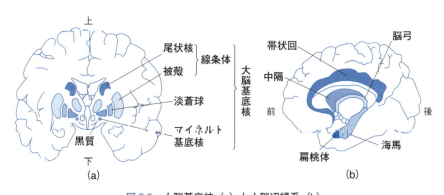

図 9.5 大脳基底核（a）と大脳辺縁系（b）

質・淡蒼球，マイネルト基底核などから構成されています。尾状核と被殻を合わせて，線条体とよびます。黒質は，メラニン色素を多く含んでいるため，ヒトの脳ではややくすんで見えます。神経変性疾患のパーキンソン病は黒質，ハンチントン病は線条体の機能低下が，それぞれの主な病因と考えられています。

また，マイネルト基底核の機能低下は，認知症と深い関連があるといわれています。

　一方，大脳辺縁系は，情動機能に深い関わりがある脳部位をまとめた機能的単位のことで，帯状回，海馬（hippocampus），扁桃体（amygdala），脳弓，中隔などを含みます。大脳辺縁系という名前は，大脳皮質全体から見ると，中心から外れた辺縁に位置することに由来します。海馬は記憶や情動，扁桃体は攻撃性や恐怖との関連が深いとされています。

9.2.4　視床，視床下部，脳幹，小脳

　視床，視床下部，脳幹，小脳は，大脳後部に位置します（図 9.1 参照）。視床は，大脳皮質の内側に位置しており，大脳皮質で処理される信号の入出力に関わるたくさんの中継核が集まっています。視床の腹側部に位置する視床下部という領域は，ホルモン分泌や自律神経系のコントロール，さまざまな本能行動の調節に関わっています。

　中脳，橋，延髄をあわせて脳幹といいます。中脳は，視床と視床下部の後方に位置し，睡眠・覚醒の調節を担っています。橋は中脳と延髄の間，小脳の前方にあります。延髄は，呼吸，循環，消化など，生命維持に不可欠な機能を調節しています。

　小脳の重さは，脳全体の約 10% といわれています。小脳は，姿勢反射の調節に加え，単純な運動機能から複雑でスムーズな運動機能の計画と実行に関わっています。

9.3　ニューロンの構造と機能

9.3.1　ニューロンの構造と働き

　脳は，主としてニューロン（neuron；神経細胞）・グリア細胞・血管から構成されています。ヒトの脳には，数千億個のニューロンがあるといわれ，脳内の情報処理の中心的役割を果たしています。ここでは，ニューロンの構造と働き，情報伝達方法について紹介します。

9.3 ニューロンの構造と機能

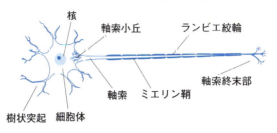

図 9.6　典型的なニューロンの模式図（Kahle, 2001 岡田ら, 2015 を一部改変）

　ニューロンの主要な働きは，あるニューロンから信号を受けとり，別のニューロンに信号を伝達することです。図 9.6 は，典型的なニューロンの模式図を示しています。核を有する細胞体から，樹状に突起が何本も伸びており，この部分を**樹状突起**（dendrite）といいます。樹状突起と細胞体は，あるニューロンから信号を受けとります。また，細胞体から比較的はっきりとした 1 本の長い突起が伸びており，これを軸索とよびます。軸索は，他のニューロンから伝達される信号の混信を防ぐためのミエリン鞘という膜構造で何層にも包まれています。ミエリン鞘は，軸索全体を覆っているわけではなく，ミエリン鞘同士の隙間はランビエ絞輪とよばれます。ミエリン鞘を軸索に持つニューロンでは，ランビエ絞輪からランビエ絞輪へと跳び跳びに信号が伝わっていくため，ミエリン鞘を軸索に持たないニューロンよりも，情報を速く伝達することができます。

　あるニューロンからの信号は，軸索を通り，軸索の末端部分で別のニューロンに伝達されます。このニューロン同士の接合部分のことを，シナプスといいます。信号を出す側のニューロン（シナプス前ニューロン）と信号を受けとる側のニューロン（シナプス後ニューロン）との間は，密着しているわけではなく，わずかな隙間があります（シナプス間隙）。

　一方，グリア細胞は，ニューロンの約 10〜数 10 倍の数があり，ニューロンの活動に必要な物質を供給し，不要な物質を回収する働きをしています。

9.3.2　活動電位

　シナプス前ニューロンが興奮することによって，ニューロン同士の信号伝達

224　　　　　　　　　第9章　認知と脳

が行われます。では，ニューロンが興奮するとは，具体的にどのようなことで
しょうか。

　ニューロンの外側と内側は，脂質二重層でできた細胞膜で隔てられていて，
ニューロン内外に電圧がかかった状態になっています。細胞膜を挟んでニュー
ロンの外側の電位を基準として，ニューロン内の電位との差を膜電位（mem-
brane potential）といいます。静止状態におけるニューロンの膜電位を静止膜
電位といい，およそ−60 mVで安定した状態にあります。何らかの活動に対応
して細胞膜に生じる一過性の膜電位変化のことを活動電位（action potential）
といいます。ニューロンの軸索で観察される活動電位の場合，膜電位がおよそ
＋40 mVまで上昇します。このように，膜電位がプラス方向に変化することを，
ニューロンが興奮するといいます。

　活動電位が生じる仕組みは以下の通りです。ニューロンの細胞体から軸索が
伸び始める部分を軸索小丘といい，軸索小丘にあるスパイク発火帯には，膜電
位依存性Na^+チャネルと膜電位依存性K^+チャネルが存在しています。これら
のチャネルは細胞の内と外のプラスイオンの移動を制御しています。Na^+チャ
ネルは細胞の外から内にNa^+を，K^+チャネルは逆にK^+を細胞の内から外への
開放のチャネルとなっています。静止状態ではNa^+チャネルは閉じている状
態です。ニューロンに興奮性のシナプス入力があると，膜電位依存性Na^+チ
ャネルが開き細胞の外から中にNa^+が入ってきて脱分極（膜電位の上昇）を
起こします。ある閾値以上の膜電位が軸索小丘に到達すると，膜電位依存性
Na^+チャネルが急激に開き（活性化），膜電位は急激に上昇します。これが活
動電位です。一方，膜電位依存性K^+チャネルは，比較的ゆっくりと活性化し，
K^+を細胞の外に出しています。活動電位を誘発する閾値となる膜電位は，細
胞内に向かうNa^+電流の大きさと，細胞外に向かうK^+電流の大きさとが均衡
する膜電位に相当します。膜電位は，閾値に達しなければ活動電位が生じず，
閾値を少しでも超えると活動電位が生じるというデジタル処理を行っています
（全か無かの法則；all-or-nothing law）。

　ある事柄を記憶する前後では，脳，とくにニューロンの情報伝達部位である
シナプスの伝達効率に何らかの変化が生じていると考えられます（シナプス可

塑性）。シナプス可塑性により，各種刺激に応じたシナプス間の神経伝達に持続的な変化が生じることから，記憶の生物学的基礎として注目されてきました。その一例として，**長期増強**（long-term potentiation；LTP）があげられます。これは，海馬のシナプス前線維に対して，高頻度電気刺激（テタヌス刺激）を与えると，そのニューロンのシナプス伝達効率が上昇する現象です。その後，高頻度ではなく，1 Hz 程度の低頻度電気刺激を与えると，長期にわたってシナプス伝達効率が低下することが海馬で見出され，**長期抑圧**（long-term depression；LTD）とよばれています。これまでに，長期増強や長期抑圧というシナプス伝達効率の変化が，記憶・学習の神経機構の基礎であるという報告が数多くされています。

9.3.3 神経伝達物質

ニューロン間の情報伝達は，シナプスを介して行われます。シナプスには，電気シナプスと化学シナプスの2種類があります。電気シナプスでは，細胞膜がイオンを通過させる筒状のタンパク質で結合されていて，これを介してイオンが移動することによって信号伝達が行われます。化学シナプスでは，一方のニューロンのシナプス終末から信号物質である**神経伝達物質**（neurotransmitter）が放出され，もう一方のニューロンが受容体というタンパク質を介して受けとります。

神経伝達物質は，アミノ酸，アミン，神経ペプチドに大別することができます。代表的なアミノ酸の神経伝達物質は，**グルタミン酸**（glutamic acid）と**γ-アミノ酪酸**（gamma-aminobutyric acid, GABA）です。グルタミン酸は興奮性，GABA は抑制性のシナプスを形成し，両方とも脳全体に広範に分布しています。アミンの神経伝達物質には，**アセチルコリン**（acetylcholine），**ドーパミン**（dopamine），**セロトニン**（serotonin），ノルアドレナリン（ノルエピネフリン）などがあります。これらの神経伝達物質を持つニューロンは，脳内の限られた場所に位置しているため，アセチルコリン系，ドーパミン系というように，システムとして考えられています。たとえば，アセチルコリン系は記憶や学習，ドーパミン系は報酬や動機づけに重要な役割を果たしていることが

知られています。神経ペプチドは，複数のアミノ酸の連なりのことで，脳内に局在もしくは偏在しています。代表的な神経ペプチドとして，オキシトシン，エンケファリン，バソフレッシン，ソマトスタチンがあげられます。最近は，オキシトシンが共感のような社会的認知，信頼行動・養育行動などの社会行動に関与することが示唆されています。

　神経系による情報伝達以外に，体内の循環系（血流）を利用したホルモンによる情報伝達も行われています。神経伝達物質と異なり，ホルモンは放出された器官とは離れたところにある器官の細胞に作用します。

9.4　脳機能計測法

　脳の機能を計測するには，主に動物を対象として，脳の中の特定の部位に電気針などを挿し込んで直接電気刺激を与えることによって，その部位がどのような機能を担っているのかを調べる方法が用いられていました。このような方法は侵襲的方法といわれ，研究対象への負担が大きい方法でした。ここで紹介する脳機能計測法は，ヒトの脳の構造や機能を非侵襲的に観察でき，認知と脳の関係を明らかにするには必要不可欠です。脳機能計測法はさまざまな方法が考案されており，それぞれの特徴を持っています。計測方法によっては，時間分解能，空間分解能の点で扱いきれない部分もありますので，知りたい認知機能によって，適切な脳機能計測法を選択することが大切です。

9.4.1　脳　　波

　脳波（electroencephalogram；EEG）とは，ニューロンの膜電位変化に起因する電気活動の時間的変化を指し，頭皮上の空間的分布から脳活動を検索する手法を脳波測定といいます。脳波測定は，非侵襲的であることから，安静時だけではなく，活動時の脳活動を調べることができるという利点があります。脳波は，実際には，頭皮と頭皮から離れた場所（左右の耳介を使うことが多いです）との電位差として測定されます。測定には，皿状の小さな金属電極を頭皮に貼りつけます。電極の配置は，国際10-20法に従うことが多く，鼻根（NA-

9.4 脳機能計測法   227

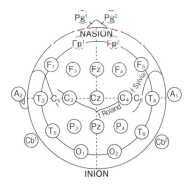

図 9.7　10-20 法による脳波電極取りつけ部位とその名称（藤澤ら, 1998）
F：前頭部，C：中心部，P：頭頂部，T：側頭部，O：後頭部，A：耳朶．

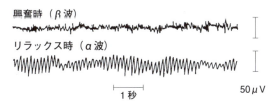

図 9.8　脳波の例（Penfield & Jasper, 1954）
興奮時に観察される β 波，リラックス時に観察される α 波．

SION），耳，大後頭隆起（INION）を結ぶ円周より 10% 上に位置する線（図 9.7 での同心円），それよりさらに 20% 上に位置する場所に電極を貼りつけます（図 9.7）。脳波は，脳活動をほぼ直接的にとらえることができる方法ですが，その記録は大脳皮質由来のものであり，脳深部の測定はできません。脳波は，時間分解能に優れているため，ニューロン活動を 10 ミリ秒単位で観察できる一方，空間分解能は 2〜3 cm 程度といわれています。

　脳波の研究では，生体から自発的に出現する自発脳波と，光刺激や音刺激，あるいは自発的な運動などの特定の事象に対して一過性に生じる**事象関連電位**（event-related potential；ERP）を解析します。自発脳波は，観測される周波数によって，δ 波（〜3 Hz），θ 波（4〜7 Hz），α 波（7〜13 Hz，図 9.8），β 波（14〜30 Hz，図 9.8），γ 波（31 Hz〜）と命名されています。たとえば α 波は，目を閉じて静かにしているとき，β 波は精神的または身体的活動をして

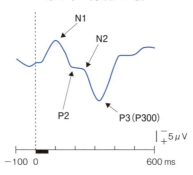

図 9.9 オドボール課題における高い音（提示頻度が少なく注意を向けた音）に対する ERP
（入戸野と堀，2000 を改変）

いるときに観察されることが多いとされています。またγ波は，フラッシュ光やクリック音などの感覚刺激に対して生起します。

　事象関連電位は，刺激そのものに対して生じるよりも，その刺激に対してなされた脳の中での認知過程と関連があるといわれています。たとえば，2つの音刺激（高い音と低い音）をランダムに提示します。このとき，高い音はたまにしか提示されないのですが，高い音に注意を向けてもらうために高い音が聞こえたときは黙って提示回数を数えるように教示しておきます（このような課題をオドボール課題といいます）。そうすると，高い音が提示された直後に脳電位が正の方向に変化します。その変化はわずかですので，1つの波形だけではわからず，加算平均という処理をすると，図 9.9 に示すように，300 ミリ秒あたりに大きな変化がみられます。刺激提示後約 300 ミリ秒に観察される陽性（positive）電位ですので P300 または P3 とよばれます。電位の変化には図 9.9 に示すように P3 以外もありますし，陰性（negative）の場合もありますが，P3 は，注意，刺激の評価，意思決定に関与していると考えられています。

9.4.2　機能的磁気共鳴画像法

　生きているヒトの脳を可視化するための試みの一つとして，磁気共鳴画像法（magnetic resonance imaging；MRI）が 1970 年代前半に開発されました。MRI の原理は，強力な静磁場の中に，ラジオ周波という高周波の電磁波を照射した直後，一過性に生じる磁化反応の差を，水素原子の挙動に着目して調べ

るというものです。従来のX線コンピュータ断層撮影法（X線 CT；X-ray computerized tomography）や陽電子放出断層撮影法（positron emission tomography；PET）と異なり，放射線を使用しないというメリットがあり，MRIを用いることによって，非常に鮮明な脳画像を得ることができます。

1980年代に，脳活動に伴って信号強度が変化することが確認され，MRIは，脳の構造だけではなく，機能画像を入手することができるようになりました。MRIを用いた脳機能画像方法のうち，もっとも多く使用されている方法は，**機能的磁気共鳴画像法**（functional magnetic resonance imaging；**fMRI**）です。fMRIでは，磁場を高速に反転させることにより，**BOLD効果**（blood oxygenation level-dependent effect）を利用して，血流の酸素量を計測した脳機能画像を取得します（図9.10）。BOLD効果とは，以下のような現象です。まず，脳は全身の血流の約20%を使っているといわれ，特定の脳部位のニューロンの活動が増加すると，一時的にその領域周辺の酸素濃度低下が起こりますが，その直後，急激に脳血流量が増大します。さらに，酸素を含む赤血球であるオキシヘモグロビン濃度が急激に増大し，MR信号（受信コイルで検出される微弱電流波形）の増強を引き起こします。この結果として，ニューロンの活動が増加すると，MR信号が増強します。このように，検出されたMR信号は，ニューロンの活動によって生じる血流変化を反映した磁場変化という間接的なものですから，実際の脳活動からは何秒か遅れた時点の信号です。空間分解能は2〜4 mm程度のため，鮮明な画像を入手することができますが，時間分解能は0.1〜3秒程度と優れてはいません。

また，単に課題遂行中の脳機能画像を記録しても，脳のどの部分の活動が課題の遂行と関連しているかはわかりません。なぜかといいますと，生体の神経

図9.10　脳機能画像の例（Friston et al., 2007）

系は常に複数の領域が活動していますので，課題特有の活動と，それ以外の活動を区別することが難しいのです。そこで，ポズナーとレイクル（Posner, M. I., & Reichle, M. E., 1994）は，課題遂行中の実験条件データから，コントロール条件のデータを引き算する方法を用いました。この方法ではまず，一連の実験の中で，実験条件のデータに加え，コントロール条件のデータも収集します。そしてボクセル（3次元画像を構成する最小単位の立方体）ごとに2条件の脳機能画像の差を解析することにより，特定の課題に関連して活動する脳部位を高い空間分解能で同定することができます。

　最近では，脳の神経線維を可視化するための解析方法として，拡散テンソル画像法（diffusion tensor image；DTI）が注目されつつあります。このようにMRIは，同一の装置を使用してさまざまな脳画像を取得することができます。

9.4.3　近赤外分光法

　近赤外分光法（near-infrared spectroscopy；NIRS）は，頭皮上から照射した近赤外線が頭蓋内に広がっていくことを利用し，神経活動に伴う脳血液中のヘモグロビンの酸素化状態の変動を測定する方法です。頭皮上から照射した近赤外光と，脳内で吸収されずに戻ってきた反射光の変化を，数 cm（成人用の場合は 3 cm）離れたプローブから検出することにより，大脳皮質の活動を推定することができますが，その空間分解能は数 cm となります。身体的な拘束の必要が少ないことから，乳幼児期の認知機能を調べるために適した脳機能計測法であるといえます。ただし，NIRS 信号は，主に大脳皮質の脳活動の変化を反映したものであること，脳活動そのものではなく，血流変化という2次的な変化であることに留意する必要があります。

9.4.4　経頭蓋磁気刺激法，経頭蓋直流電気刺激法

　脳機能計測の実験では刺激提示や課題遂行時の脳機能を計測するという方法が一般的です。しかし，実験時に実験参加者の脳に非侵襲的に磁気刺激や電気刺激を与えることで，脳活動と脳機能の関係を調べることもできます。他の脳機能計測で得られた知見と組み合わせることによって，脳活動と脳機能の関係

がより明確になります。経頭蓋磁気刺激法（transcranial magnetic stimulation；TMS）は，頭皮上から磁場変化による誘導電流で刺激を与え，人脳皮質の一部を刺激または不活性化する方法です。さらに，TMSを用いた実験パラダイムは，実験参加者が課題遂行中に磁気刺激を行うオンライン法と，課題遂行前に磁気刺激を行うオフライン法の2つがあります。TMSによる磁気刺激効果は，刺激方法，刺激頻度，強度の違いによって一致しないこともあります。経頭蓋直流電気刺激法（transcranial direct current stimulation；tDCS）は，頭皮上から弱い直流電気刺激を与えて脳神経単位の活動を修飾する方法です。tDCSは，刺激電極の極性によって効果に違いがみられることがあります。TMSとtDCSは非侵襲的であれ脳に直接刺激を与えることに変わりはないため，その使用にあたっては，ガイドラインに従い，安全基準を順守することが求められています。

9.5 認知と脳

9.5.1 物体認知

　物体認知には，後頭葉の視覚野のみならず，前頭葉，頭頂葉，側頭葉などが広範囲に協調して働くことによって機能します。物体認知に関わる脳部位の一部に損傷を受けると，半側空間無視（hemineglect）という障害がおこることがあります。半側空間無視は，一般的に右半球の頭頂葉・側頭葉・後頭葉の境界部が損傷を受けたときにおこりやすいといわれています。特徴的な症状は，損傷を受けた脳半球の反対側（たとえば，右半球に損傷を受けた場合は，左側）の物体を見落とすことです。たとえば，食事のとき左側に置かれた皿に手をつけない，歩行中に左側にある物体に衝突する，化粧を顔の左半分にしかしないなど，まるで左側を無視したかのように行動します。臨床検査（石合，2014）では，右半球に損傷を受けた患者は，上下左右に並んだ線分を抹消させる課題を行うと，左側の線分のいくつかが抹消できないことがあったり，線分を2等分する位置を答えるときには，実際よりも右側に寄った位置に印をつけたりします（図9.11）。また，絵を模写する課題では，お手本の絵の右半分し

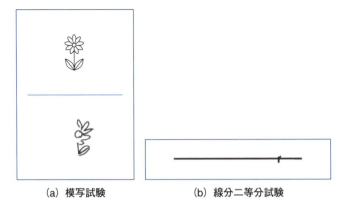

図 9.11 半側空間無視の患者における模写 (a) と線分二等分課題 (b) の検査結果
(石合, 2014)
見本になる花の絵（図の上）の模写（図の下）では右半分しか描かれておらず，線分の二等分では実際の二等分よりもかなり右側の位置に二等分の印が付けられています。いずれも左側の空間が無視されていることがわかります。

か書かないことがあります（図 9.11）。半側空間無視は，視力検査や視野検査に問題がなくても生じるため，注意の障害と考えられています。

半側空間無視の症状は，眼の前の物体認知だけではなく，心的イメージにおいても生じます。物体認知に半側空間無視のある患者に，よく知っている場所をある地点から見た風景を思い浮かべ，詳しく説明するように告げたところ，その患者は実際の場所の右側の建物についてのみ報告しました。続いて，同じよく知っている場所について，最初の地点とは正反対の地点からの報告を求めたところ，先ほど説明した建物についての報告はなく，先ほど無視していたはずの建物について詳しく報告しました。このように，半側空間無視の説明の多くは，注意の向け方に問題があるとされています。

9.5.2 顔認知

私たちは，顔の認知に非常に敏感です。この研究テーマを最初に取り上げたのは，進化論を唱えたダーウィン（Darwin, C. R.）です。顔を認知することによって，個人の同定，表情認知に基づく感情の推定などを瞬時に行うことができます。

9.5 認知と脳

　まず，顔認知の個人の同定の役割と脳の働きの関係を見ていきましょう。視力に問題がないにもかかわらず，特定の視覚対象の処理，理解または特定の視覚対象への反応に困難を示す症状を**視覚失認**（visual agnosia）といいます。とくに，顔に特化した失認を**相貌失認**（prosopagnosia）といい，側頭葉の一部で脳の底部にある紡錘状回の損傷が原因であるといわれています。よく知っている人の顔を見ても，誰かはわかりませんが，声や服装によって相手を識別することはできます。自分の顔写真を見てもわからないこともあれば，知人の顔がわからないにもかかわらず，見知らぬ人の顔を新たに学習することができることもあります。このように相貌失認の障害の程度はさまざま，かつ複雑であることから，物体認知とは別の顔認知に特異的な処理メカニズムが存在することが推測されます。顔刺激を観察しているときのfMRI画像を顔以外の物体（スプーン，ライオン，車など），建物，スクランブル顔（画像をいくつかの部分に切り分けて顔とはわからないように再構成したもの），手などの刺激の観察時と比較した実験によると，顔刺激を観察しているときに紡錘状回が賦活していました（Kanwisher et al., 1997）。紡錘状回のうち，とくに顔刺激に対して反応する領域は，**紡錘状回顔領域**（fusiform face area）といわれています。その後，紡錘状回顔領域は，顔認識だけではなく，顔の記憶，顔と結びつけて記憶した他物体（建物）の想起にも関与することが示されました（Ranganath et al., 2004）。

　次に，表情認知に基づく感情の推定と脳の働きの関係を紹介します。個人の同定に加えて，相貌失認の中には，表情から感情が推定できないという症状があり，表情認知にも紡錘状回がかかわっていることが示唆されます。また，あるfMRI実験（Takahashi et al., 2015）では，悲しそうな顔または中立顔のどちらかに，涙を追加，涙の代わりの白丸を追加，もしくは何も追加しない6種類の視覚刺激を準備し，実験参加者に視覚刺激提示後に悲しみの評定をしてもらいました。その結果，悲しい顔を観察しているときは，中立顔を観察しているときよりも，悲しみの評定値が高く，内側前頭前野，楔前部，後部帯状回が賦活していました。さらに，同じ悲しい顔でも，涙のついた顔のほうが，涙の代わりの白丸のついた顔よりも，内側前頭前野後部，後部帯状回の賦活がみら

234　　　　　　　　　　第9章　認知と脳

れました。このことから，内側前頭前野後部と後部帯状回は，悲しみの表情理
解とともに，涙という付加情報の評価という役割も担っているといえるでしょ
う。

9.5.3　ワーキングメモリ

　ワーキングメモリは，視覚性ワーキングメモリと言語性ワーキングメモリの
2つに分類することができ，数多くの脳機能イメージング研究が進められてき
ました。本項では，視覚性ワーキングメモリに関する報告を中心に紹介します。
　視覚性ワーキングメモリを対象とした脳機能イメージング研究は，図形（複
数の色のついた四角形，または複数の色のついたさまざまな方位のバーなど）
を用いた遅延見本合わせ課題（先に提示した見本刺激に対して一定時間遅延後
に提示した刺激との照合をさせる課題）を遂行しているときの脳活動を計測す
ることによって，前頭─頭頂ネットワークの重要性と，このネットワークが視
覚野の活動を調節していることを報告してきました（Linden et al., 2003；Vo-
gel et al., 2005；Xu & Chun, 2006；Xu, 2009）。モーとリンデン（Mohr, H.
M., & Linden, D. E. J., 2005）の研究では，見本刺激として提示された2つ
の半円の色と傾きを記憶し，遅延後に提示された1つの色つきの半円が，記憶
された2つの円の色の中間色かどうか（色課題），2つの円の傾きの中間の傾
きかどうか（傾き課題），または色と傾きの両方ともが記憶された2つの円の
中間にあたるかどうか（二重課題）を解答させるという課題を行い，右頭頂葉
は角度，左前頭回は色のワーキングメモリの操作に関与することを報告しまし
た（図9.12）。この結果を受け，同じ研究グループのモルガンら（Morgan, H.
M. et al., 2013）は，同じ課題を用いて，右頭頂葉または左下前頭回へ磁気刺
激を与えるTMSによって，色と角度の両方を操作するワーキングメモリの遂
行が妨害されることを報告しました。つまり，これらの脳領域が視覚性ワーキ
ングメモリに重要な役割を果たしていることが明らかになったのです。
　TMS，tDCSを使用した視覚性ワーキングメモリ研究は，前頭前野，頭頂葉，
視覚野などさまざまな脳領域を対象として行われてきました。たとえば，オリ
ベリら（Oliveri, M. et al., 2001）は，ワーキングメモリ研究で広く用いられ

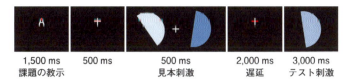

図 9.12　モーガンらの課題の手続き（Morgan et al., 2013）
最初の画面は，実験参加者に対する課題の教示でA，C，Dのいずれかの文字が提示されます（A：Angle（傾き課題），C：Color（色課題），D：Dual（二重課題））。

ている n-back 課題を用いて，前頭葉，側頭葉，頭頂葉への単発 TMS の影響を検討しました。n-back 課題は，情報の保持と更新の両方を要求する課題であり，実験参加者は，連続して提示される刺激を観察しながら，今提示されている刺激と，1つ前（1-back 課題）あるいは2つ前（2-back 課題）に提示された刺激との異同を判断します。後頭頂葉と上前頭回に磁気刺激を行うと，位置情報を記憶する空間 2-back 課題の反応時間が長くなったのに対し，側頭葉への磁気刺激では，抽象的な物体を記憶する物体 2-back 課題の反応時間が選択的に長くなりました。また，背外側前頭前野への磁気刺激は，両課題の反応時間の延長と誤反応の増加を引き起こすことを報告しています。このことは，ワーキングメモリ課題の遂行には，背外側前頭前野を含む広範な脳領域が関与すること，さらに空間ワーキングメモリは後頭頂葉と上前頭回，物体ワーキングメモリは側頭葉に，それぞれ特異的な神経基盤を持つ可能性を示唆しています。

9.5.4　エピソード記憶

1950 年代から始まる記憶障害を持つ症例研究をきっかけに，記憶の分類に関心が集められました。その中でも，第3章で紹介した H.M. の症例から，非常に多くのことが明らかになりました（Annese et al., 2014）。H.M. は，両側海馬，扁桃体とその周辺領域を含む内側側頭葉切除手術を受け，重度のエピソード記憶障害に陥りました。このことから，エピソード記憶が正常に機能するためには，内側側頭葉を含む神経回路が必要不可欠であることが示唆されました。1992 年，1993 年に H.M. の脳構造画像を MRI で撮像したところ，執刀医のスコビル（Scoville, W. B.）の想定よりは小さい範囲でしたが，左右半球の

内側側頭極全体，扁桃体と嗅内皮質の大部分，海馬の約半分の損傷が確認されました。H.M. は 2008 年に呼吸不全でその生涯を閉じました。彼の剖検脳を詳しく検索した結果，左右半球の海馬全体が摘出されたわけではなかったことが確認されました。H.M. の症例を含め，症例研究は，エピソード記憶には海馬と海馬傍回を含む内側側頭葉の役割が重要であることを示唆してきました（Squire & Zola, 1996）。

症例研究では，エピソード記憶（記銘，保持，想起）の過程を分離することが困難ですが，脳機能イメージング研究では，エピソード記憶の過程を分離して検証することが可能です。そのため，記憶の過程のうち，記銘と想起を中心に研究がすすめられ，内側側頭葉がエピソード記憶の記銘と想起の両方に関与することが明らかになっています。とくに，内側側頭葉の中でも，海馬と海馬傍回後部が想起に関与するのに対し，海馬傍回前部は記憶内容の親近性に関与することが示唆されるなど，内側側頭葉内や海馬自体の下位領域の機能分離についての研究が盛んに進められています（Diana ct al., 2007；Ranganath & Hsieh, 2016）。また，内側側頭葉に加え，前頭前野（Henson et al., 1999；Henson et al., 2000）と頭頂葉（Cabeza, 2008）がエピソード記憶の想起に重要な役割を果たしていることも示唆されています。

9.5.5 言 語 処 理

言語は，発話された音声情報（聴覚刺激）もしくは，書かれた文字（視覚情報）として認識されます。言語処理は，言語産出と言語理解という 2 つの側面があります。言語産出とは，話し手が伝達したい内容や意図を特定の言語の語彙や文法に則って，音声や文字を生み出す過程です。一方，言語理解とは，音声や文字を手がかりとして，脳内に蓄えられた語彙や文法に関する知識を用いて，話し手の意味や言語表現の意味を能動的に再構築する過程を意味します。本項では，私たちの適切な言語理解に関わる脳の働きを，この 2 つの側面から紹介します。

脳の領域ごとに機能が異なるとする大脳機能局在論と，それを認めない全体論（等脳説）の論争は，19 世紀に始まりました。言語機能の局在論の発端と

して，1861年，フランスの脳外科医ブローカ（Broca, P. P.）は，言語理解やその他の認知機能は比較的正常に保たれていたものの，「タン」としか発話することができない脳損傷患者の症例を報告しました。この患者の脳損傷は，左半球の下前頭回を中心としていたことから，ブローカは，この領域が発話等の言語表出に関わっているため運動性言語中枢であるとしました。現在は，これはブローカ野とよばれ，ブロードマンの脳地図では44野，45野に相当します（図9.2，図9.3参照）。その後の研究では，ブローカ野に損傷を受けた患者が受動文などの処理に障害を呈することから，ブローカ野が生成文法理論において提唱されている統辞処理に関与するといわれています。

1874年にドイツの医師ウェルニッケ（Wernicke, C.）は，流暢な発話を示すものの言語理解に障害を示す失語症例を報告しました。この患者の脳損傷は，左半球の上側頭回から中側頭回，角回にあり，ウェルニッケは，言語刺激からの言語理解に関わる領域であるとして，とくに上側頭回を感覚性言語中枢であるとしました。現在は，ウェルニッケ野とよばれ，ブロードマンの脳地図では22野に相当します（図9.2，図9.3参照）。

脳機能イメージング研究の結果から，言語産出と言語理解に関する神経基盤はほぼ一致しており，背内側前頭前野，下前頭回，中側頭回，角回，楔前部など多数の領域が関わることが報告されています。

9.5.6　社会的認知

社会的認知の神経基盤の理解の立場には，心の理論仮説とシミュレーション仮説の2つに大きく分かれています。心の理論仮説の立場では，他者の心の働きを予測または説明するためには，自己と同じように，他者も意図や欲求に基づいて行動することを理解する「心の理論」（theory of mind）を持つこと，他者の心を読む（マインドリーディング，mind reading）が必要であると考えます。fMRI研究を中心に，内側前頭前野，帯状回，頭頂葉内側部などを含む内側正中線領域（midline structure）が心の理論に重要な役割を果たすといわれています（Gallagher et al., 2000；Keysers & Gazzola, 2007）。さらに，側頭頭頂接合領域（temporoparietal junction area；TPJ）が登場人物の心的状態

に関するストーリーの理解や誤信念課題に関与することが報告されています（Saxe & Kanwisher, 2003；Dodell-Feder et al., 2011）。また，自閉症児は，心の理論に関与する神経基盤の活動が低下していることが報告されています（Kana et al., 2015）。心の理論の神経基盤に扁桃体が含まれるかどうかについては，関与しないことを示す報告もあり（Spunt et al., 2015），今後の研究の進展が待たれます。

　一方，シミュレーション仮説の立場は，行動・感覚・感情を処理する際の自己と他者の共有神経回路であるミラーシステムに焦点を当てています。ミラーシステムは，サルの前頭で見つかったミラーニューロン（mirror neuron）に由来し，ヒトの前頭前野でも認められています（Mukamel et al., 2010）。たとえば，自己が腕や手を意図的に動かす場合に活動電位が生じるニューロンは，他者の類似行動を観察しているときにも活動電位が生じます。ミラーシステムの神経基盤の候補として，前頭前野副外側部，上側頭溝後部があげられています（Grèzes et al., 1999；Saxe et al., 2004）。

　また，私たちは，共感，すなわち他者と感情を共有する能力を持っています。共感は，他者を傷つける行動を抑制し，利他的行動を促進するといわれています。一方，共感の欠如は，罪悪感なしに人を傷つけるサイコパス傾向の表れだと考えられています。たとえば，自分が痛みを受けるときと，恋人が痛みを受けるのを観察したときには，島皮質と帯状回前部が賦活します（Singer et al., 2004）。さらに，島皮質と帯状回前部は，見知らぬ他者よりも，恋人に対する痛みに強く反応することが明らかになりました（Singer et al., 2006）。このように共感といった社会的認知に対応する脳の領域が存在することが明らかになりました。

コラム 9.1　脳機能イメージングのデータ解析
——"「どこ」が活動する？"から"「どのように」活動する"へ

　認知心理学の研究は，研究計画の洗練に加え，計測装置の普及に伴って発展してきました。その中でも脳機能イメージング研究は，現在，心理学にとって身近なものになりつつあり，私たちヒトの脳活動と心の働きについて数多くの知見が報告されてきました。

　fMRI 研究では，ある特定の課題遂行に脳のどの領域が関係しているのかを明らかにしてきました。しかし，近年は，脳領域が機能的なネットワークとして，どのような連携をとりながら活動しているかにも注目が集まっています。fMRI データを解析するためには，専門家のフリストン（Friston, K.）らが開発している SPM（statistical parametric mapping）という解析パッケージ，または商用ソフトを使用することが多く，このような解析ソフトで提供される手法を使って解析を行います。脳領域間の機能的なネットワークを調べるための基礎的な手法は，関心領域（region of interest；ROI）に基づく解析です。この解析では，まず，これまでの研究で得られた知見に基づいて，課題負荷によって活動することが知られている脳部位の中からいくつかの関心領域を選択します。これらを比較することにより，特定の関心領域が，他のどの領域と類似した活動パターンを示しているかを評価することができます。

　応用的な手法として，機能的結合（functional connectivity）と，実行結合（effective connectivity）があります。機能的結合は，脳領域間の活動の時間的な相関関係を調べることができます。たとえば，あるタイミングで脳活動が上昇し，別のタイミングで脳活動が定常状態に戻ることを繰り返している 2 つの脳領域がある場合，この 2 つの脳領域は機能的結合が高いと考えられます。この機能的結合は，解剖学的につながっていない脳領域同士でもみられることがあります。一方，実行結

合は，ある脳領域から他の脳領域への直接的または間接的な因果性の影響を調べることができます。実行結合ではどのような因果関係があるのかあらかじめモデルを立て，そのモデルが正しいかどうか統計的に検定を行います。そのモデルには，脳領域間の結合を想定する動的因果性モデル（Dynamic Causal Modeling；DCM）と，脳領域間の結合を想定しないグレンジャー因果性モデル（Granger Causal Modeling；GCM）があります。

　これまでの解析では特定の課題遂行中に脳領域のどの領域が活性化するかに関心が向けられていましたが，特定の課題を遂行してない安静時に活動が高くなる脳領域がいくつか存在することがわかってきました。何もしていないモードのときに活動が活性化するため，デフォルトモードネットワーク（default mode network；DMN）とよばれ，この脳内ネットワークに注目が集められています。安静時に活動が高くなる脳領域は非常に範囲が広く，前頭葉（内側前頭前野，前部帯状皮質），頭頂葉（楔前部，下頭頂葉），側頭葉（海馬体），大脳辺縁系（後部帯状皮質）が含まれます。研究の積み重ねによって，デフォルトモードネットワークは，「自己」に関連した課題と処理に関わり，発達段階による違いや個人差があることがわかってきており，発達障害や精神疾患との関連も検討されています。このことは，本文の「9.5　認知と脳」で取り上げたさまざまな機能の理解に役立つと考えられます。

　fMRIのデータの解析は専用のソフトを使う必要がありますが，どのようなソフトを使用しても，前処理とよばれるプロセス（頭の動きの位置補正，標準化など）を経て，統計的処理を行います。また，どのような手法を採用する場合にも，研究を通して知りたいことと，装置の時間分解能・空間分解能，実験参加者の負担などがマッチしていることが非常に大切です。そのため，脳機能イメージング研究は，少し難しい内容かもしれませんが，心理学研究法（研究計画），心理統計など，心理学の基礎知識が必要で，それが活かされる研究分野なのです。

復習問題・参考図書　　　　　　241

復 習 問 題

1. 脳の構造にはどのようなものが含まれるか，あげてみてください。

2. ニューロンの働きを説明してください。

3. 脳機能計測法にはどのようなものが含まれますか。2つ以上あげ，さらにそのうちの1つについて具体的に説明してください。

4. 認知と脳機能の関係のうち，興味があるものを1つあげ，具体的に説明してください。

参 考 図 書

岡田　隆・廣中直行・宮森孝史（2015）．生理心理学［第2版］——脳のはたらきから見た心の世界——　サイエンス社

　ニューロンの基礎的な働きの説明が丁寧にされていています。心の働きについても，幅広く取り上げられています。入門〜中級レベル。

道又　爾・岡田　隆（2012）．認知神経科学　放送大学教育振興会

　動物を対象として1つのニューロンの働きを調べた研究から，人を対象として脳機能を計測した研究まで，幅広くかつ具体的に紹介されています。中級レベル。

引用文献

第1章

Atkinson, R. C., & Shiffrin, R. M. (1968). Human memory : A proposed system and its control processes. In K. W. Spence, & J. T. Spence (Eds.), *The psychology of learning and motivation*. Vol. 2 (pp.89–195). New York : Academic Press.

Craik, F. I. M., & Tulving, E. (1975). Depth of processing and the retention of words in episodic memory. *Journal of Experimental Psychology : General*, **104**, 268–294.

Glanzer, M., & Cunitz, A. R. (1966). Two storage mechanisms in free recall. *Journal of Verbal Learning and Verbal Behavior*, **5**, 351–360.

Sperling, G. (1960). The information available in brief visual presentations. *Psychological Monographs*, **74**, 1–29.

【コラム 1.1】

Rendell, P. G., & Craik, F. I. M. (2000). Virtual week and actual week : Age-related differences in prospective memory. *Applied Cognitive Psychology*, **14**, 43–62.

Rubin, D. C., & Schulkind, M. D. (1997). The distribution of autobiographical memories across the lifespan. *Memory and Cognition*, **25**, 859–866.

佐藤浩一・越智啓太・下島裕美 (2008). 自伝的記憶の心理学 北大路書房

Schnitzspahn, K. M., Ihle, A., Henry, J., Rendell, P., & Kliegel, M. (2011). The age-prospective memory-paradox : An exploration of possible mechanisms. *International Psychogeriatrics*, **23**, 583–592.

梅田 聡・小谷津孝明 (1998). 展望的記憶研究の理論的考察 心理学研究, **69**, 317–333.

第2章

Alloway, T. P., Gathercole, S. E., Kirkwood, H. J., & Elliott, J. G. (2008). Evaluating the validity of the automated working memory assessment. *Educational Psychology*, **28**, 725–734.

Atkinson, R. C., & Shiffrin, R. M. (1968). Human memory : A proposed system and its control processes. In K. W. Spence, & J. T. Spence (Eds.), *The psychology of learning and motivation*. Vol. 2 (pp.89–195). New York : Academic Press.

Baddeley, A. D. (1986). *Working memory*. New York : Oxford University Press.

Baddeley, A. D. (1996). Exploring the central executive. *Quarterly Journal of Experimental Psychology*, **49A**, 5–28.

Baddeley, A. D. (2000). The episodic buffer : A new component for working memory? *Trends in Cognitive Science*, **4**, 417–423.

Baddeley, A. D. (2007). *Working memory, thought, and action*. New York : Oxford University Press.

　　(バドリー, A. 井関龍太・齊藤 智・川﨑惠里子 (訳)(2012). ワーキングメモリ―― 思考と行為の心理学的基礎―― 誠信書房)

Baddeley, A. D. (2012). Working memory : Theories, models, and controversies. *Annual Review of Psychology*, **63**, 1–29.

Baddeley, A. D., Allen, R. J., & Hitch, G. J. (2011). Binding in visual working memory : The role of the episodic buffer. *Neuropsychologia*, **49**, 1393–1400.

Baddeley, A. D., & Hitch, G. J. (1974). Working memory. In G. Bower (Ed.), *Recent advances in learning and motivation*. Vol. 8 (pp.47–90). New York : Academic Press.

Baddeley, A. D., Thomson, N., & Buchanan, M. (1975). Word length and the structure of short-term memory. *Journal of Verbal Learning and Verbal Behavior*, **14**, 575–589.

Conway, A. R. A., Kane, M. J., Bunting, M. F., Hambrick, D. Z., Wilhelm, O., & Engle, R. W. (2005). Working memory span tasks : A methodological review and user's guide. *Psychonomic Bulletin and Review*, **12**, 769–786.

Crowder, R. G. (1993). Short-term memory : Where do we stand? *Memory and Cognition*, **21**, 142–145.

Daneman, M., & Carpenter, P. A. (1980). Individual differences in working memory and reading. *Journal of Verbal Learning and Verbal Behavior*, **19**, 450–466.

Daneman, M., & Merikle, P. M. (1996). Working memory and language comprehension : A meta-analysis. *Psychonomic Bulletin and Review*, **3**, 422–433.

Engle, R. W., Carullo, J. J., & Collins, K. W. (1991). Individual differences in the role of working memory in comprehension and following directions. *Journal of Educational Research*, **84**, 253–262.

Engle, R. W., Tuholski, S. W., Laughlin, J. E., & Conway, A. R. A. (1999). Working memory, short term memory, and general fluid intelligence : A latent-variable approach. *Journal of Experimental Psychology : General*, **128**, 309–331.

Goldman-Rakic, P. S. (1992). Working memory and the mind. *Scientific American*, **267**, 110–117.

Jarrold, C., & Towse, J. N. (2006). Individual differences in working memory. *Neuroscience*, **139**, 39–50.

Just, M. A., & Carpenter, P. A. (1992). A capacity theory of comprehension : Individual differences in working memory. *Psychological Review*, **99**, 122–149.

小林晃洋・大久保街亜 (2014). 日本語版オペレーションスパンテストによるワーキングメモリの測定 心理学研究, **85**, 60–68.

近藤洋史・森下正修・蘆田佳世・大塚結喜・苧阪直行 (2003). 読解力とワーキングメモリ ——構造方程式モデリングからのアプローチ—— 心理学研究, **73**, 480–487.

Logie, R. H. (1995). *Visuo-spatial working memory in navigation*. Hove, England : Psychology Press.

Miller, G. A. (1956). The magical number seven, plus or minus two : Some limits on our capacity for processing information. *Psychological Review*, **63**, 81–96.

Miller, G. A., Galanter, E., & Pribram, K. H. (1960). *Plans and the structure of behavior*. Holt, Rinehart, and Winston.

三宅 晶 (1995). 短期記憶と作動記憶 高野陽太郎 (編) 認知心理学2 記憶 (pp.71–99) 東京大学出版会

三宅 晶 (2000). ワーキングメモリ——過去, 現在, 未来—— 苧阪直行 (編著) 脳とワーキングメモリ (pp.311–329) 京都大学学術出版会

Miyake, A., & Friedman, N. P. (2012). The nature and organization of individual differences in executive functions : Four general conclusions. *Current Directions in Psychological Science*, **21**, 8–14.

Miyake, A., Friedman, N. P., Emerson, M. J., Witzki, A. H., Howerter, A., & Wager, T. (2000). The unity and diversity of executive functions and their contributions to complex "frontal lobe" tasks : A latent variable analysis. *Cognitive Psychology*, **41**, 49–100.

三宅 晶・齊藤 智 (2001). 作動記憶研究の現状と展開 心理学研究, **72**, 336–350.

Murray, D. J. (1967). The role of speech responses in short-term memory. *Canadian Journal of Psychology*, **21**, 263–276.

引用文献

西崎友規子・苧阪満里子（2004）．文章理解とワーキングメモリの個人差——保持と検索の視点から—— 心理学研究，**75**，220-228.

苧阪満里子（2002）．脳のメモ帳 ワーキングメモリ 新曜社

苧阪満里子・苧阪直行（1994）．読みとワーキングメモリ容量——日本語版リーディングスパンテストによる測定—— 心理学研究，**65**，339-345.

苧阪良二・梅本堯夫（1984）．新訂 京大 NX 15 知能検査 第 2 版 大成出版

大塚一徳（2012）．問題解決過程とワーキングメモリ 深田博己（監修）宮谷真人・中條和光（編著）認知・学習心理学（pp.355-368）ミネルヴァ書房

Peterson, L. R., & Johnson, S. T.（1971）. Some effects of minimizing articulation on short-term retention. *Journal of Verbal Learning and Verbal Behavior*, **10**, 346-354.

齊藤 智（1993）．構音抑制と記憶更新が音韻的類似性効果に及ぼす影響 心理学研究，**64**，289-295.

齊藤 智（2001）．ワーキングメモリと言語処理 乾 敏郎・安西祐一郎（編）運動と言語（pp.127-155）岩波書店

齊藤 智（2011）．実行機能とワーキングメモリ 無藤 隆・子安増生（編）発達心理学 I（pp.47-52）東京大学出版会

Saito, S., Jarrold, C., & Riby, D. M.（2009）. Exploring the forgetting mechanisms in working memory : Evidence from a reasoning span test. *Quarterly Journal of Experimental Psychology*, **62**, 1401-1419.

齊藤 智・三宅 晶（2000）．リーディングスパン・テストをめぐる 6 つの仮説の比較検討 心理学評論，**43**，387-410.

齊藤 智・三宅 晶（2014）．実行機能の概念と最近の研究動向 湯澤正通・湯澤美紀（編著）ワーキングメモリと教育（pp.27-45）北大路書房

Saito, S., & Towse, J. N.（2007）. Working memory as a construct in cognitive science : An illustrious past and highly promising future. *Psychologia*, **50**, 69-75.

Shah, P., & Miyake, A.（1996）. The separability of working memory resources for spatial thinking and language processing : An Individual differences approach. *Journal of Experimental Psychology : General*, **125**, 4-27.

Tanabe, A., & Osaka, N.（2009）. Picture span test : Measuring visual working memory capacity involved in remembering and comprehension. *Behavior Research Methods*, **41**, 309-317.

Turner, M. L., & Engle, R. W.（1989）. Is working memory capacity task dependent? *Journal of Memory and Language*, **28**, 127-154.

Unsworth, N., Heitz, R. P., Schrock, J. C., & Engle, R. W.（2005）. An automated version of the operation span task. *Behavior Research Methods*, **37**, 498-505.

Unsworth, N., Redick, T. S., Heitz, R. P., Broadway, J., & Engle, R. W.（2009）. Complex working memory span tasks and higher-order cognition : A latent variable analysis of the relationship between processing and storage. *Memory*, **17**, 635-654.

Unsworth, N., & Spillers, G. J.（2010）. Working memory capacity : Attention, memory, or both? A direct test of the dual-component model. *Journal of Memory and Language*, **62**, 392-406.

Watkins, M. J., & Peynrcoğlu, Z. F.（1983）. Three recency effects at the same time. *Journal of Verbal Learning and Verbal Behavior*, **22**, 375-384.

Wilding, J., & Mohindra, N.（1980）. Effects of subvocal suppression, articulating aloud and noise on sequence recall. *British Journal of Psychology*, **71**, 247-261.

湯澤美紀（2000）．幼児の単語記憶における語長効果——再認課題による検討—— 発達心

理学研究, **11**, 45-54.

第3章

American Psychiatric Association (2013). *Diagnostic and statistical manual of mental disorders* (5th ed.). Arlington, VA : Author.

Anderson, M. C., Bjork, R. A., & Bjork, E. L. (1994). Remembering can cause forgetting : Retrieval dynamics in long-term memory. *Journal of Experimental Psychology : Learning, Memory, and Cognition*, **20**, 1063-1087.

Anderson, M. C., & Spellman, B. A. (1995). On the status of inhibitory mechanisms in cognition : Memory retrieval as a model case. *Psychological Review*, **102**, 68-100.

Bahrick, H. P. (1969). Measurement of memory by prompted recall. *Journal of Experimental Psychology*, **79**, 213-219.

Bechara, A., Tranel, D., Damasio, H., Adolphs, R., Rockland, C., & Damasio, A. R. (1995). Double dissociation of conditioning and declarative knowledge relative to the amygdala and hippocampus in humans. *Science*, **269**, 1115-1118.

Becker, S., Moscovitch, M., Behrmann, M., & Joordens, S. (1997). Long-term semantic priming : A computational account and empirical evidence. *Journal of Experimental Psychology : Learning, Memory, and Cognition*, **23**, 1059-1082.

Bendor, D., & Wilson, M. A. (2012). Biasing the content of hippocampal replay during sleep. *Nature Neuroscience*, **15**, 1439-1444.

Bi, G. Q., & Poo, M. M. (1998). Synaptic modifications in cultured hippocampal neurons : Dependence on spike timing, synaptic strength, and postsynaptic cell type. *The Journal of Neuroscience*, **18**, 10464-10472.

Binder, J. R., & Desai, R. H. (2011). The neurobiology of semantic memory. *Trends in Cognitive Sciences*, **15**, 527-536.

Bliss, T. V. P., & Lømo, T. (1973). Long-lasting potentiation of synaptic transmission in the dentate area of the anaesthetized rabbit following stimulation of the perforant path. *The Journal of Physiology*, **232**, 331-356.

Bransford, J. D., & Johnson, M. K. (1972). Contextual prerequisites for understanding : Some investigations of comprehension and recall. *Journal of Verbal Learning and Verbal Behavior*, **11**, 717-726.

Chadwick, M. J., Bonnici, H. M., & Maguire, E. A. (2014). CA3 size predicts the precision of memory recall. *Proceedings of the National Academy of Sciences of the United States of America*, **111**, 10720-10725.

Chan, D., Fox, N. C., Scahill, R. I., Crum, W. R., Whitwell, J. L., Leschziner, G., Rossor, A. M., Stevens, J. M., Cipolotti, L., & Rossor, M. N. (2001). Patterns of temporal lobe atrophy in semantic dementia and Alzheimer's disease. *Annals of Neurology*, **49**, 433-442.

Collins, A. M., & Quillian, M. R. (1969). Retrieval time from semantic memory. *Journal of Verbal Learning and Verbal Behavior*, **8**, 240-247.

Conway, M. A., & Pleydell-Pearce, C. W. (2000). The construction of autobiographical memories in the self-memory system. *Psychological Review*, **107**, 261-288.

Corkin, S. (1984). Lasting consequences of bilateral medial temporal lobectomy : Clinical course and experimental findings in HM. *Seminars in Neurology*, **4**, 249-259.

Dias, B. G., & Ressler, K. J. (2014). Parental olfactory experience influences behavior and neural structure in subsequent generations. *Nature Neuroscience*, **17**, 89-96.

引用文献　　　247

Dudai, Y. (2012). The restless engram : Consolidations never end. *Annual Review of Neuroscience*, **35**, 227-247.

Ebbinghaus, H. (1913). *Memory : A contribution to experimental psychology* (H. A. Ruger, & C. E. Bussenius, Trans.) (Original work published 1885).

Eichenbaum, H. (2004). Hippocampus : Cognitive processes and neural representations that underlie declarative memory. *Neuron*, **44**, 109-120.

Frankland, P. W., & Bontempi, B. (2005). The organization of recent and remote memories. *Nature Reviews Neuroscience*, **6**, 119-130.

Gabrieli, J. D. E. (1998). Cognitive neuroscience of human memory. *Annual Review of Psychology*, **49**, 87-115.

Gabrieli, J. D. E., Corkin, S., Mickel, S. F., & Growdon, J. H. (1993). Intact acquisition and long-term retention of mirror-tracing skill in Alzheimer's disease and in global amnesia. *Behavioral Neuroscience*, **107**, 899-910.

Girardeau, G., Benchenane, K., Wiener, S. I., Buzsáki, G., & Zugaro, M. B. (2009). Selective suppression of hippocampal ripples impairs spatial memory. *Nature Neuroscience*, **12**, 1222-1223.

Hebb, D. (1949). *The organization of behavior*. New York : Wiley and Sons.

Godden, D. R., & Baddeley, A. D. (1975). Context-dependent memory in two natural environments : On land and under water. *British Journal of Psychology*, **66**, 325-331.

Goodwin, D. W., Powell, B., Bremer, D., Hoine, H., & Stern, J. (1969). Alcohol and recall : State-dependent effects in man. *Science*, **163**, 1358-1360.

Graf, P., Squire, L. R., & Mandler, G. (1984). The information that amnesic patients do not forget. *Journal of Experimental Psychology : Learning, Memory, and Cognition*, **10**, 164-178.

Graham, K. S., Simons, J. S., Pratt, K. H., Patterson, K., & Hodges, J. R. (2000). Insights from semantic dementia on the relationship between episodic and semantic memory. *Neuropsychologia*, **38**, 313-324.

Greenberg, D. L., & Verfaellie, M. (2010). Interdependence of episodic and semantic memory : Evidence from neuropsychology. *Journal of the International Neuropsychological Society*, **16**, 748-753.

Hassabis, D., Kumaran, D., Vann, S. D., & Maguire, E. A. (2007). Patients with hippocampal amnesia cannot imagine new experiences. *Proceedings of the National Academy of Sciences of the United States of America*, **104**, 1726-1731.

Hodges, J. R., & Patterson, K. (2007). Semantic dementia : A unique clinicopathological syndrome. *The Lancet Neurology*, **6**, 1004-1014.

Ikeda, M., Patterson, K., Graham, K. S., Ralph, M. A., & Hodges, J. R. (2006). A horse of a different colour : Do patients with semantic dementia recognise different versions of the same object as the same? *Neuropsychologia*, **44**, 566-575.

Kandel, E. R. (2001). The molecular biology of memory storage : A dialogue between genes and synapses. *Science*, **294**, 1030-1038.

Kitamura, T., Ogawa, S. K., Roy, D. S., Okuyama, T., Morrissey, M. D., Smith, L. M., Redondo, R. L., & Tonegawa, S. (2017). Engrams and circuits crucial for systems consolidation of a memory. *Science*, **356**, 73-78.

Korman, M., Doyon, J., Doljansky, J., Carrier, J., Dagan, Y., & Karni, A. (2007). Daytime sleep condenses the time course of motor memory consolidation. *Nature Neuroscience*, **10**, 1206-1213.

Lee, A. K., & Wilson, M. A. (2002). Memory of sequential experience in the hippocampus during slow wave sleep. *Neuron*, **36**, 1183–1194.

Light, L. L., & Singh, A. (1987). Implicit and explicit memory in young and older adults. *Journal of Experimental Psychology : Learning, Memory, and Cognition*, **13**, 531–541.

McClelland, J. L., McNaughton, B. L., & O'Reilly, R. C. (1995). Why there are complementary learning systems in the hippocampus and neocortex : Insights from the successes and failures of connectionist models of learning and memory. *Psychological Review*, **102**, 419–457.

Meyer, D. E., & Schvaneveldt, R. W. (1971). Facilitation in recognizing pairs of words : Evidence of a dependence between retrieval operations. *Journal of Experimental Psychology*, **90**, 227–234.

Morris, R. G., Anderson, E., Lynch, G. S., & Baudry, M. (1986). Selective impairment of learning and blockade of long-term potentiation by an N-methyl-D-aspartate receptor antagonist, AP5. *Nature*, **319**, 774–776.

Moscovitch, M., Nadel, L., Winocur, G., Gilboa, A., & Rosenbaum, R. S. (2006). The cognitive neuroscience of remote episodic, semantic and spatial memory. *Current Opinion in Neurobiology*, **16**, 179–190.

Nakazawa, K., Quirk, M. C., Chitwood, R. A., Watanabe, M., Yeckel, M. F., Sun, L. D., Kato, A., Carr, C. A., Johnston, D., Wilson, M. A., & Tonegawa, S. (2002). Requirement for hippocampal CA3 NMDA receptors in associative memory recall. *Science*, **297**, 211 218.

Neunuebel, J. P., & Knierim, J. J. (2014). CA3 retrieves coherent representations from degraded input : Direct evidence for CA3 pattern completion and dentate gyrus pattern separation. *Neuron*, **81**, 416–427.

Norberg, M. M., Krystal, J. H., & Tolin, D. F. (2008). A meta-analysis of D-cycloserine and the facilitation of fear extinction and exposure therapy. *Biological Psychiatry*, **63**, 1118–1126.

O'Kane, G., Kensinger, E. A., & Corkin, S. (2004). Evidence for semantic learning in profound amnesia : An investigation with patient H. M.. *Hippocampus*, **14**, 417–425.

O'Keefe, J. (1976). Place units in the hippocampus of the freely moving rat. *Experimental Neurology*, **51**, 78–109.

O'Reilly, R. C., & McClelland, J. L. (1994). Hippocampal conjunctive encoding, storage, and recall : Avoiding a trade-off. *Hippocampus*, **4**, 661–682.

O'Reilly, R. C., & Rudy, J. W. (2001). Conjunctive representations in learning and memory : Principles of cortical and hippocampal function. *Psychological Review*, **108**, 311–345.

Rasch, B., Büchel, C., Gais, S., & Born, J. (2007). Odor cues during slow-wave sleep prompt declarative memory consolidation. *Science*, **315**, 1426–1429.

Roediger, H. L. (1990). Implicit memory : Retention without remembering. *American Psychologist*, **45**, 1043–1056.

Rothbaum, B. O., & Davis, M. (2003). Applying learning principles to the treatment of post-trauma reactions. *Annals of the New York Academy of Sciences*, **1008**, 112–121.

Ryan, T. J., Roy, D. S., Pignatelli, M., Arons, A., & Tonegawa, S. (2015). Engram cells retain memory under retrograde amnesia. *Science*, **348**, 1007–1013.

Sakai, K. (2003). Reactivation of memory : Role of medial temporal lobe and prefrontal cortex. *Reviews in the Neurosciences*, **14**, 241–252.

引 用 文 献

Scoville, W. B., & Milner, B.（1957）. Loss of recent memory after bilateral hippocampal lesions. *Journal of Neurology, Neurosurgery, and Psychiatry*, **20**, 11-21.

Squire, L. R.（2004）. Memory systems of the brain : A brief history and current perspective. *Neurobiology of Learning and Memory*, **82**, 71-177.

Squire, L. R., Clark, R. E., & Knowlton, B. J.（2001）. Retrograde amnesia. *Hippocampus*, **11**, 50-55.

Suddendorf, T., Addis, D. R., & Corballis, M. C.（2009）. Mental time travel and the shaping of the human mind. *Philosophical Transactions of the Royal Society of London : Biological Sciences*, **364**, 1317-1324.

Tang, Y. P., Shimizu, E., Dube, G. R., Rampon, C., Kerchner, G. A., Zhuo, M., Liu, G., & Tsien, J. Z.（1999）. Genetic enhancement of learning and memory in mice. *Nature*, **401**, 63-69.

Teyler, T. J., & DiScenna, P.（1986）. The hippocampal memory indexing theory. *Behavioral Neuroscience*, **100**, 147-154.

Thomson, D. M., & Tulving, E.（1970）. Associative encoding and retrieval : Weak and strong cues. *Journal of Experimental Psychology*, **86**, 255-262.

Tulving, E.（1972）. Episodic and semantic memory. In E. Tulving, & W. Donaldson （Eds.）, *Organization of memory*（pp.381-402）. New York : Academic Press.

Tulving, E.（1983）. *Elements of episodic memory*. Oxford : Clarendon Press.

Tulving, E.（2002）. Episodic memory : From mind to brain. *Annual Review of Psychology*, **53**, 1-25.

Tulving, E., Schacter, D. L., & Stark, H. A.（1982）. Priming effects in word-fragment completion are independent of recognition memory. *Journal of Experimental Psychology : Learning, Memory, and Cognition*, **8**, 336-342.

Tulving, E., & Thomson, D. M.（1973）. Encoding specificity and retrieval processes in episodic memory. *Psychological Review*, **80**, 352-373.

Wagner, U., Gais, S., Haider, H., Verleger, R., & Born, J.（2004）. Sleep inspires insight. *Nature*, **427**, 352-355.

Warrington, E. K., & Weiskrantz, L.（1970）. Amnesic syndrome : Consolidation or retrieval? *Nature*, **228**, 629-630.

Whitlock, J. R., Heynen, A. J., Shuler, M. G., & Bear, M. F.（2006）. Learning induces long-term potentiation in the hippocampus. *Science*, **313**, 1093-1097.

Winocur, G., & Moscovitch, M.（2011）. Memory transformation and systems consolidation. *Journal of the International Neuropsychological Society*, **17**, 766-780.

Wixted, J. T., & Ebbesen, E. B.（1991）. On the form of forgetting. *Psychological Science*, **2**, 409-415.

第4章

安藤満代・箱田裕司（1998）. 蝶画像の再認記憶における非対称的混同効果　心理学研究, **69**, 47-52.

安藤満代・箱田裕司（1999）. ネコ画像の再認記憶における非対称的混同効果　心理学研究, **70**, 112-119.

安藤満代・箱田裕司（2010）. 生物画像の変化の認知　箱田裕司・都築誉史・川畑秀明・萩原　滋（編著）認知心理学（pp.184-185）　有斐閣

朝日新聞（2015）. 長時間，車で連れ回しか　目撃情報で車種特定　奈良・少女監禁　7月6日夕刊, 11.

引用文献

Bartlett, F. C.（1932）. *Remembering : A study in experimental and social psychology*. Cambridge : Cambridge University Press.

（バートレット, F. C. 宇津木 保・辻 正三（訳）（1983）. 想起の心理学――実験的社会的心理学における一研究―― 誠信書房）

Burke, A., Heuer, F., & Reisberg, D.（1992）. Remembering emotional events. *Memory and Cognition*, **20**, 277-290.

Chase, W. G., & Simon, H. A.（1973）. Perception in chess. *Cognitive Psychology*, **4**, 55-81.

Fiske, S. T., & Taylor, S. E.（1984）. *Social cognition*. Reading, MA : Addison-Wesley.

Christianson, S. -Å., & Loftus, E. F.（1987）. Memory for traumatic events. *Applied Cognitive Psychology*, **1**, 225-239.

Gardner, H.（1985）. *The mind's new science : A history of the cognitive revolution*. New York : Basic Books.

（ガードナー, H. 佐伯 胖・海保博之（監訳）（1987）. 認知革命――知の科学の誕生と展開―― 産業図書）

御領 謙（1993）. 知識の表象 御領 謙・菊地 正・江草浩幸 最新 認知心理学への招待――心の働きとしくみを探る――（pp.141-172） サイエンス社

Harp, S. F., & Mayer, R. E.（1998）. How seductive details do their damage : A theory of cognitive interest in science learning. *Journal of Educational Psychology*, **90**, 414-434.

廣野由美子（2009）. ミステリーの人間学――英国古典探偵小説を読む―― 岩波書店

井上 毅・佐藤浩一（2002）. 日常認知研究の意義と方法 井上 毅・佐藤浩一（編著）日常認知の心理学（pp.2-16） 北大路書房

伊藤毅志・松原 仁・ライエル・グリンベルゲン（2002）. 将棋の認知科学的研究1――記憶実験からの考察―― 情報処理学会論文誌, **43**, 2998-3011.

Kahneman, D.（2011）. *Thinking, fast and slow*. New York : Farrar, Straus and Giroux.

（カーネマン, D. 村井章子（訳）（2014）. ファスト＆スロー（上）（下）――あなたの意思はどのように決まるのか？―― 早川書房）

高良加代子・箱田裕司（2008）. 見慣れた日常物体の記憶における誤情報効果――新千円札の記憶による検討―― 電子情報通信学会技術研究報告, HIP, ヒューマン情報処理, **107**(553), 19-24.

Myers, G. D.（2013）. *Psychology*（10th ed.）. New York : Worth Publishers.

（マイヤーズ, D. 村上郁也（訳）（2015）. マイヤーズ 心理学 西村書店）

仲 真紀子（2015）. 日常記憶 日本心理学会認定心理士資格認定委員会（編）実験・実習で学ぶ心理学の基礎（pp.114-122） 金子書房

Neisser, U.（Ed.）（1982）. *Memory observed : Remembering in natural contexts*. San Francisco, CA : W. H. Freeman.

（ナイサー, U.（編）富田達彦（訳）（1988・1989）. 観察された記憶（上）（下）――自然文脈での想起―― 誠信書房）

Neisser, U., & Hupcey, J. A.（1974）. A Sherlockian experiment. *Cognition*, **3**, 307-311.

Nickerson, R. S., & Adams, M. J.（1979）. Long-term memory for a common object. *Cognitive Psychology*, **11**, 287-307.

越智啓太・相良陽一郎（2001）. 情動的ストレスが目撃者の記憶に及ぼす効果 犯罪心理学研究, **39**, 17-28.

大上 渉・箱田裕司・大沼夏子・守川伸一（2001）. 不快な情動が目撃者の有効視野に及ぼす影響 心理学研究, **72**, 361-368.

大上 渉・松本亜紀（2012）. 犯行現場に遺された血や血痕の知覚優位性 犯罪心理学研究,

49, 15‒24.

Sabbagh, K.(2009).*Remembering our childhood: How memory betrays us*. Oxford University Press.

（サバー，K. 越智啓太・雨宮有里・丹藤克也（訳）（2011）．子どもの頃の思い出は本物か――記憶に裏切られるとき―― 化学同人）

Safer, A. M., Christianson, S-Å., Autry, M. W., & Österlund, K.(1998). Tunnel memory for traumatic events. *Applied Cognitive Psychology*, **12**, 99‒117.

相良陽一郎（2000）．日常記憶 太田信夫・多鹿秀継（編）記憶研究の最前線（pp.151‒169）北大路書房

Thorndyke, P. W., & Stasz, C.(1980). Individual differences in procedures for knowledge acquisition from maps. *Cognitive Psychology*, **12**, 137‒175.

時津裕子（2002 a）．"鑑識眼"の研究――考古学者の専門的認知技能に関する実証的研究―― 日本考古学，**14**，105‒125.

時津裕子（2002 b）．考古学的カテゴリーの特性――描画法を用いた検討―― 九州大学心理学研究，**3**，197‒208.

内野八潮・箱田裕司・柴田真理子（2005）．変化の検出における追加・削除の非対称性と違和感 心理学研究，**76**，122‒130.

Villegas, A. B., Sharps, M. J., Satterthwaite, B., & Chisholm, S.(2005). Eyewitness memory for vehicles. *The Forensic Examiner*, **14**, 24‒28.

横田賀英子（2004）．目撃証言の心理 高取健彦（編）捜査のための法科学 第一部 法生物学・法心理学・文書鑑識（pp.227‒230） 令文社

第5章

Anderson, J. R.(1976). *Language, memory, and thought*. Hillsdale, NJ : Lawrence Erlbaum Association.

Anderson, J. R.(1983). *The architecture of cognition*. Harvard University Press.

Anderson, J. R.(1995). *Cognitive psychology and its implications*(4th ed.). New York : Freeman.

安西祐一郎・佐伯 胖・難波和明（1982）．LISPで学ぶ認知心理学2 問題解決 東京大学出版会

Armstrong, S. L., Gleitman, L. R., & Gleitman, H.(1983). What some concepts might not be. *Cognition*, **13**, 263‒308.

Bower, G. H., Black, J., & Turner, T.(1979). Scripts in memory for text. *Cognitive Psychology*, **11**, 177‒220.

Collins, A. M., & Loftus, E. F.(1975). A spreading activation theory of semantic processing. *Psychological Review*, **82**, 407‒428.

Collins, A. M., & Quillian, M. R.(1969). Retrieval time from semantic memory. *Journal of Verbal Learning and Verbal Behavior*, **8**, 240‒247.

箱田裕司・都築誉史・川畑秀明・萩原 滋（2010）．認知心理学 有斐閣

川﨑惠里子（2005）．文章理解と記憶のモデル 川﨑惠里子（編）ことばの実験室――心理言語学へのアプローチ――（pp.133‒162） ブレーン出版

Kosslyn, S. M., Ball, T. M., & Reiser, B. J.(1978). Visual images preserve metric spatial information : Evidence from studies of image scanning. *Journal of Experimental Psychology : Human Perception and Performance*, **4**, 47‒60.

Kosslyn, S. M., Thompson, W. L., Kim, I. J., & Alpert, N. M.(1995). Topographical representations of mental images in primary visual cortex. *Nature*, **378**, 496‒498.

道又　爾・北崎充晃・大久保街亜・今井久登・山川恵子・黒沢　学（2011）. 新版　認知心理学——知のアーキテクチャを探る——（pp.143-145）有斐閣

宮岡伯人（2006）. 言語の違い，認識の違い　宮岡伯人（編）今，世界のことばが危ない！——グローバル化と少数者の言語——（pp.43-46）クバプロ

森　敏昭・井上　毅・松井孝雄（1995）. グラフィック認知心理学　サイエンス社

Murphy, G. L., & Medin, D. L. (1985). The role of theories in conceptual coherence. *Psychological Review*, **92**, 289-316.

Newell, A., & Simon, H. A. (1972). *Human problems solving*. Englewood Cliffs, NJ : Prentice-Hall.

Pylyshyn, Z. W. (1973). What the mind's eye tells the mind's brains : A critique of mental imagery. *Psychological Bulletin*, **80**, 1-24.

Quillian, M. R. (1968). Semantic memory. In M. Minsky (Ed.), *Semantic information processing* (pp.227-270). M. I. T. Press.

Reed, S. K. (1974). Structural descriptions and the limitations of visual images. *Memory and Cognition*, **2**, 329-336.

Rips, L. J., Shoben, E. J., & Smith, E. E. (1973). Semantic distance and the verification of semantic relations. *Journal of Verbal Learning and Verbal Behavior*, **12**, 1-20.

Rosch, E. (1973). Natural categories. *Cognitive Psychology*, **4**, 328-350.

Rosch, E. (1978). Principles of categorization. In E. Rosch, & B. Lloyd (Eds.), *Cognition and categorization* (pp.27-48). Hillsdale, NJ : Lawrence Erlbaum Associates.

Rosch, E., & Mervis, C. B. (1975). Family resemblance studies in the internal structure of categories. *Cognitive Psychology*, **7**, 573-605.

Rumelhart, D. E., & Ortony, A. (1977). The representation of knowledge in memory. In R. C. Anderson, R. J. Spiro, & W. E. Montague (Eds.), *Schooling and the acquisition of knowledge*. Hillsdale, NJ : Lawrence Erlbaum Associates.

Shank, R. C., & Abelson, R. P. (1977). *Scripts, plans, goals, and understanding : An inquiry into human knowledge structures*. Hillsdale, NJ : Lawrence Erlbaum Associates.

Shepard, R. N., & Metzler, J. (1971). Mental rotation of three-dimensional objects. *Science*, **171**, 701-703.

Smith, E. E., Shoven, E. J., & Rips, L. J. (1974). Structure and process in semantic memory : A featural model for semantic decision. *Psychological Review*, **81**, 214-241.

都築誉史（1999）. プロダクション・システム　海保博之・加藤　隆（編著）認知研究の技法（pp.101-106）福村出版

Wittgenstein, L. (1953). *Philosophical investigation*. New York : Macmillan.

【コラム 5.1】

Burleigh, T. J., & Schoenherr, J. R. (2015). A reappraisal of the uncanny valley : Categorical perception or frequency-based sensitization? *Frontiers in Psychology*, **5**, 1488.

Cascio, J. (2007). *The second uncanny valley*. Open the Future. 〈http://www.openthefuture.com/2007/10/the_second_uncanny_valley.html〉

石黒　浩（2009 a）. アンドロイドの存在感　日本バーチャルリアリティ学会誌，**14**(1), 7-11.

石黒　浩（2009 b）. ロボットとは何か——人の心を映す鏡——　講談社

石黒　浩（2015）. アンドロイドは人間になれるか　文藝春秋

Kawabe, T., Sasaki, K., Ihaya, K., & Yamada, Y. (2017). When categorization-based stranger avoidance explains the uncanny valley : A comment on MacDorman and Chattopadhyay (2016). *Cognition*, **161**, 129-131.

引 用 文 献　　253

Lazareva, O. F., & Wasserman, E. A. (2008). Categories and concepts in animals. In R. Menzel (Ed.), *Learning theory and behavior. Learning and memory : A comprehensive reference*. Vol. 1 (pp.197–226). Oxford, UK : Elsevier.

MacDorman, K. (2005). Androids as an experimental apparatus : Why is there an uncanny valley and can we exploit it. *CogSci-2005 Workshop : Toward Social Mechanisms of Android Science*, 106–118.

MacDorman, K. F., & Chattopadhyay, D. (2016). Reducing consistency in human realism increases the uncanny valley effect : Increasing category uncertainty does not. *Cognition*, **146**, 190–205.

MacDorman, K. F., & Entezari, S. (2015). Individual differences predict sensitivity to the uncanny valley. *Interaction Studies*, **16**, 141–172.

MacDorman, K. F., & Ishiguro, H. (2006). The uncanny advantage of using androids in cognitive and social science research. *Interaction Studies*, **7**, 297–337.

Matsuda, Y. -T., Okamoto, Y., Ida, M., Okanoya, K., & Myowa-Yamakoshi, M. (2012). Infants prefer the faces of strangers or mothers to morphed faces : An uncanny valley between social novelty and familiarity. *Biology Letters*, **8**, 725–728.

Mitchell, W. J., Szerszen, K. A., Sr, Lu, A. S., Schermerhorn, P. W., Scheutz, M., & MacDorman, K. F. (2011). A mismatch in the human realism of face and voice produces an uncanny valley. *i-Perception*, **2**, 10–12.

森　政弘 (1970). 不気味の谷　*Energy*, **7**(4), 33–35.

Rozin, P., Haidt, J., & McCauley, C. R. (2000). Disgust. In M. Lewis, & J. M. Haviland (Eds.), *Handbook of emotions* (pp.757–776). New York : Guilford Publications.

Sasaki, K., Ihaya, K., & Yamada, Y. (2017). Avoidance of novelty contributes to the uncanny valley. *Frontiers in Psychology*, **8**, 1792.

Saygin, A. P., Chaminade, T., Ishiguro, H., Driver, J., & Frith, C. (2012). The thing that should not be : Predictive coding and the uncanny valley in perceiving human and humanoid robot actions. *Social Cognitive and Affective Neuroscience*, **7**, 413–422.

Steckenfinger, S. A., & Ghazanfar, A. A. (2009). Monkey visual behavior falls into the uncanny valley. *Proceedings of the National Academy of Sciences of the United States of America*, **106**, 18362–18366.

Yamada, Y., Kawabe, T., & Ihaya, K. (2012). Can you eat it? A link between categorization difficulty and food likability. *Advances in Cognitive Psychology*, **8**, 248–254.

Yamada, Y., Kawabe, T., & Ihaya, K. (2013). Categorization difficulty is associated with negative evaluation in the "uncanny valley" phenomenon. *Japanese Psychological Research*, **55**, 20–32.

Yamada, Y., Sasaki, K., Kunieda, S., & Wada, Y. (2014). Scents boost preference for novel fruits. *Appetite*, **81**, 102–107.

第6章

Beck, A. T. (1991). Cognitive therapy as the integrative therapy. *Journal of Psychological Integration*, **1**, 191–198.

Chi, M. T., Feltovich, P. J., & Glaser, R. (1981). Categorization and representation of physics problems by experts and novices. *Cognitive Science*, **5**, 121–152.

Dennis, G., & Christine, A. P. (1995). *Mind over mood : Change how you feel by changing the way you think*. New York : Guilford Press.
（デニス, G.・クリスティーン, A. P. 大野　裕 (監訳) 岩坂　彰 (訳) (1995). うつ

と不安の認知療法練習張　創元社)

Deutsch, M.（1949）. A theory of cooperation and competition. *Human Relations*, **2**, 129–151.

Dunbar, K.（1998）. Problem solving. In W. Bechtel, & G. Graham（Eds.）, *A companion to cognitive science*（pp.289–298）. Malden, MA : Blackwell.

Duncker, K.（1945）. On problem-solving. *Psychological Monographs*, **270**.

Green, A. J. K., & Gilhooly, K.（2005）. Problem solving. In N. Braisby, & A. Gellatly（Eds.）, *Cognitive psychology*（pp.347–381）. New York : Oxford University Press.

Griggs., R. A., & Cox, J. R.（1982）. The elusive thematic-materials effects in Wason's selection task. *British Journal of Psychology*, **73**, 407–420.

池田　浩・三沢　良（2012）. 失敗に対する価値観の構造——失敗観尺度の開発—— 教育心理学研究, **60**, 367–379.

Johnson-Laird, P. N., & Wason, A. P. C.（1970）. A theoretical analysis of insight into a reasoning task. *Cognitive Psychology*, **1**, 134–148.

亀田達也（1997）. 合議の知を求めて——グループの意思決定—— 共立出版

Kotovsky, K., Hayes, J. R., & Simon, H. A.（1985）. Why are some problem hard? : Evidence from Tower of Hanoi. *Cognitive Psychology*, **17**, 26–65.

Lazarus, R. S., & Folkman, S.（1984）. *Stress, approach copying*. New York : Springer Publishing.
（ラザルス, R. S.・フォルクマン, S.　本明　寛・春木　豊・織田正美（監訳）（1991）. ストレスの心理学——認知的評価と対処の研究—— 実務教育出版）

三輪和久・石井成郎（2004）. 創造的活動への認知的アプローチ　人工知能学会誌, **19**, 196–204.

三宅なほみ（2004）. 学習科学　大津由紀雄・波多野誼余夫（編著）認知科学への招待——心の研究のおもしろさに迫る——（pp.17–31）　研究社

森永今日子・松尾太加志（2004）. 障害児の母親とソーシャルサポート——サポートネットワークの変容とサポートグループの機能—— 北九州市立大学文学部紀要, **11**, 17–25.

Newell, A., & Simon, H. A.（1972）. *Human problem solving*. Englewood Cliffs, NJ : Prentice-Hall.

Norman, D. A.（1983）. Some observation on mental models. In D. Genter, & A. L. Stevens（Eds.）, *Mental models*（pp.7–14）. Hillsdale, NJ : Lawrence Erlbaum Associates.

Norman, D. A.（2013）. *The design of everyday things*（Revised and expanded ed.）. New York : Basic Books.
（ノーマン, D. A.　岡本　明・安村通晃・伊賀聡一郎・野島久雄（訳）（2015）. 誰のためのデザイン？——認知科学者のデザイン原論—— 増補・改訂版　新曜社）

Riley, M. S., Green, J. G., & Heller, J. I.（1983）. Development of children's problem-solving ability in arithmetic. In H. P. Ginsburg（Ed.）, *The development of mathematical thinking*（pp.153–199）. New York : Academic Press.

Shiromizu, H., Miyake, N., & Masukawa, H.（2002）. Cognitively active examination for situated reflection. *Cognitive Science*, **26**, 469–501.

Simon, H. A.（1975）. The functional equivalence of problem solving skills. *Cognitive Psychology*, **7**, 268–288.

鈴木宏昭・植田一博・堀江美子（1998）. 日常的な機器の操作の理解と学習における課題分割プラン　認知科学, **5**, 14–25.

植田一博・丹羽　清（1996）. 研究・開発現場における協調活動の分析——「三人寄れば文殊の知恵」は本当か？—— 認知科学, **3**, 102–118.

引用文献 255

Wason, P. C.（1986）. Reasoning about a rule. *The Quarterly Journal of Experimental Psychology*, **20**, 273-281.

【コラム 6.1】

Kaplan, R. S., & Norton, D. P.（2000）. *The strategy-focused organization*. Boston, MA : Harvard Business School Press
（キャプラン，R. S.・ノートン，D. P. 櫻井通晴（訳）（2001）. キャプランとノートンの戦略バランスト・スコアカード 東洋経済新報社）

戸田山和久（2012）. 新版 論文の教室——レポートから卒論まで—— NHK 出版

第7章

Evans, J. St. B. T.（2008）. Dual-processing accounts of reasoning, judgment, and social cognition. *Annual Review of Psychology*, **59**, 255-278.

Fishbein, M.（1963）. An investigation of the relationships between beliefs about an object and the attitude toward that object. *Human Relations*, **16**, 233-240.

Gilboa, I.（2011）. *Making better decisions : Decision theory in practice*. Hoboken, NJ : John Wiley and Sons.
（ギルボア，I. 川越敏司・佐々木俊一郎（訳）（2012）. 意思決定理論入門 NTT 出版）

市原清志（1990）. バイオサイエンスの統計学——正しく活用するための実践理論—— 南江堂

Kahneman, D.（2011）. *Thinking, fast and slow*. New York : Farrar, Straus and Giroux.
（カーネマン，D. 村井章子（訳）（2014）. ファスト&スロー（上）（下）——あなたの意思はどのように決まるのか？—— 早川書房）

Kahneman, D., & Tversky, A.（1972）. Subjective probability : A judgment of representativeness. *Cognitive Psychology*, **3**, 430-454.

Kahneman, D., & Tversky, A.（1979）. Prospect theory : An analysis of decision under risk. *Econometrica*, **47**, 263-291.

Kahneman, D., & Tversky, A.（1984）. Choice, values, and frames. *American Psychologist*, **39**, 341-350.

松原 仁（1996）. 問題解決のシミュレーション・モデル 市川伸一（編）認知心理学4 思考（pp.133-153） 東京大学出版会

Newell, A., & Simon, H. A.（1956）. The logic theory machine : A complex information processing system. *IRE Transactions on Information Theory*, **2**(3), 61-79.

Peirce, C. E.（1935）. *Collected papers of Charles Sanders Peirce*. Vol. I-VI（C. Hartshorne, & P. Weiss, Eds.）. Cambridge, MA : The Belknap Press of Harvard University Press.

Stanovich, K. E., & West, R. F.（2000）. Individual differences in reasoning : Implications for the rationality debate. *Behavioral and Brain Sciences*, **23**, 645-665.

鈴木秀憲（2012）. 自由意志と神経科学——リベットによる実験とそのさまざまな解釈—— 科学基礎論研究, **40**, 27-42.

Tversky, A.（1972）. Elimination by aspects : A theory of choice. *Psychological Review*, **79**, 281-299.

Tversky, A., & Kahneman, D.（1974）. Judgment under uncertainty : Heuristics and biases. *Science*, **185**, 1124-1131.

Tversky, A., & Kahneman, D.（1982）. Evidential impact of base rates. In D. Kahneman, P. Slovic, & A. Tversky（Eds.）, *Judgment under uncertainty : Heuristics and biases*（pp.153-160）. Cambridge : Cambridge University Press.

Tversky, A., & Kahneman, D.（1983）. Extensional versus intuitive reasoning : The conjunction fallacy in probability judgment. *Psychological Review*, **90**, 293–315.

Wickens, C. D. (1984). *Engineering psychology and human performance*. Columbus, OH : Charles Merrill.

米盛裕二（1981）. パースの記号学　勁草書房

第8章

Akhtar, N., & Tomasello, M. (1996). Two-year-olds learn words for absent objects and actions. *British Journal of Developmental Psychology*, **14**, 79–93.

Anderson, J. R. (2014). *Cognitive psychology and its implications* (8th ed.). New York : Worth Publishers.

Best, C. C., & McRoberts, G. W. (2003). Infant perception of non-native consonant contrasts that adults assimilate in different ways. *Language Speech*, **46**, 183–216.

Chomsky, N. (1957). *Syntactic structures*. The Hague, Mouton.

Chomsky, N. (1965). *Aspects of the theory of syntax*. Cambridge, MA : M. I. T. Press.

Chomsky, N. (1987). *Language and problems of knowledge*. Cambridge, MA : M. I. T. Press.

Christophe, A., Millotte, S., Bernal, S., & Lidz, J. (2008). Bootstrapping lexical and syntactic acquisition. *Language and Speech*, **51**, 61–75.

Frazier, L., & Fodor, J. D. (1978). The sausage machine : A new two-stage parsing model. *Cognition*, **6**, 291–325.

Frazier, L., & Rayner, K. (1982). Making and correcting errors during sentence comprehension : Eye movements in the analysis of structurally ambiguous sentences. *Cognitive Psychology*, **14**, 178–210.

Greene. G. (2014). *Memory, thinking and language*. New York : Psychology Press.

林　安紀子（2006）. 乳児期における母語音声の聴覚的学習　心理学評論, **49**, 64–74.

Johnson, E. K., & Jusczyk, P. W. (2001). Word segmentation by 8-month-olds:When speech cues count more than statistics. *Journal of Memory and Language*, **44**, 548–567.

Jusczyk, P. W., & Aslin, R. N. (1995). Infants' detection of the sound patterns of words in fluent speech. *Cognitive Psychology*, **29**, 1–23.

Jusczyk, P. W., Houston, D. M., & Newsome, M. (1999). The beginnings of word segmentation in English-learning infants. *Cognitive Psychology*, **39**, 159–207.

Kintsch, W. (1988). The role of knowledge in discourse comprehension : A construction-integration model. *Psychological Review*, **95**, 163–182.

Kintsch, W. (1998). *Comprehension : A paradigm for cognition*. Cambridge : Cambridge University Press.

小林春美・佐々木正人（編）（2008）. 新・子どもたちの言語獲得　大修館書店

小泉　保（2008）. 日本語の正書法　大修館書店

Kuhl, P. K. (1999). Speech, language, and the brain : Innate preparation for learning. In M. D. Hauser, & M. Konishi (Eds.), *The design of animal communication* (pp.419–450). Cambridge, MA : M. I. T. Press.

Lakoff, G. (1978). Some remarks on AI and linguistics. *Cognitive Science*, **2**, 267–275.

Lakoff, G. (1987). *Women, fire, and dangerous things : What categories reveal about the mind*. Chicago, IL : The University of Chicago Press.

Langacker, R. W. (1987). *Foundations of cognitive grammar. Vol. 1 : Theoretical prerequisites*. Stanford : Stanford University Press.

Ling, J., & Catling, J. (2011). *Psychology express : Cognitive psychology*. Essex : Prentice

Hall.

Lynch, T. (2010). Listening : Sources, skills, and strategies. In R. B. Kaplan (Ed.), *The Oxford handbook of applied linguistics* (2nd ed., pp.74-87). New York : Oxford University Press.

Mandler, J. M., & Johnson, N. S. (1977). Remembrance of things parsed : Story structure and recall. *Cognitive Psychology*, **9**, 111-151.

Markman, E. M. (1989). *Categorization and naming in children : Problems of induction*. Cambridge, MA : M. I. T. Press.

Markman, E. M. (1992). Constraints on word learning : Speculations about their nature, origins, and domain specificity. In M. R. Gunnar, & M. Maratsos (Eds.), *Modularity and constraints in language and cognition : The Minnesota Symposia on Child Psychology*. Vol. 25 (pp.59-101). Hillsdale, NJ : Erlbaum.

Marslen-Wilson, W. (1987). Functional parallelism in spoken word-recognition. *Cognition*, **25**, 71-102.

Matlin, M. W. (2013). *Cognitive psychology* (8th ed., international student version). Hoboken, NJ : John Wiley and Sons.

McClelland, J. L., & Elman, J. L. (1986). The TRACE model of speech perception. *Cognitive Psychology*, **18**, 1-86.

McClelland, J. L., & Rumelhart, D. E. (1981). An interactive activation model of context effects in letter perception. Part 1 : An account of basic findings. *Psychological Review*, **88**, 375-407.

Morton, J. (1979). Facilitation in word recognition : Experiments causing change in the logogen model. In P. A. Kolers, M. E. Wrolstad, & H. Bouma (Eds.), *Processing of visible language* (pp.259-268). New York : Prenum.

Morton, J. (1980). The logogen model and orthographic structure. In U. Frith (Ed.), *Cognitive processes in spelling* (pp.117-133). London : Academic Press.

Nelson, K. (1988). Constraints on word learning? *Cognitive Development*, **3**, 221-246.

Ogden, C. K., & Richards, I. A. (1923). *Meaning of meaning*. Mariner Books.

Parkin, A. J. (2014). *Essential cognitive psychology*. East Sussex : Psychology Press.

Reicher, G. (1969). Perceptual recognition as a function of meaningfulness of stimulus material. *Journal of Experimental Psychology*, **81**, 275-280.

Rosch, E. (1975). Cognitive representations of semantic categories. *Journal of Experimental Psychology : General*, **104**, 192-233.

Rosch, E., Mervis, C. B., Gray, W. D., Johnson, D. M., & Boyes-Braem, P. (1976). Basic objects in natural categories. *Cognitive Psychology*, **8**, 382 – 439.

Rubenstein, H., Lewis, S., & Rubenstein, M. A. (1971). Evidence for phonemic recording in visual word recognition. *Journal of Verbal Learning and Verbal Behavior*, **10**, 645-657.

Rumelhart, D. E., & McClelland, J. L. (1982). An interactive activation model of context effects in letter perception. Part 2 : The context enhancement effect and some tests and extensions of the model. *Psychological Review*, **89**, 60-94.

Saussure, Ferdinand de (1916). *Cours de linguistique générale*. Lausanne : Payot.
（ソシュール，フェルディナン・ド　小林英夫（訳）（1972）．一般言語学講義　岩波書店）

Soderstrom, M., Seidl, A., Nelson, D., Nelson, D. G. K., & Jusczyk, P. W. (2003). The prosodic bootstrapping of phrases : Evidence from prelinguistic infants. *Journal of Memory and Language*, **49**, 249-267.

鈴木孝明・白畑知彦（2012）．ことばの習得――母語習得と第二言語習得―― くろしお出版

Thorndyke, P. W. (1977). Cognitive structures in comprehension and memory of narrative discourse. *Cognitive Psychology*, **9**, 77-110.

Tomasello, M. (1999). *The cultural origins of human cognition*. Cambridge, MA : Harvard University Press.

Tomasello, M. (2003). *Constructing a language : A usage-based theory of language acquisition*. Cambridge, MA : Harvard University Press.

Tomasello, M., & Barton, M. (1994). Learning words in nonostensive contexts. *Developmental Psychology*, **30**, 639-650.

Tsushima, T., Takizawa, O., Sasaki, M., Shiraki, A., Nishi, K., Kohno, M., Menyuk, P., & Best, C. (1994). Discrimination of English /r-l/ and /w-y/ by Japanese infants at 6-12 months. *The Emergence of Human Cognition and Language*, **3**, 57-61.

Van Dijk, T. A., & Kintsch, W. (1983). *Strategies of discourse comprehension*. New York : Academic Press.

Warren, R. M., & Warren, R. L. (1970). Auditory illusions and confusions. *Scientific American*, **223**, 30-36.

Werker, J. F., & Tees, R. C. (1999). Influences on infant speech processing : Toward a new synthesis. *Annual Review of Psychology*, **50**, 509-535.

Zwaan, R. A., & Radvansky, G. A. (1998). Situation models in language comprehension and memory. *Psychological Bulletin*, **123**, 162-185.

【コラム 8.1】

相沢毅彦（2011）．「ささやかな時計の死」論――重層化された思い出―― 馬場重行・佐野正俊（編）〈教室〉の中の村上春樹（pp.303-316） ひつじ書房

西田谷 洋（2006）．認知物語論とは何か？ ひつじ書房

西田谷 洋・浜田 秀（2012）．認知物語論の臨界領域 ひつじ書房

西田谷 洋・浜田 秀・日高佳紀・日比嘉高（2010）．認知物語論キーワード 和泉書院

佐藤浩一（2008）．自伝的記憶の構造と機能 風間書房

Sperber, D., & Wilson, D. (1996). *Relevance : Communication and cognition* (2nd ed.). Wiley-Blackwell.

（スペルベル，D.・ウィルソン，D. 内田聖二・宋 南先・中遠俊明・田中圭子（訳）（1999）．関連性理論――伝達と認知―― 第2版 研究社）

山梨正明（2009）．認知構文論――文法のゲシュタルト性―― 大修館書店

山梨正明（2015）．修辞的表現論――認知と言葉の技巧―― 開拓社

第9章

Annese, J., Schenker-Ahmed, N. M., Bartsch, H., Maechler, P., Sheh, C., Thomas, N., Kayano, J., Ghatan, A., Bresler, N., Frosch, M. P., Klaming, R., & Corkin, S. (2014). Postmortem examination of patient H. M.'s brain based on histological sectioning and digital 3 D reconstruction. *Nature Communications*, **5**, 1-9.

Cabeza, R. (2008). Role of parietal regions in episodic memory retrieval : The dual attentional processes hypothesis. *Neuropsychologia*, **46**, 1813-1827.

Diana, R. A., Yonelinas, A. P., & Ranganath, C. (2007). Imaging recollection and familiarity in the medial temporal lobe : A three-component model. *Trends in Cognitive Science*, **11**, 379-386.

Dodell-Feder, D., Koster-Hale, J., Bedny, M., & Saxe, R. (2011). fMRI item analysis in a theory of mind task. *Neuroimage*, **55**, 705-712.

Friston, K. J., Ashburner, J. T., Kiebel, S. J., Nichols, T. E., & Penny, W. D. (Eds.) (2007). *Statistical parametric mapping*. Academic Press.

藤澤　清・柿木昇治・山崎勝男（編）(1998). 新生理心理学　1巻　生理心理学の基礎　北大路書房

Gallagher, H. L., Happé, F., Brunswick, N., Fletcher, P. C., Frith, U., & Frith, C. D. (2000). Reading the mind in cartoons and stories : An fMRI study of 'theory of mind' in verbal and nonverbal tasks. *Neuropsychologia*, **38**, 11-21.

Grèzes, J., Costes, N., & Decety, J. (1999). The effects of learning and intention on the neural network involved in the perception of meaningless actions. *Brain*, **122**, 1875-1887.

Henson, R. N., Rugg, M. D., Shallice, T., & Dolan, R. J. (2000). Confidence in recognition memory for words : Dissociating right prefrontal roles in episodic retrieval. *Journal of Cognitive Neuroscience*, **12**, 913-923.

Henson, R. N., Rugg, M. D., Shallice, T., Josephs, O., & Dolan, R. J. (1999). Recollection and familiarity in recognition memory : An event-related functional magnetic resonance imaging study. *Journal of Neuroscience*, **15**, 3962-3972.

石合純夫 (2014). 失われた空間——半側空間無視を考える——　高次脳機能研究, **34**, 273-280.

Kalat, J. W. (1984). *Biological psychology*. Belmont, CA : Wadsworth.

（カラット, J. W. 渋田幸一（訳）(1987). 神経系の解剖学的構造とその研究方法　中溝幸夫・木藤恒夫（訳者代表）バイオサイコロジーⅠ——心理学の新しい流れ——（pp.101-151）サイエンス社）

Kana, R. K., Maximo, J. O., Williams, D. L., Keller, T. A., Schipul, S. E., Cherkassky, V. L., Minshew, N. J., & Just, M. A. (2015). Aberrant functioning of the theory-of-mind network in children and adolescents with autism. *Molecular Autism*, **6**, 59.

Kanwisher, N., McDermott, J., & Chun, M. M. (1997). The fusiform face area : A module in human extrastriate cortex specialized for face perception. *Journal of Neuroscience*, **17**, 4302-4311.

Keysers, C., & Gazzola, V. (2007). Integrating simulation and theory of mind : From self to social cognition. *Trends in Cognitive Science*, **11**, 194-196.

Mohr, H. M., & Linden, D. E. J. (2005). Separation of the systems for color and spatial manipulation in working memory revealed by a dual-task procedure. *Journal of Cognitive Neuroscience*, **17**, 355-366.

Morgan, H. M., Jackson, M. C., van Koningsbruggen, M. G., Shapiro, K. L., & Linden, D. E. (2013). Frontal and parietal theta burst TMS impairs working memory for visual-spatial conjunctions. *Brain Stimulation*, **6**, 122-129.

Mukamel, R., Ekstrom, A. D., Kaplan, J., Iacoboni, M., & Fried, I. (2010). Single-neuron responses in humans during execution and observation of actions. *Current Biology*, **20**, 750-756.

入戸野　宏・堀　忠雄 (2000). 心理学研究における事象関連電位（ERP）の利用　広島大学総合科学部紀要Ⅳ理系編, **26**, 15-31.

岡田　隆・廣中直行・宮森孝史 (2015). 生理心理学——脳のはたらきから見た心の世界——　第2版　サイエンス社

Oliveri, M., Turriziani, P., Carlesimo, G. A., Koch, G., Tomaiuolo, F., Panella, M., & Caltagirone, C. (2001). Parieto-frontal interactions in visual-object and visual-spatial working memory : Evidence from transcranial magnetic stimulation. *Cerebral Cortex*, **11**, 606–618.

Penfield, W., & Jasper, H. H. (1954). *Epilepsy and the functional anatomy of the human brain*. Boston : Little, Brown L.

Posner, M. I., & Reichle, M. E. (1994). *Images of mind*. New York : Scientific American Library.

Ranganath, C., Cohen, M. X., Dam, C., & D'Esposito, M. (2004). Contributions to visual working memory maintenance and associative memory retrieval. *Journal of Neuroscience*, **24**, 3917–3925.

Ranganath, C., & Hsieh, L. T. (2016). The hippocampus : A special place for time. *Proceedings of the National Academy of Sciences of the United States of America*, **1369**, 93–110.

Saxe, R., & Kanwisher, N. (2003). People thinking about thinking people : The role of the temporo-parietal junction in theory of mind. *Neuroimage*, **19**, 1835–1842.

Saxe, R., Xiao, D. K., Kovacs, G., Perrett, D. I., & Kanwisher, N. (2004). A region of right posterior superior temporal sulcus responds to observed intentional actions. *Neuropsychologia*, **42**, 1435–1446.

Singer, T., Seymour, B., O'Doherty, J., Kaube, H., Dolan, R. J., & Frith, C. D. (2004). Empathy for pain involves the affective but not sensory components of pain. *Science*, **303**, 1157–1162.

Singer, T., Seymour, B., O'Doherty, J. P., Stephan, K. E., Dolan, R. J., & Frith, C. D. (2006). Empathic neural responses are modulated by the perceived fairness of others. *Nature*, **439**, 466–469.

Spunt, R. P., Elison, J. T., Dufour, N., Hurlemann, R., Saxe, R., & Adolphs, R. (2015). Amygdala lesions do not compromise the cortical network for false-belief reasoning. *Proceedings of the National Academy of Sciences of the United States of America*, **112**, 4827–4832.

Squire, L. R., & Zola, S. M. (1996). Structure and function of declarative and nondeclarative memory systems. *Proceedings of the National Academy of Sciences of the United States of America*, **93**, 13515–13522.

Takahashi, H. K., Kitada, R., Sasaki, A. T., Kawamichi, H., Okazaki, S., Kochiyama, T., & Sadato, N. (2015). Brain networks of affective mentalizing revealed by the tear effect : The integrative role of the medial prefrontal cortex and precuneus. *Neuroscience Research*, **101**, 32–43.

Vogel, E. K., McCollough, A. W., & Machizawa, M. G. (2005). Neural measures reveal individual differences in controlling access to working memory. *Nature*, **438**, 500–503.

Xu, Y. (2009). Distinctive neural mechanisms supporting visual object individuation and identification. *Journal of Cognitive Neuroscience*, **21**, 511–518.

Xu, Y., & Chun, M. M. (2006). Dissociable neural mechanisms supporting visual short-term memory for objects. *Nature*, **440**, 91–95.

人名索引

ア 行

相沢毅彦　214, 216
アクター（Akhtar, N.）　198
アトキンソン（Atkinson, R. C.）　14, 26, 28
アンダーソン（Anderson, J. R.）　129
安藤満代　93, 94, 104

井上　毅　105

ヴィトゲンシュタイン（Wittgenstein, L.）　121
ウエスト（West, R. F.）　177
ウェルニッケ（Wernicke, C.）　237
内野八潮　82

エビングハウス（Ebbinghaus, H.）　67, 77
エングル（Engle, R. W.）　40

苧阪満里子　35, 37
越智啓太　94, 95
オリベリ（Oliveri, M.）　234

カ 行

カーネマン（Kahneman, D.）　169, 177, 183, 187
カンデル（Kandel, E. R.）　71

キャプラン（Kaplan, R. S.）　158
キリアン（Quillian, M. R.）　111

クラウダー（Crowder, R. G.）　27
グラハム（Graham, K.）　56
グランザー（Glanzaer, M.）　8
グリーン（Green, A. J. K.）　147, 149
グリーン（Greene, G.）　205
クリスチャンソン（Christianson, S.-Å.）　94

グリッグス（Griggs, R. A.）　145
クレイク（Craik, F. I. M.）　17

高良加代子　79
コスリン（Kosslyn, S. M.）　118
コトブスキー（Kotovsky, K.）　142, 147
コリンズ（Collins, A. M.）　115
近藤洋史　45

サ 行

齊藤　智　32, 42, 44
サイモン（Simon, H. A.）　183
佐藤浩一　213

シェパード（Shepard, R. N.）　117
シャンク（Shank, R. C.）　125
シュニッツスパン（Schnitzspahn, K. M.）　23
ジョンソン=レアード（Johnson-Laird, P. N.）　144
シロミズ（Shiromizu, H.）　152, 153

スコビル（Scoville, W. B.）　235
鈴木宏昭　141
スタノヴィッチ（Stanovich, K. E.）　177
スパーリング（Sperling, G.）　12
スミス（Smith, E. E.）　113

ソーンダイク（Thorndyke, P. W.）　96
ソシュール（Saussure, Ferdinand de）　189〜191

タ 行

ダーウィン（Darwin, C. R.）　232
タルヴィング（Tulving, E.）　62

チィ（Chi, M. T.）　147, 149

チェイス（Chase, W. G.）98
チョムスキー（Chomsky, N.）191, 205

ツシマ（Tsushima, T.）194

デイネマン（Daneman, M.）28, 35～37

ドイッチェ（Deutsch, M.）153
トヴァースキー（Tversky, A.）169, 177, 183
時津裕子　100
戸田山和久　158
トマセロ（Tomasello, M.）198
トムソン（Thomson, D. M.）52

ナ　行

ナイサー（Neisser, U.）85

ニッカーソン（Nickerson, R. S.）78, 79, 97
ニューウェル（Newell, A.）127, 137, 185

ノーマン（Norman, D. A.）148

ハ　行

パース（Peirce, C. E.）165
バートレット（Bartlett, F. C.）77, 84, 102
ハープ（Harp, S. F.）88, 91
バドリー（Baddeley, A. D.）28～30, 34

ピリシン（Pylyshyn, Z. W.）120
ビレガス（Villegas, A. B.）81

ファン・ダイク（Van Dijk, T. A.）209
フィスク（Fiske, S. T.）102
フィッシュバイン（Fishbein, M.）176
フリストン（Friston, K.）239
フレイザー（Frazier, L.）207
ブローカ（Broca, P. P.）237

ヘッブ（Hebb, D.）72

ポズナー（Posner, M. I.）230

マ　行

マークマン（Markman, E. M.）197
マクレランド（McClelland, J. L.）202, 205
マンドラー（Mandler, J. M.）211

三宅なほみ　153
ミラー（Miller, G. A.）26
三輪和久　151

モー（Mohr, H. M.）234
モートン（Morton, J.）203
森永今日子　152, 153
モルガン（Morgan, H. M.）234

ヤ　行

山田祐樹　134
山梨正明　214, 215

湯澤美紀　33

ラ　行

ラネカー（Langacker, R. W.）191
ラメルハート（Rumelhart, D. E.）124, 205

リード（Reed, S. K.）119
リップス（Rips, L. J.）113
リベット（Libet, B.）185

レイコフ（Lakoff, G.）191
レンデル（Rendell, P. G.）23

ロジー（Logie, R. H.）30

ワ　行

ワトキンス（Watkins, M. J.）26
ワレン（Warren, R. M.）201

事項索引

ア　行

アクティブ・ラーニング　155
アセチルコリン　225
アナログ表象　116
アブダクション　165
アンカリング効果　183

行きづまり　150
意思決定　175
維持リハーサル　19
意図学習　3
意味記憶　54
意味性認知症　55
意味的関連性　113
意味ネットワーク・モデル　111
イメージ論争　120
インナースクライブ　30
韻律的特徴　195

ウェルニッケの言語野　219

エピソード記憶　51, 235
エピソード・バッファ　30
エビングハウスの忘却曲線　67
演繹的推論　143, 163
遠隔記憶　67
演算スパン課題　38

オペレーションスパン課題　38
音韻修復　201
音韻ストア　30
音韻的類似性効果　31, 32
音韻ループ　29
音節　199
音素　199

カ　行

ガーデンパス文　207
回想的記憶　22
海馬　51, 222
確率的推論　163
仮説検証　158
家族的類似性　122
可塑性　72
課題分割　141
語り手　214
価値関数　187
活性化拡散モデル　115
活動電位　224
カテゴリ化　192
カテゴリ化困難度仮説　134
カテゴリ知覚　193
感覚記憶　13
間接プライミング　62
感応度逓減性　187
γ-アミノ酪酸　225

記憶の状態依存性　53
記憶の文脈依存性　53
聴き手　214
基準比率の無視　174
機能局在　65
機能的固着　150
機能的磁気共鳴画像法　229
帰納的推論　143, 164
記銘　1
逆向健忘　65
逆行健忘　65
ギャンブラーの錯誤　168
鏡映描写　59
競争　153
共通目標　152, 153
協同　153

事 項 索 引

協同的問題解決　153, 156
共分散構造分析　40
共有　152, 153
近時記憶　67
近赤外分光法　230

空間スパン課題　38
偶発学習　3
句構造　205
グルタミン酸　225

形態素　199
系列位置曲線　8
系列位置効果　8, 26
言語運用　191
言語獲得装置　191
言語能力　191
顕在記憶　58
検索　2
検索誘導性忘却　69
検索容易性バイアス　179
現状維持バイアス　182
健忘症　65

語彙の爆発的増加　197
行為スキーマ　147
構音コントロール過程　30
構音抑制　31
更新　44
構成素　205
構築―統合モデル　209
後頭葉　219
語幹完成課題　61
心の理論　237
語長効果　31, 33
古典的カテゴリ観　121
古典的条件づけ　64
コホートモデル　201
コンストラクション　215
コンプレックススパン課題　37

サ 行

最少結合　207
再生　4
再認　4
作業記憶　16
サッカード　202
サンクコスト　182
参照点　181
三段論法　163

視覚キャッシュ　30
視覚失認　233
視覚的チャンキング　100
磁気共鳴画像法　228
視空間スケッチパッド　29
試行錯誤　147
指示の意図　198
事象関連電位　227
実行機能　42
失敗　151
自伝的記憶　21, 51, 78, 213
自動思考　154
シニフィアン　190
シニフィエ　190
シフティング　44
社会的認知　237
集団　153
熟達者　147
樹状突起　223
手段―目標分析　141
馴化　71
焦点化子　215
症例 H.M.　57
初頭効果　8, 26, 77
徐波睡眠　74
処理水準　18
自律神経系　106
事例理論　123
新近性効果　9, 26, 77
神経細胞　222

事 項 索 引 265

神経伝達物質　225
人工知能　161
深層構造　206
心的外傷後ストレス障害　69
心的回転　118
心的構え　150
心的辞書　200
心的走査　119

推論　143, 162
スキーマ　56, 90, 102, 124, 146
スクリプト　125

生成文法　191
生態学的妥当性　78
精緻化リハーサル　19
説明ベースの概念理論　123
セルフケア　155
セロトニン　225
遷移確率　196
全か無かの法則　224
宣言的記憶　50
宣言的知識　109
前向健忘　65
前行健忘　65
潜在記憶　64
選択　89
前頭葉　219

想起　2
想起容易性バイアス　179
相互活性化モデル　205
操作子　137
相貌失認　233
側頭頭頂接合領域　237
側頭葉　219
損失回避性　187

タ 行
大数の法則　168

休制化　89
大脳基底核　220
大脳皮質　218
大脳辺縁系　220
代表性ヒューリスティック　178
多属性意思決定　175
短期記憶　9, 26
単語優位性効果　200
談話の処理　209

知覚的不整合性仮説　133
チャンク　15
注意集中効果　94
注意の切り替え　42
注意の焦点化　42
注意の制御　40
注意の分割　42
中央実行系　29
中枢神経系　106
長期記憶　10, 26, 49
長期新近性効果　28
長期増強　72, 225
長期抑圧　225
直接プライミング　62
貯蔵　2
陳述記憶　50

定義的特徴理論　120
ディテールの誘惑　88
停留　203
手続き化　130
手続き記憶　59
手続き的知識　110, 127
展望的記憶　22, 78
展望的記憶の年齢パラドックス　23

同型問題　142
統合　89
統語解析　205
洞察的問題解決　149

頭頂葉　219
ドーパミン　225
特性比較モデル　113
トップダウン　141

ナ　行

二重乖離　56
二重課題法　30
二重過程説　177
二重貯蔵モデル　14
日常記憶　21, 77
ニューロン　222
認知資源　80
認知的経済性　55
認知的倹約家　102
認知バイアス　167, 180
認知療法　154

脳機能計測法　226
脳波　226

ハ　行

曝露療法　69
場所細胞　74
発想の転換　150
半側空間無視　231

非熟達者　147
非宣言的記憶　50, 58
非対称的混同効果　84
非陳述記憶　50
ヒューリスティック　175, 178
ヒューリスティック探索　141
表象　110
表層構造　206
ひらめき　149
非連合学習　71
頻度効果　200

フィッシュバイン・モデル　176

不気味の谷　132
複数成分モデル　28
副目標設定方略　141
符号化　1
符号化特定性原理　53
プライミング　60
ブラインド探索　140
不良設定問題　138, 158
フレーミング効果　181
フレーム　216
ブローカの言語野　219
ブロードマンの脳地図　219
プロスペクト理論　184, 187
プロダクション・システム　127
プロダクションへのコンパイル　130
プロダクション・ルール　127
プロトタイプ理論　121
分節化　195
文脈　216

ベイズの定理　172
ヘッブ則　72
扁桃体　222

忘却　65
忘却曲線　77
忘却の検索失敗説　69
忘却の減衰説　67
紡錘状回顔領域　233
方略　141
保持　2
没入　213
ボトムアップ　140
ポリグラフ検査　106

マ　行

膜電位　224
間違い　151

ミラーニューロン　238

事項索引 267

無意味綴り 67

命題 209
命題表象 110
メンタルモデル 148
メンタルモデルの共有 152, 153
メンタルモデルの相違 148

目撃証言 80
物語 213
物語世界 213
物語文法 210
問題解決 137
問題解決学習 155
問題空間分析 138
問題スキーマ 146, 147
モンティ・ホール問題 174

ヤ　行

役割分担 152, 153
山登り法 141

幼児期健忘 21
用法基盤モデル 198
抑制 44

ラ　行

リーディングスパン課題 28, 35

リハーサル 10, 81
流動性知能因子 40
利用可能性ヒューリスティック 178
良設定問題 139
リンダ問題 169

ロゴジェンモデル 203
論理的推論 163

ワ　行

ワーキングメモリ 16, 25, 234
ワーキングメモリスパン課題 37
ワーキングメモリ容量 28

英　字

ACT*モデル 129
BOLD 効果 229
CIT 106
EBA モデル 177
EEG 226
ERP 227
fMRI 229
MRI 228
NIRS 230
PBL 155
TRACE モデル 202

執筆者紹介

【編者略歴】

松尾太加志 （まえがき，コラム 1.1 執筆）
まつおたかし

1980 年　九州大学文学部哲学科心理学専攻卒業
1988 年　九州大学大学院文学研究科心理学専攻博士後期課程単位取得退学
現　在　北九州市立大学文学部教授　博士（心理学）

主 要 著 書

『コミュニケーションの心理学——認知心理学・社会心理学・認知工学からのアプローチ——』（単著）（ナカニシヤ出版，1999）

『誰も教えてくれなかった因子分析——数式が絶対に出てこない因子分析入門——』（共著）（北大路書房，2002）

『現代の認知心理学 4　注意と安全』（分担執筆）（北大路書房，2011）

『ICT・情報行動心理学』（分担執筆）（北大路書房，2017）

【執 筆 者】名前のあとの括弧内は執筆担当章を表す。

安藤花恵（あんどうはなえ）（第1章）西南学院大学人間科学部心理学科准教授

大塚一徳（おおつかかずのり）（第2章）長崎県立大学看護栄養学部教授

分部利紘（わけべとしひろ）（第3章）福岡女学院大学人間関係学部講師

大上　渉（おおうえわたる）（第4章）福岡大学人文学部准教授

安藤満代（あんどうみちよ）（第5章）聖マリア学院大学看護学部教授

山田祐樹（やまだゆうき）（コラム5.1）九州大学基幹教育院人文社会科学部門准教授

森永今日子（もりながきょうこ）（第6章）北九州市立大学文学部人間関係学科非常勤講師

橋本和宏（はしもとかずひろ）（コラム6.1）橋本食品株式会社（現所属：プレイヤーズオフィス 太陽と月）

木藤恒夫（きとうつねお）（第7章）久留米大学文学部心理学科教授

榊　祐子（さかきゆうこ）（第8章）筑紫女学園大学人間科学部准教授

西田谷洋（にしたやひろし）（コラム8.1）富山大学人間発達科学部教授

高濱祥子（たかはまさちこ）（第9章）愛知みずほ大学人間科学部准教授

ライブラリ 心理学を学ぶ＝3
認知と思考の心理学

2018 年 7 月 10 日 ⓒ　　　　　初 版 発 行

編　者　松尾太加志　　　発行者　森 平 敏 孝
　　　　　　　　　　　　印刷者　加 藤 純 男
　　　　　　　　　　　　製本者　小 高 祥 弘

発行所　　株式会社　サイエンス社
〒151-0051　東京都渋谷区千駄ヶ谷 1 丁目 3 番 25 号
営業 ☎ (03) 5474-8500 (代)　　　振替 00170-7-2387
編集 ☎ (03) 5474-8700 (代)
FAX ☎ (03) 5474-8900

印刷　加藤文明社　　製本　小高製本工業 (株)
《検印省略》

本書の内容を無断で複写複製することは，著作者および出
版者の権利を侵害することがありますので，その場合には
あらかじめ小社あて許諾をお求め下さい。

ISBN978-4-7819-1423-7

PRINTED IN JAPAN

サイエンス社のホームページのご案内
http://www.saiensu.co.jp
ご意見・ご要望は
jinbun@saiensu.co.jp　まで.